수포자
신분 세탁
프로젝트

수포자 신분 세탁 프로젝트

초판 1쇄 발행 2016년 2월 22일
초판 6쇄 발행 2019년 10월 22일

지은이 · 최수일, 이정주, 양영기, 임홍덕, 안상진
발행인 · 표완수
편집인 · 김은남

펴낸곳 · ㈜참언론 시사IN북
출판신고 · 2009년 4월 15일 제 300-2009-40호
주소 · 100-858 서울시 중구 중림로 27 가톨릭출판사빌딩 신관 3층
주문전화 · 02-3700-3256, 02-3700-3250(마케팅팀), 02-3700-3270(편집부)
주문팩스 · 02-3700-3209
전자우편 · book@sisain.kr
홈페이지 · http://sisainbook.com

ISBN 978-89-94973-22-7 03300

이 도서의 국립중앙도서관 출판예정도서목록(CIP)은 서지정보유통지원시스템 홈페이지(http://seoji.nl.go.kr)와
국가자료공동목록시스템(http://www.nl.go.kr/kolisnet)에서 이용하실 수 있습니다. (CIP제어번호: CIP2016002288)

초등부터 고등까지 수포자도 웃는 신나는 수학 공부

수포자
신분 세탁
프로젝트

사교육걱정없는세상 기획

최수일, 이정주, 양영기, 임홍덕, 안상진 지음

수학 로드맵을 그릴 수 있어야 합니다

수학을 배우는 학생이나 그 옆에서 도와주는 학부모들이 겪는 가장 큰 문제는 수학 학습에 대한 전체적인 방향을 잡기 힘들다는 데 있습니다. 우리는 흔히 학습 과정을 길에 비유합니다. 그래서 학습과 관련해 로드맵이라는 말을 자주 사용합니다. 로드맵은 지도, 지침, 이정표 등의 뜻이 있습니다. 정확한 로드맵을 가진 사람은 학습 방향을 분명히 잡기 때문에 돌아가거나 엉뚱한 길로 빠지지 않습니다. 수학 학습을 위한 정확한 로드맵을 가진 사람과 그렇지 않은 사람의 성공 가능성은 크게 달라집니다.

운전자들은 낯선 길을 갈 때 훨씬 더 많은 사고 위험과 맞닥뜨립니다. 그래서 훨씬 더 많이 긴장하고 쉽게 피로해집니다. 수학이라는 숲을 지나 정상에 오르기까지 수많은 난관이 기다리고 있습니다. 그 숲에서 길을 잃은 사람을 흔히 '수포자(수학 포기자)'라고 부르기도 합니다. 학생 본인이든 그 옆에서 지켜보는 학부모든 수포자라는 이름만큼 가슴 아픈 멍에는 없을 것입니다.

수학을 포기하는 것은 단지 수학이라는 한 과목만 포기하는 일이 아닙니다. 대한민국에서 수학을 포기하는 순간 많은 것을 잃게 됩니다. 진로를 바꾸기도 하고, 대학 진학을 포기하기도 하고, 희망을 버리기도 합니다. 그래서 대한민국에 사는 모든 이들은 수학과 전쟁 같은 싸움을 합니다. 부모들은 그 전쟁에서 자녀들이 상처를 입거나 좌절할까 봐 있는 힘을 다해 지원하지만 결과는 너무나 참혹합니다. 초등학생 36.5%, 중학생 46.2%, 고등학생 59.7%가 수학을 포기했다고 합니다(사교육 걱정없는세상과 새정치민주연합 박홍근 의원 공동조사). 이 비율은 단지 숫자가 아니라 우리 아이들의 한숨이며 고통입니다. 이 아이들이 단지 수학만을 포기했을까요? 아무리 공부해도 오르지 않는 점수, 이해할 수 없는 수학 때문에 엎어져 자야만 하는 이들이 꿈을 꿀 수 있을까요?

시험 감독을 하던 중 있었던 일입니다. 다들 뒷장을 풀고 있는데 한 여학생만 앞장을 풀고 있었습니다. 시험 시간이 남았지만 그 여학생은 시험지를 내밀었습니다.

"시간이 남았는데 더 풀지 그래."

"아니요, 무슨 말인지 하나도 모르겠어요. 그냥 낼래요."

그러면서 그 여학생은 울먹였습니다. 겉으로 수학을 포기한 아이들도 실제로는 수학을 포기하지 못합니다. 점수가 바닥을 쳐도 속으로는 수학을 붙들고 웁니다. 수학을 포기한다는 것이 무엇인지 너무나 잘 알기 때문입니다. 학부모들도 그런 자녀를 위해 할 수 있는 모든 방법을 동원하지만 오히려 아이를 더 구석으로 몰아넣을 뿐입니다. 본인들도 지긋지긋한 입시를 거쳤지만 부모가 되는 순간 제2의 입시를 또 치러야 합니다. 부모들도 자녀가 수능을 보는 그날까지 숨죽여 지내야 합니다.

길을 모르는 사람들은 길을 물을 수밖에 없습니다. 그런데 누가 자신이 가려는 길을 정확히 알고 있는지 알 수가 없으니 지나가는 아무나 붙들고 물을 수밖에 없습니다. 문제는 그 길을 정확히 아는 사람이 많지 않다는 사실입니다. 심지어 잘못된 정보를 진짜인 양 확신하며 가르쳐주기도 합니다. 가야 할 길도 먼데 헤매기까지 하니 미칠 노릇입니다. 심지어 얄팍한 지식을 가진 이들에게 이용되기도 합니다. 너무 불안해서 지푸라기라도 잡고 싶은 심정에 일단 믿고 보는 것입니다. 그렇게 해서 얻은 정보와 선택이 좋은 결과를 가져올 리가 없습니다. 지금 우리의 수학 학습 방향도 이와 크게 다르지 않다고 생각합니다. 학부모든 학생이든 모두들 열심히 달려갑니다. 그러나 방향을 제대로 잡지 못하기에 그 고통이 모두 학생과 부모의 것이 됩니다.

6년 전에 고2 수학을 풀고 있는 초등학교 6학년 학생들을 상담했습니다. 해당 학년 수학도 완벽하게 이해하지 못하니 무리라고 말렸지만 부모들은 오히려 초등 수학이 쉬워서 틀린다며 고등학교에 가서는 실력이 나올 것이라고 말했습니다. 하지만 나올 거라던 숨은 실력은 끝내 나오지 않았습니다. 오히려 차분히 학교 교육과정에 맞춰 공부했더라면 훨씬 잘할 수 있는 아이들이었는데 잘못된 정보와 판단으로 고생만 한 것이죠. 이러한 잘못된 선행학습과 같은 극단적인 사례뿐만 아니라 대한민국의 수학 교육은 정상적이지 않은 부분이 너무나 많습니다. 공교육, 사교육 모두 말입니다.

어른들이 만들어놓고 물려주는 이 잘못된 교육 생태계에서 우리 아이들 모두가 고통 받고 있습니다. 고통에서 벗어나려면 정확한 정보를 가지고 전체적인 수학 로드맵을 그릴 수 있어야 합니다. 독자들은 이 책을 통해 그러한 로드맵을 그리는 데 도움이 되는 균형 있는 정보를 얻을 수 있습니다. 옆집 엄마의 감정 섞인 이야기가 아닌, 학원 설명회에서 듣는 화려하게 포장된 말들이 아닌, 올바른 수학 교육과 학생들에 대한 깊은 고민 속에서 나온 이야기를 들을 수 있습니다.

학부모나 학생들이 올바른 로드맵을 짜기 어려운 것은 전체적인 그림을 그리기 어렵기 때문입니다. 영유아 자녀를 가진 부모들은 초등학교 경험을 먼저 거친 부모들에게는 초보 엄마입니다. 또 초등학교 학부모들은 제아무리 많이 안다 해도 중학교 학부모들에게는 초보 엄마입니다. 이렇게 계속 이어지며 끊임없는 시행착오를 거치다 시간과 돈과 행복을 낭비하게 됩니다. 따라서 임시 처방전 같은 대책이 아닌 초·중·고를 관통하는 올바른 수학 교육 방법과 방향을 볼 수 있어야 합니다.

이 책은 그러한 초·중·고에 대학까지 이어지는 전체적인 그림을 볼 수 있도록 구성되어 있습니다. 수학 각 분야의 전문가 5명이 내놓은 '큰 그림'입니다. 일단 그 큰 그림을 볼 수 있다면 순간 길을 잃어도 크게 헤매지 않고 정도를 걸으며 정상으로 달려갈 수 있습니다. 교육 정보의 옥석을 가릴 수 있는 눈이 생기면 작은 시련과 유혹에 흔들리지 않을 수 있습니다. 흔들리지 않는 만큼 씩씩하고 즐겁게 수학 교육이라는 산에 오를 수 있을 것입니다.

수학적 개념이 형성되지 않고 유형 중심의 문제 풀이만 한 아이들은 낯선 문제를 보면 풀 엄두를 내지 못합니다. 응용이 되지 않기 때문입니다. 그래서 문제가 어려워질수록 더욱 쉽게 포기할 수밖에 없습니다. 올바른 그림을 갖지 못한 학부모와 학생의 처지가 이와 다르지 않습니다. 핵심 지침과 방향이 없으니 조그만 정책이나 입시 변화에도 우왕좌왕하다가 길을 잃고 헤맵니다. 그사이 우리 아이들은 수학에서 점점 멀어져 갑니다. 교육 정책과 제도는 앞으로도 계속 변할 것입니다. 그리고 발 빠른 사람들은 그 혼란함 속에서 헤매고 있는 사람들을 이용할 것입니다. 이 책이 그러한 혼란 속에서 길을 잃지 않도록 빛이 되어주길 간절히 바랍니다.

양영기(안양 신기초등학교 교사, 노워리상담넷 수학 상담팀장)

차례

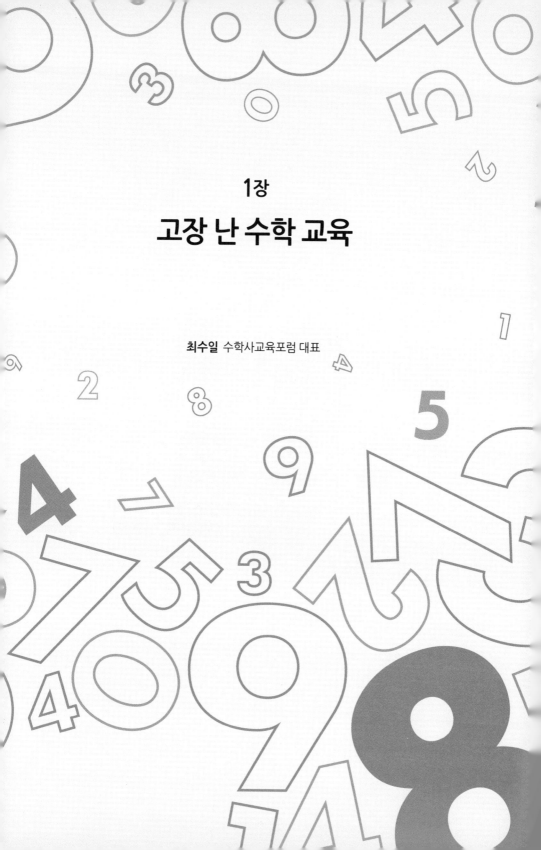

1장

고장 난 수학 교육

최수일 수학사교육포럼 대표

허성희 제공

"수학 교육이 고장 났습니다"

요즘 저는 강의를 하러 이곳저곳 다니면서 이렇게 말합니다.

"자신 없으면 그냥 사교육 시키시고 나를 원망하지 마세요."

책임지기 싫어서 하는 말이 아닙니다. 사교육 없이 가르치기가 쉽지 않습니다. 물론 사교육을 시킨다고 해서 잘된다는 보장도 없습니다. 중요한 것은 사교육에서 시키는 만큼 집에서도 시간을 투자해야 한다는 점입니다. 매일 학원에서 세 시간씩 공부한다면, 집에서도 그만큼 해야 합니다. 아이가 펑펑 놀아 공부를 못하는 걸 사교육 안 시켜서 그리 됐다고 핑계 대지 말라는 말씀을 드리고 싶어요.

그럼 집에서 어떻게 관리해야 할까요? 아이가 제대로 공부할 수 있을 때까지 관리하셔야 합니다. 아이가 드디어 스스로 수학 공부를 할 수 있을 때 부모님은 편해집니다.

수학 교육이 고장 났습니다. 이 강의가 교육정책이나 운동 얘기만 하는 게 아닌가 하는 느낌이 들지 않도록 몇 가지 장치를 준비했습니다. 큰 틀에서 수학 교육을 바라보는 눈을 뜨게 해드리려고 애를 썼습니다.

저는 학교에서 30년 정도 수학 교사로 근무했고, 2011년부터 사교육걱정없는세상에서 5년째 수학사교육포럼을 맡고 있습니다. 교육부에서 일한 적도 있어요. 학교에서 퇴직한 뒤 2011년부터 2013년까지 3년 동안 학부모를 상대한 것이 가장 큰 경험이라고 생각합니다. 그 경험이 없었다면 오늘 여러분 앞에 설 수 없었을 테죠. 교사의 관점에

서 벗어나서 부모님과 학생들의 눈으로 학습을 보게 되었습니다. '수
포자 없는 입시 플랜'이라는 수학 교육 개선 운동을 지난 몇 달 동안
해왔고, 앞으로도 계속할 생각입니다.

고장 난 수학 교육을 바로잡기 위한 네 가지 제언

오늘 제가 말씀드릴 내용을 '우리나라 수학 교육에 대한 제언'이라
고 이름 붙여보았습니다. 아이들에게 가장 큰 영향을 끼치면서 문제
가 심각하다고 판단되는 것들만 골랐습니다.

국회에서 수학 교육과정 개정 시안을 놓고 토론회가 열렸을 때 학
계 연구진이 두 분, 교육학자가 한 분 오셨습니다. 거기에 학교 선생님
한 분, 학부형 한 분을 더해 다섯 분이 토론했습니다. 주목할 점은 수
학을 전공하신 연구진과 다른 세 분의 생각이 전혀 일치하지 않는다
는 것이었습니다. 저 역시 수학계를 완전히 벗어났다고 할 수 없지만,
오랫동안 수학 한 우물만 판 사람과는 좀 다릅니다. 저와 그분들은 상
대가 하는 말을 잘 알아듣지 못합니다.

이것이 현재 우리나라 수학 교육의 문제입니다. 이걸 자랑으로 여기
는 분들도 있는데 시급히 고쳐야 할 문제라고 생각합니다.

수능 수학 시험은 문제점이 많죠. 시험 범위가 너무 넓고 획일적입
니다. 고등학교 전 과정이 시험 범위인 유일한 과목이 바로 수학이에
요. 국어나 영어는 고1이면 수능 시험 진도가 끝납니다. 고2·3 때는
계속 같은 공부를 하면 돼요. 그런데 수학은 고3 2학기까지가 시험 범

위예요. 수학의 특성상 그렇게 범위를 넓게 잡으면 안 됩니다. 사교육이 끼어들지 않을 수 없죠. 그런데도 고치지 않는 가장 큰 이유는 수학계가 강력하게 반대하기 때문입니다.

수학이 문과 쪽에도 지나치게 영향력을 행사하고 있습니다. 시인이 되기 위해 국문과를 가려고 해도 수학 점수가 안 되면 못 갑니다. 수학이 불필요하게 다른 전공을 지배하는 셈입니다.

상대평가 선다형 시험문제가 모든 학교 시험은 물론 수능시험까지 장악하고 있죠. 서술형이 많이 늘어났다고 하지만, 선생님들이 서술형 시험을 싫어합니다. 국가에서 강제하니까 마지못해 하는 거예요. 선생님들은 어떻게 하면 서술형 시험을 피해 갈까 궁리하며 삽니다. 채점이 힘들고, 채점 시비에 잘 걸리기 때문이죠. 시비에 대처할 자신이 없기 때문에 꺼리게 됩니다. 그러나 반드시 해야 합니다. 선다형은 실력을 측정하는 시험이 아닙니다. 자기 생각을 쓰게 하고, 그것을 관찰과 면담을 통해서 차근차근 평가하는 것이 옳은 방법이죠.

수능시험은 반드시 개편해야 하는데 오늘 강의의 주제는 수능이 아니니 이 정도만 하고 지금 가장 논란이 되고 있는 수학 교육과정 문제로 넘어가보겠습니다.

수학 교육과정의 네 가지 문제

현재 우리나라 수학 교육과정은 우선 단선형 구조입니다. 다른 나라는 나선형 구조지요. 다음 단계로 넘어갈 때 그 전 단계를 얼마나 챙겨주느냐, 그게 나선형 구조와 단선형 구조의 차이입니다. 단선형은 안 챙겨줍니다. 책임을 학생에게 떠넘깁니다. 선생님으로서 무책임한 거죠. '너 알아서 공부해와.' 그러면 좀 뒤처지는 학생은 사교육을 받을 수밖에 없습니다. 정말 비교육적이죠.

둘째, 복습 과정이 없습니다. 교과서에 없어요. 교육과정에도 없습니다. 그다음, 영역별로 철저하게 분리돼 있습니다. 영역이란 교육과정을 다룰 때 나오는 학술 용어입니다. 교육학자들은 '수학은 교육과정과 교과서가 똑같다'고 표현하시더라고요. 수학자들끼리 하는 얘기하고 학생들에게 설명하는 얘기가 달라야 하는데 그렇지 않다는 거죠. 이를테면 성인 영화와 아이들이 볼 수 있는 영화가 따로 없는 거예요. 그만큼 수학은 용어나 설명이 연구자용과 교육용 구분 없이 똑같습니다. 여러분이 학교에서 배운 수학 용어 지금 안 쓰죠. 왜냐하면 수학하는 사람들에게나 필요한 용어라서 그렇습니다. 쓰지도 못할 것을 12년 동안 강요받고 살았던 겁니다.

셋째, 교과 주제가 학문 중심으로 이루어져 있습니다. 저는 우리나라 또는 전 세계의 수학 교육과정을 석탑에 비유하기를 좋아합니다. 12층 석탑을 쌓는 것과 수학을 공부하는 것은 똑같습니다. 이해가 가십니까? 맨 밑이 유치원이지요. 애들이 유치원에서 놀다가 점점 계단을 타고 올라갑니다. 애들이 직접 쌓아야 합니다. 초등학교 1학년 때 또 그만큼 쌓고 2학년, 3학년, 4학년, 5·6학년, 중학교 1·2·3학년, 고등학교, 이렇게 쌓아 올라가는 겁니다.

고등학교 수학을 쌓으려면 그 밑의 유치원, 초등학교, 중학교 수학이 아주 단단해야겠죠. 중학교 2학년 때 사춘기를 심하게 겪어서 기

등이 부실해졌어요. 또는 돌이 아니라 모래로 쌓았어요. 거기에 고등학교 수학을 얹으면 어떻게 되겠습니까? 무너져버리죠. 쌓이지 않죠. 석탑과 마찬가지로 기초부터 한 치의 오차도 없이 논리적으로 쌓아야 하는 것이 수학입니다. '수학은 기초가 중요하다.' '기초가 탄탄해야 한다.' 이런 말 많이 들어보셨지요. 사회탐구영역은 기초가 탄탄해야 한다는 말 들어보셨나요? 사회 선생님들은 그런 말 안 하시죠. 그런데 수학은 꼭 기초를 얘기해요.

어떤 이유에서건 고등학생이 되기 전에, 중간에 어느 한 순간에라도 수학을 소홀히 하면 회복하기 어렵습니다. 수학이 싫거나 어려워서도 그렇지만 고1 때는 학생들이 대개 놉니다. 왜냐하면 고3 되면 힘드니까. (웃음) 제 제자 중에도 고1 때 놀아서 망한 녀석들이 많습니다. 결국 고1 말에 망친 수학 성적이 계속 짐이 되는 겁니다.

저는 이건 잘못됐다고 봅니다. 그런 학생들이 다시 회복하고 재기할 수 있도록 만드는 게 교육이죠. 그 친구들이 전과자는 아니잖아요. 저는 수학 교육은 옆으로 누운 연립주택 같았으면 합니다. 초등학교 1학년 때 못했다 해도 2학년 책을 꺼냈을 때 1학년 성적의 영향을 받지 않는 거죠. 그러면 무너지지 않습니다. 학년 간에 위계가 없는, 다시 말하면 수준이 계속 올라가지 않고 어제와 오늘의 수학이 크게 관계가 없었으면 하는 겁니다. 그래야 학생들이 수학 때문에 덜 고통 받지 않겠습니까. 소홀히 한 죄는 해당 학년에만 물어야 해요. 고1 때 못해도 고2 때 잘할 수 있고, 또 고2 때 잘하다가 고3 때 못할 수도 있는 거죠.

전 세계적으로 이런 생각이 실현된 교육과정은 아직 찾지 못했습니다. 오래전에 비슷한 주장이 제기된 적이 있지만, 최근에는 그런 얘기는 들을 길이 없게 됐습니다. 수학자들의 영향력이 크기 때문입니다.

이른바 '수포자'는 왜 생기는가?

아이들이 수학을 포기하게 되는 첫 번째 이유는 수학 교육과정의 단선 체계 탓입니다. 다른 나라도 수학 교육과정을 탑처럼 쌓는 것은 못 바꿨어요. 탑 모양이 아닌 수평의 교육과정을 만드는 게 불가능한 일은 아닌데도 과감하게 이를 선택한 나라는 별로 없습니다. 다만 탑형의 단점을 나선형으로 보완하고, 복습 과정을 많이 개설하고 있지요.

우리나라에서 이른바 '수포자', 즉 '수학 포기자'는 중학교에서 많이 생기는데, 초등학교와 중학교의 간극이 크기 때문입니다. 간극이 생기는 이유가 몇 가지 있습니다. 우선 초등학교 교사들은 수학이 전공이 아닙니다. 그래서 학생들은 중학교에 가면 두려운 마음까지 갖게 됩니다. 중학교 1학년 수학책을 보니까 초등학교 6학년 수학책과 너무 차이가 나는 거예요. 진짜 어려워서가 아니라 쓰는 용어가 다른 거죠. 엄격하다는 느낌이 든다고나 할까요. 선생님 말투까지도 그렇게 느껴지죠.

실제로 중학교 1학년 수학은 매우 엄밀합니다. 초등학교 6학년 때는 선생님도 책도 느슨합니다. 차이가 커요. 선생님의 풍채에서 느끼는 위압감도 있죠. 저도 아이들한테 위협이 됐을 겁니다. 아무리 부드럽게 하려고 해도 말투부터 지극히 수학적이거든요. 수학적이지 않은 말을 그냥 넘어가는 법 없이 콕콕 집어내서 학생들이 상처를 많이 받았을 겁니다. 부정하지 않겠습니다. 수학 전공 교사들은 분명하고 논리적인 언어를 쓰기 때문에 학생들이 굉장히 힘들어하는 거죠.

평균 점수 차이도 지적하지 않을 수 없죠. 중학교 1학년 중간고사가 끝나고 성적표를 받아보니 초등학교 때보다 보통 얼마나 많이 떨어집니까? 조사해보니 평균 30점 정도 떨어지는 것 같아요. 중학교 평균은 한 50점, 초등학교는 80점 정도지요. 80점 맞던 아이가 50점을 받아오는 거죠. 보통 60점이면 낙제라고 그러죠? 그러니까 평균이 50점이면 절반 이상이 낙제인 셈이에요. 아이들도 부모님도 충격을 받을 수밖에 없죠.

학생들이 수학을 잘하지는 못하지만 싫어하지는 않는 나라, 어디겠어요? 미국 학생들 수학 정말 못합니다. 국제적인 평가에서는 점수가 낮아요. 그런데 국내 점수는 높습니다. 왜냐고요? 문제가 아주 쉬우니까요. 기본 개념만 익히면 그 이상은 묻지 않으니 웬만하면 90점이에요. 그런 학생들이 한국에 오면 30점밖에 못 받아요. 난이도 차이가 심해요. 90점이나 80점 받으니 미국 학생들이 수학을 싫어할 리 없지요. 수학을 못한다고 생각하지 않는 거예요. 자기네들이 배우는 수학이 쉬운 걸 알아요. 그래도 점수가 주는 효과는 커요.

우리나라 학생들은 워낙 문제가 어려우니까 점수가 좀 낮으면 어때, 이렇게 이해하지 않습니다. 초등학교 수학 경시대회 점수를 보면 압니다. 경시대회가 요즘 유행하는데 많은 부모가 점수에 목을 매요. 수학 경시대회 문제는 정말 어렵죠. 어떤 부모가 자기 애가 20점 받아왔다고 그래요. 내가 "경시대회 선수예요?" 물었더니 아니래요. 그럼 당연히 20점 받죠. 그런데 상처를 받더라고요. 한 시간 동안 애가 그 시험지 앞에서 20점 받으려고, 이것도 안 풀려 저것도 안 풀려, 고문당했는데도 말예요. 이런 게 쌓여서 수학이 싫어지고 결국 '수포자'가 되는 거죠.

지필고사가 너무 많아요. 내신도 수능도 대학의 수리논술도 온통 다 지필고사입니다. 왜 수리논술 시험을 자꾸 치나 했더니, 서술 과정을 평가하겠다고 말은 하지만 결국 결과를 평가하려는 겁니다. 교사가 학생과 직접 대화하고 면담하고, 또 수업시간에 문제를 해결하는 걸 눈으로 직접 보는 게 과정 평가입니다. 시험지에 써낸 것은 결과입니다. 모르면서 거짓말할 수도 있고, 답을 외워 줄줄 쓸 수도 있어서, 수학을 아는 것처럼 착각할 수 있죠.

과정 중심 평가 또는 수행 평가가 얼마나 중요한지는 정부 관계자들도 다 알고 있어요. 그렇지만 학교가 하지 않는 것을 방치하고 있습니다. 학생들이 지필고사가 아니라 수업시간에 선생님과 대화하면서, 또 수업에 적극 참여하면서, 어떤 문제를 친구와 협력해 풀어가면, 답이 틀리더라도 몇 점은 감점이 되겠지만 전체를 평가했을 때는 좋은 점수를 받을 수 있는, 그래서 태도까지 평가해야 하는데 지금은 손쉬운 결과 평가 위주라는 거죠. 이런 것도 '수포자'가 발생하는 원인이죠.

단선형 체제를 조금 더 구체적으로 보면, 우리나라는 한 가지 주제를 취급하는 시간이 상당히 짧습니다. 예를 들어 방정식은 그래도 좀 낫습니다. 중학교 1학년에 일차방정식, 중 3에 이차방정식, 고등학교 때 삼차

〈표 1〉 국가별 학습주제별 학년 수

학습주제별로 모든 국가의 중앙치보다 훨씬 짧은 평균 지속기간을 가지고 있는 국가들
도 있었고, 중앙치보다 훨씬 더 긴 평균 지속기간을 가지고 있는 국가들도 있었다.

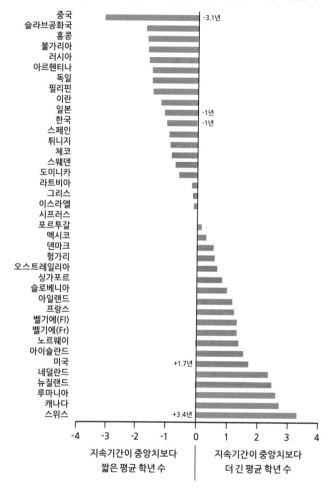

방정식, 이렇게 여러 번 가르치죠. 시간이 긴 경우죠. 그에 반해 딱 한 번
만 가르치는 게 있어요. 대표적인 게 피타고라스 정리인데 중3 때만 배
웁니다. 그 이전에도 이후에도 안 배웁니다. 중3 때 딱 4주 정도만 배우

고 끝이죠.

39개국의 학습주제별 가르치는 학년 수를 조사했습니다. 한 20년 전 조사인데 그 뒤로는 이런 연구가 없었습니다. 우리나라가 전 세계의 중앙값—중앙값은 평균과 비슷한데, 가운데 있는 겁니다—보다 1년이 짧아요. 마이너스 1년. 표를 한번 보여드릴까요?

23쪽의 〈표 1〉을 보면 우리나라는 일본과 비슷하죠. 중국이 가장 짧아요. 우리나라가 -1년 정도인데, 중국은 -3년 정도니까요. 그냥 그때그때 빨리 해치우는 식이라는 거죠. 방정식도 아마 한꺼번에 끝내나 봐요. 반면 스위스, 캐나다, 루마니아, 뉴질랜드, 미국, 네덜란드, 뭐 이런 나라들은 깁니다. 미국이 +1.7년. 우리보다 2.7년이 깁니다. 배우고 또 배우고 또 배우고, 이게 나선형이죠. 그래서 우리나라나 일본 학생들은 똑같이 수학을 무척 싫어합니다.

핀란드는 논란이 많습니다. 핀란드는 PISA Programme for International Student Assessment(국제학생평가프로그램) 평가에서 세계 최상위권이었다가 2012년 평가 때 갑자기 좀 밀려났어요. 우리나라 사람들이 핀란드를 상당히 좋아하다가 요즘에는 주춤해졌지요.

핀란드는 우리나라 중학교 2학년에 해당하는 8학년(핀란드의 기본 교육과정은 7~16세까지 우리나라의 초등·중등 과정이 통합된 종합학교 10학년제로 구성돼 있고, 9학년까지는 의무, 10학년은 선택이다) 때 피타고라스 정리를 직관적으로 지도합니다. 처음 배울 때 25쪽 위의 그림을 교과서에서 보여줍니다. 그리고 정리를 바로 줘 문제를 풀게 합니다. 그다음 1년 후에 피타고라스 정리를 또 배우는데, 이때는 직각삼각형 문제를 해결합니다.

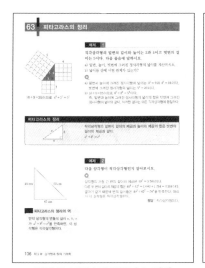

핀란드 8학년 피타고라스 정리

핀란드 9학년 피타고라스 정리

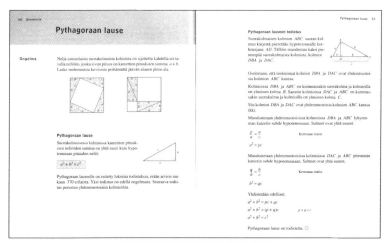

핀란드 고등학교 피타고라스 정리

이 과정에서 피타고라스 정리가 왜 성립하는지 엄격하게 증명하지 않습니다. 증명은 고등학교에 올라가서 배웁니다. 이렇게 핀란드는 3년에 걸쳐 피타고라스 정리를 계속 가르치는 겁니다. 고등학교 과정은 어럽습니다. 어쨌든 증명해야 하니까요. 하지만 그 전까지는 피타고라스 정리를 맘껏 이용하도록 내버려둡니다.

제가 중학교 다닐 때, 시골 학교였지만, 선생님이 삼각형의 넓이를 구하는 공식을 가르쳐주셨습니다. 삼각형 세 변의 길이만 알면 넓이를 구할 수 있는 헤론의 공식이었습니다. 2천 년 전에 헤론이라는 사람이 만든 공식으로 삼각형의 높이를 몰라도 넓이를 구할 수 있는 공식입니다. 실제로 풀어보니 정확하게 넓이를 구할 수 있더라고요.

어린 나이에도 신기했습니다. 고1 올라갔더니 책 마지막 부분 삼각함수에 나오더군요. 그 전까지 그 공식을 요긴하게 써먹었어요. 완벽하게 이해는 못하더라도, 써먹게 만드는 과정이 필요한 거죠. '아, 신기하구나, 이렇게 했더니 넓이가 나오네?' 했는데 핀란드에도 비슷한 교과 과정이 있는 겁니다.

아래쪽에 보이는 게 우리나라 수학 교과서입니다. 핀란드 8학년 교

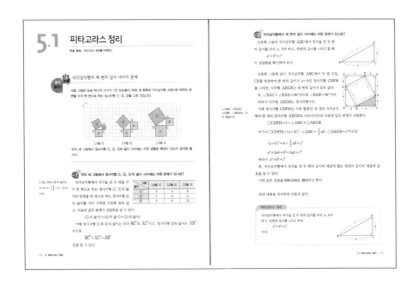

과서에 나오는 그림과 핀란드 고등학교 과정에 나오는 그림이 다 들어 있죠. 우리는 한 번에 끝냅니다. 이 과정을 다시 공부할 때까지 핀란드 학생들은 2년 동안이나 놀아요. 아 이것이 필요하구나, 이런 문제 풀 때 써먹으면 되는구나, 이런 경험을 한 뒤에 본격적으로 어려운 증명을 공부하면 3년이라는 시간이 흐르는 겁니다. 그것을 우리는 4주 만에 끝냅니다. 우리 학생들은 4주 만에 피타고라스 정리를 완벽하게 이해하지 못하면 그 뒤에 바로 이어지는 사인, 코사인, 탄젠트라는 삼각비를 해결할 수 없어요.

핀란드 얘기를 조금 더 해볼게요. 핀란드 초등학교 4학년 2학기 마지막 5단원 이름이 아예 복습이에요. 6학년 1학기 역시 첫 단원이 복습과 연습이에요. 거의 모든 학기에 복습이 있습니다. 1학년만 없어요. 1학년은 복습할 게 없으니까. (웃음) 2학년부터는 복습이 있어요. 단원 중에도 거의 2, 3페이지마다 복습이 있어요. 연산복습을 많이 시키길래 저는 처음에 '이게 교과서야 학습지야?' 하고 놀리기도 했어요.

저는 초등 교사 경험이 없어요. 중등 입장에서 보니 연산이 너무 많았던 거지요. 그런데 초등학교 선생님들이 이걸 죽 보시더니 우리 학생들도 이 정도 복습은 해야 한다고 하시더라고요.

우리나라 교육은 지나치게 앞으로만 가는 교육입니다. 잠시 쉬면서 뒤돌아보고 복습을 해야 합니다. 우리 학생들은 복습을 거의 하지 않습니다.

많은 학생들을 개별적으로도 만나고 상담도 하고 있습니다. 가장 큰 문제가 뭐냐면, 지난 것을 몰라요. 요즘 만나는 중학생이나 고등학생 모두 고민이 많습니다. 부모님은 공부는 열심히 한대요. 제가 막상 "너 지난주에 뭐 배웠니?" 물어보면 하나도 기억을 못 해요. "지난주에 피타고라스 정리 배웠잖아?" 이렇게 물어도 피타고라스 정리가 뭔지 잘 몰라요.

공부를 잘 못하는, 공부를 힘들어하는 학생들의 특징은, 공부를 정확하게 하지 않는 겁니다. 교과서에 있는 내용을 몸에 배도록, 이해할 때까지 공부해야 하는데 문제만 설렁설렁 풀고 넘어갑니다. 그러니 제가 물으면 답변을 제대로 못하는 겁니다. 제대로 답변하는 학생들이 한 20퍼센트 정도 될까요? 80퍼센트는 거의 답변을 못합니다. 고2인데 고1 때 배운 내용을 뜻밖에도 전혀 몰라요. 그러고는 공부가 힘들다, 사교육을 안 받아서 공부를 못한다, 이렇게 생각하는데, 그게 아니에요. 본인이 복습을 하지 않은 겁니다.

복습의 중요성

현재 학년보다 이전 것을 복습하게 해야 합니다. 평소에 하는 것이 아니라 방학 때 마음먹고 책 한 권을 복습하는 겁니다. 1학기에 부족한 점이 있었다고 생각되면, 7월에 방학하자마자 복습에 들어가야 해요. 예습만 시키는 집이 많아요. 복습을 안 하고 쌓이면 나중엔 회복하기 힘듭니다. 우리나라 수학 교육과정이 석탑처럼 생겨서 기초가 탄탄하지 않으면 위로 올라갈 수 없다고 했잖아요. 교육과정이 바뀌기 전까지는 복습을 철저히 할 수밖에 없습니다. 그래서 다른 나라도 복습을 강조하는 겁니다. 왜냐하면 다른 나라도 교육과정이 비슷하니까. 석탑식 교육과정에서는 복습을 할 수밖에 없어요. 철저하게 해야 합니다.

복습은 깊이가 있어야 합니다. 저는 복습만 잘하면 선행학습과 사교육이 필요 없다고 믿습니다. 그런데 아이들이 복습에 약해요. 복습하는 습관을 들여줘야 합니다.

교과서 앞부분에 목차가 있어요. 초등학교는 두 학기 모두 6단원씩입니다. 중학교 1학년은 6단원, 7단원이에요. 복습 요령은 이렇습니다. 목차를 펴는 겁니다. 옆에는 깨끗한 연습장을 둡니다. 목차만 보면서 책 속 내용을 상기합니다. 어떤 학생은 30분

VI 평면도형과 입체도형

1. 평면도형
　01 다각형의 성질
　02 원과 부채꼴
　실력을 키우는 문제

2. 입체도형
　01 다면체의 성질
　02 회전체의 성질
　03 입체도형의 측정

만에 끝낼 수도 있어요. 어떤 학생은 하루 종일 걸릴 수도 있습니다.

두 학생의 차이는 뭘까요? 어느 쪽이 실력 있는 학생입니까? 수학 교사 중에도 하루에 진도를 열 장 나가는 교사가 있고, 하루에 한 장도 못 나가는 교사가 있어요. 어느 쪽이 더 잘 가르치는 선생이에요? 단적으로 얘기하기는 어렵지만, 하루에 한 장을 못 나가야 제대로 가르치는 겁니다. 왜냐하면 한 장을 하루 종일 가르칠 만큼 내용이 있다는 거니까요. 밑천이 없는 사람은 열 장을 막 나가는 거예요. 제대로 충분히 가르치려면, 시간이 많이 걸리는 겁니다. 다시 학생 이야기로 돌아가서 30분 만에 목차의 내용을 다 상기했다면 아주 특출한 학생이겠죠. 하지만 대부분의 학생들은 그렇지 않습니다. 얽힌 걸 풀어낸 힘이 있는 학생은 하루 종일 걸리는 거고, 30분도 못 견뎌서 연필을 놓는, 시험으로 치자면 5분 만에 연필을 놓는 학생은 실력이 없는 거죠.

　작년에 또는 지난 학기에 공부한 것을 쭉 쓴 다음에 학생 스스로 하든 부모님과 함께 하든, 책과 대조하는 겁니다. 어떤 일이 벌어지겠어요? 책에는 있는데 기록에는 없는 게 있겠죠. 1차적으로 그렇게 점검을 합니다.

　빠진 목록을 세심하게 작성하는 게 중요해요. 그 부분에 집중해서 공부해야겠죠. 개념 학습이 중요합니다. 오늘 개념 학습을 했다면, 다시 써보라고 하면 거의 다 써냅니다. 그건 믿을 게 못 돼요. 왜냐하면 그건 작업 기억이지 학습된 게 아니기 때문입니다. 그것도 단기기억이죠. 일주일 뒤에 목록을 주고 써보라고 하면 빠지는 양이 줄어들겠죠. 학습 내용이 정말 내면화돼서 장기기억 속으로 들어갔는지, 아이한테 진짜 남아 있는지 확인하는 겁니다. 일주일 후에 확인해 다 됐으면 복습이 된 거예요. 물론 한 달 후에 봐야 한다, 이렇게 말하는 사람도 있지만, 일주일도 굉장히 길죠.

일주일 뒤에 안 되면, 또 반복해야 해요. 남은 목록을 작성하고 되풀이해 이전 교과서에서 놓치고 지나간 개념이 없어야 합니다. 이게 복습이에요. 초등학교 교육과정에도 원이 있고, 부채꼴이 있고 다각형이 있습니다. 중학교 1학년 때 배우는 다각형과 초등학교 때 배우는 다각형은 달라요. 초등학교 때 배우는 개념이 훨씬 더 원초적이지요. 중학교 1학년은 그 기반에서 나온 것이기 때문에 초등학교 때 배우는 개념이 중요해요.

수능 문제는 초등학교 때 배우는 개념을 사용할 때 어렵습니다. 초등 과정이 당연히 쉬울 거라고 착각하시지만 실제로는 초등 과정에서 배우는 개념이 훨씬 더 어렵습니다. 초등 개념이 우리 몸에 뱄다고 생각하고 묻기 때문에 초등학교 때 배운 개념이 없으면 애당초 풀지를 못해요. 그런 문제가 상당히 많습니다. 그래서 초등 과정에서 배우는 개념을 반드시 짚어야 하는데, 언제 해야 하느냐면, 중학교 1학년 때죠. 초등학교 때 배운 개념을 복습하고 중학교 1학년 교과서에 나온 것까지 완벽하게 공부해야 하는데 이것이 안 돼서 처지는 겁니다.

제가 만난 많은 학생들은 개념 정리가 안 돼 있었어요. 사교육을 안 받아서가 아니지요. 복습이 안 돼 있어서예요. 물으면 모르는 것 투성이입니다. 다각형에 대해서 아는 게 뭐냐고 물으면 각이 여러 개라는 대답이 고작이에요. 다각형에서는 대각선을 배웠는데, 대각선의 개수는 어떻게 세느냐면… 이렇게 설명해야 하는데 대각선 배웠니? 대각선이 뭐니? 하고 물으면 그냥, 선이죠 뭐 하는 정도에 그치고 말죠. 공부가 부실한 것이지 다른 문제가 있는 게 아닙니다. 학생의 공부 방법에 문제가 있는 거죠.

초등수학사전이라는 책이 있어요. 복습을 위해서 이 책은 꼭 사셔야 해요. 아이 책상 위에 항상 놓아둬야 합니다. 어떤 집은 아예 1페이지부터 공부를 시키더라고요. 그건 무리고 필요할 때 찾아보라는 겁니다. 영어 사전과 똑같아요. 아이가 '어, 막혔어 부채꼴 공부했는데, 아무것도 기억이 안 나' 그러면 그때 펴보는 겁니다. 그런 용도지요. 중학생이면 초등수학사전이 있어야 해요. 어떤 집에 가니까 중학생이 중학수학개념사전을 가지고 있던데, 중학생은 현재 자기 교과서가 사전 역할을 하고 있어요. 중학수학개념사전은 고등학생에게 더 필요한 겁니다. 중학교 책이 없기 때문에 책을 대신하는 것이지 교과서가 있으면 사전을 사지 않아도 됩니다. 초등학교 수학책은 워낙 많잖아요. 그걸 다 보관하기 어려우니까 사전 가지고 개념을 관리하라는 겁니다.

핀란드 교육과정에서 우리가 얻을 수 있는 것은 학생들한테 복습을 계속 시켜준다는 거죠. 아이들은 어른처럼 어느 한 가지를 단번에 기억하지 않습니다. 어른들은 필요하면 기록하죠. 그런데 아이들은 뭐가 진짜 필요한지 잘 모르기 때문에 대충 넘어가는 일이 많아서 항상 복습을 해줘야 하는 겁니다.

우리는 미적분을 모두 배워야 하는지 고민을 계속합니다. 수학자들은 중요하게 생각하지요. 저는 수학을 전공했지만 미적분을 싫어합니다. 수학자들이 미적분을 좋아하는 이유를 생각해봤어요. 미적분은 16, 17세기에 뉴턴과 라이프니츠 두 사람이 만들었죠. 덕분에 산업과 과학이 발달했어요. 과거에 못하던 걸 해낼 수 있었지요. 미적분이 정말 좋구나 하던 때가 있었어요. 수학자들도 다른 분야에 가장 잘 쓰이는 수학으로 미적분을 꼽거든요. 우리 애들이 그걸 배우면, 수학이 정말 좋다고 느끼리라고 생각하는 거죠. 그러나 수학을 전공하는 사람이나 그렇지 아이들은 안 그래요. 저도 못 느꼈으니까요.

문과 학생들에게는 더더욱 아니라고 생각해요. 이과 학생들에게는 대학에서는 물론 졸업한 뒤에도 써먹을 일이 많으니까 꼭 필요하다고 봅니다. 반면 문과 학생들은 미적분을 쓸 일이 거의 없습니다. 상경 계열은 필요하다고 말하지만, 글쎄요, 정말 필요하냐고 직접 가서 물어봤습니다. 7차 교육과정에서 미적분이 문과에서 사라졌잖아요. 그때 고교에서 미적분 안 가르쳐도, 경제학이나 경영학과에 들어갔을 때 문제없는지 물었는데, 맨 처음에는 문제 있다고 해서 그런 줄 알았어요. 그런데 이 분야가 원하는 미적분이 뭔가 가만히 들어봤더니 고등학교 과정보다 쉬운 수준이었어요. 그걸 가르치는 데 한 달도 안 걸려요. 그걸 가지고 3년 동안 학생들을 괴롭힐 필요가 없는데 지금 또다시 미적분을 강요하는 겁니다. 미적분 II 같은 건, 대학에서 배우는 것하고 똑같아요. 이과도 사실은 대학 가면 다시 반복하는데, 대학교수들이 고등학생에게 미적분 II를 가르치라고 요구하는 것은 자기들 편하자는 거예요. "고등학교에서 가르치면 우리가 좀 편하잖아." 대학교수가 이런 말 하는 걸 직접 들은 적이 있어요.

우리 학생들은 정의적인 영역에서, 태도에서, 습관에서, 수학에 대해 부정적입니다. 경제협력개발기구OECD 34개국 가운데 바닥이지요. 일본 덕분에 몇 개 항목에서 꼴찌를 면했지만요. 원인이 뭘까요?

저는 결정적으로 교육과정 탓이라고 봅니다. 동기유발을 못하고 자아효능감, 자아개념을 갖지 못하게 하고 불안감을 높이고 있어요. 이런 상태에서는 언젠가 PISA 평가에서 점수가 떨어질 날이 올 겁니다. 지금까지는 야간 수업이 학생들의 성적을 받쳐줬지요. 야간 수업이 줄어든다든가, PISA 평가가 협력적 평가 같은 식으로 바뀌면 10위권 밖으로 밀려나리라고 봅니다. 그제야 수학 교육을 뜯어고치자고 하겠지만, 늦어질수록 회복하기가 어려워질 겁니다. 지금도 어떤 제도를 바꾸려고 하면 정말이지 국민 저항, 문화 저항이 커요. 어떤 시험제도를 바꾸려고 하면 기득권 세력이 들고일어납니다. 그게 전 국민의 문화같이 됐어요. 지금이라도 과감하게 뜯어고쳐야 합니다.

바람직한 수학 교수·학습 방법이란?

- 발견학습, 탐구학습, 협동학습, 토의학습
- 구체적 조작활동과 탐구활동
- 학생 스스로 수학적 사실을 추측하고, 이를 정당화하기
- 자신의 사고 과정을 반성하기
- 수학적 아이디어를 말과 글로 설명하거나 시각적으로 표현하기

이건 제가 만든 게 아니고 우리나라 교육과정에 있는 교수·학습 방법입니다. 교육과정을 보면 이와 같은 교수·학습 방법이 있어요. 또 '수학 교육 종합계획'이라고 해서 교육부가 4~5년 전부터 계속 주장

하고 있는 걸 그대로 옮겨온 거예요.

'발견학습, 탐구학습, 협동학습, 토의·토론학습'. 혹시 자녀분들이 학교 가서 수학 시간에 이런 수업 했다고 들어본 적 있나요? 지금 이런 수업이 그나마 조금 이루어지는 데가 혁신학교입니다. 일반 학교에서는 이런 수업 하지 않습니다. 발견? 탐구? 협동? 토의? 안 되죠. 수학 시간입니다. 사회 시간이 아니고.

'구체적인 조작활동', 초등학교에서 좀 합니다. 유치원은 많이 하죠. 그러나 중고등학교에선 하지 않습니다. '탐구활동' 역시 마찬가지입니다.

'학생 스스로 수학적 사실을 추측하고 이를 정당화한다', 꿈나라 얘기죠.

'자신의 사고 과정을 반성한다', 반성할 능력이 없죠.

'수학적 아이디어를 말과 글로 설명하거나 시각적으로 표현한다', 이럴 기회가 어디 있습니까? 이런 걸 하느니 가서 문제나 풀라고 부모님이 말릴 겁니다.

이런 교수·학습, 이런 수업이 이루어지면서 학교가, 수학이 지식 중심에서 사고력 중심으로 전환돼야 합니다.

다음은 미국의 교육과정에 나온 다섯 가지 수학적 과정입니다.

문제해결, 추론과 증명, 의사소통, 연결성, 표현.

이때 문제해결이란 우리 교과서에 나오는 문제 풀이가 아니라는 걸 아서야 해요. 뭐냐면, 내가 오늘 어떤 사정이 생겼어요. 이 상황을 어떻게 해결할까, 뭐 그런 거죠. 오늘 소풍을 가는데 선생님이 두 시간 동안 애들하고 같이 무슨 이벤트를 준비하라고 한 거예요. 그런 걸 말하는 거지 수학 문제가 아닙니다. 그런데 이것이 우리나라에 오면서 '수학적 문제 해결'이 돼요. 수학 문제가 아니면, 문제가 아니라고 보는 겁니다. 그래서 교과서의 어려운 수학 문제를 들이대는데, 그게 아닙니다.

'추론과 증명', 이것도 꼭 수학의 엄밀한 형식적 증명을 얘기하는 게 아니에요. 논리적인 걸 얘기하는 겁니다.

'의사소통', 수학을 통해서 설명해내고 말하는 것이고, '연결성'은 아까 복습과 똑같습니다. 제가 복습 부분에 연결성이라는 말을 써놓았는데, 혹시 보셨나 모르겠어요. 복습은 내가 오늘 배운 수학과 과거에 배운 수학을 연결하는 겁니다.

미국 교과서를 보면 그 연결성을 계속 묻고 있어요. '오늘 배운 수학이 지난번에 배운 수학과 뭐가 비슷하니?' '예전에 이런 거 어디서 배웠지? 연결해봐.' 연결해보라는 말이 교과서에 나와요. 우리 교과서에서는 '연결해봐'를 본 적이 없죠. 미국 교과서는 과거를 회상해내는 것, 즉 복습을 시킵니다.

'표현'. 오늘 약수를 배웠다면 "오늘 배운 약수를 넣어서 네가 오늘 경험한 일 가운데 하나를 글로 써보렴. 일기를 쓰는데 그 안에 약수라는 '표현'이 들어가야 해. 네 생활과 경험이 들어가야 하는 거지." 이렇게 자꾸 표현을 시킵니다. 수학 용어와 개념으로 자기 생활을 '표현'하도록 하는 거죠. 이런 훈련을 계속 시키는 거예요. 왜 시킬까요? 그래야만 아이들이 실생활에서 수학이 필요한 이유를 체험할 수 있기 때문이죠. 수학이 필요한 순간에 수학의 도움을 받을 수 있도록, 정말로 수학을 활용하는 습관이 몸에 배도록 만들어주는 겁니다.

다른 나라는 수학을 어떻게 가르치는가

- 문제 해결
- 추론과 증명
- 의사소통
- 연결성
- 표현

미국의 과정 영역
영국의 수학적 작업 영역
독일의 과정 역량
핀란드의 사고 기능과 방법

앞에서 말했듯이 문제 해결·추론과증녕·의사소통·연결성·표현이 미국의 과정 영역입니다. 미국에만 있는 것이 아니라 우리가 국제비교평가에서 조사한 나라, 즉 영국, 독일, 핀란드에 다 있습니다. 일본에만 없어요. 그래도 일본은 우리보다 훨씬 낫습니다. 영국에서는 이것을 '수학적 작업'이라고 해요. 독일에서는 '과정'이라는 말을 똑같이 쓰고 있고, 핀란드는 '사고 기능과 방법'이라고 합니다. 우리나라는 '수학적 과정'이라고 합니다. 우리나라는 교육과정 내용에서 쓰는 게 아니라 교육과정 맨 앞 서문에 써요. 홍익인간이다, 이런 말이 쓰여 있잖아요. 우리나라 교육 이념이 홍익인간이니까요. 그러나 실제로는 홍익인간을 가르치지 않죠. 수학에서 이게 중요하다면 교과서 페이지마다 들어가야 해요. 미국은 교과서에 들어가 있어요.

2014년판 미국 중학교 Connected Mathematics 교과서는 첫 페이지에 다음과 같은 여덟 가지 수학의 실천 원리를 적어놓았어요.

Mathematical Practices(수학의 실천 원리)

- MP1. 문제를 이해하고 그것을 해결하는 데 인내심을 가져라.
- MP2. 추상적으로 그리고 양적으로 추론하라.
- MP3. 논리 있게 주장을 구성하고 다른 사람의 추론을 비판하라.
- MP4. 수학적 모델을 만들어라.
- MP5. 적절한 도구를 전략적으로 사용하라.
- MP6. 정확성에 주의를 기울여라.
- MP7. 구조를 찾고 이용하라.
- MP8. 반복되는 추론에서 규칙을 찾고 표현하라.

수학 문제 풀 때는 머리를 이렇게 써야 해(사고 원리), 추론해야 해, 네가 공부한 걸 설명해야 해, 과거 개념과 연결해야 해, 그리고 표현해야 해, 등등 여덟 가지 원칙이죠. 어떤 문제를 풀 때 패턴을 발견해야 해, 규칙을 찾아서 그걸로 식을 만들어, 뭐 이렇게 써놨어요. 그러고는 교과서가 시작됩니다. 단원이 끝나면 '오늘 공부하면서 앞에 있는 여덟 가지 실천 원리 중 뭘 적용했느냐'고 물어봐요. 오늘 추론을 했느냐, 연결을 해봤느냐, 물어요. '오늘 배운 수학 과정에서 나는 여덟 가지 실천 원리 중 패턴을 찾았다', 이렇게 써야 해요. 너는 오늘 약수를 배웠느냐고 묻지 않고 너는 오늘 추론하는 법을 배웠느냐고 묻습니다. 수학 교육의 목표가 약수를 배우는 것입니까, 추론을 익히는 것입니까? 당연히 추론을 익히는 것이지요.

그런데 우리 교육과정에는 그런 언급이 한 마디도 없습니다. 그걸 넣어달라고 그렇게 요구해도 수학계가 이해를 못해요. 그런 게 어떻게 교과서에 들어갈 수 있느냐는 거예요. 못 들어간답니다. 다른 나라는 다 넣은 걸 우리는 못 넣는대요. 연구를 하지 않습니다. 연구 안 되면 베끼기라도 해야 하는데, 베끼기 선수인 나라가 왜 그런 건 망설이는지 모르겠어요.

우리나라는 '인수분해', 이것이 목표입니다. 인생에서 인수분해 알아서 뭐하겠어요? 인수분해 다 틀려도 우린 잘만 살죠.

학문(지식) : 사고력

- 미국은 4 : 6
- 한국은 8 : 2
- 일본은 6 : 4
- 영국은 3 : 7
- 핀란드는 3 : 7
- 네덜란드는 3 : 7

10년 전에 나온 〈수학 전쟁〉이라는 책을 보고 현재 각국의 교육과정에서 힘의 비율을 추측한 수치입니다. 무슨 전쟁인지 아세요? 수학 때문에 미국과 영국이 전쟁을 벌였습니까? 아니죠. 수학이라는 학문과 사고력 사이의 싸움이에요. 수학 교육은 수학 하는 사람과 사고력을 주장하는 사람 사이의 싸움이라는 거죠. 레터렐Latterell이라는 저자가 이걸 전쟁이라고 표현했어요. 그 싸움의 결과가 교육과정이에요. 현재 미국은 사고력 쪽이 60 정도로 우세하죠. 수학보다는 사고력이 중요하다. 우리나라는 8:2라고 봤어요. 과연 2가 있는지 모르겠지만요. 후하게 준 겁니다. 교과서에 수학밖에 없어요. 사고가 없습니다. 사고가 뭔지 이따 제가 보여드릴게요.

일본은 우리보다 좀 나아서 6:4 정도. 일본의 수학책과 수학 수업을 많이 봤는데 우리보다 훨씬 사고력을 강조합니다. 교과서는 우리하고 똑같지만 수업만큼은 다릅니다. 일본 교사들이 한국 교사보다 수업을 훨씬 잘해요. 수학적으로 사고하고 느끼는 것은 일본 학생들이 훨씬 강합니다. 수업 교수법이 우리보나 뛰어나니까요. 우리 교사들은 사고력을 키우는 교수법에 약합니다.

영국은 가장 앞서가는 나라지요. 3:7 정도. 수학이 거의 없어요. 핀란드도 네덜란드도, 유럽 쪽은 대개 3:7 정도예요. 미국은 그래도 수학자들 힘이 셉니다. 잘 나가다가 수학자들한테 밀려서 4:6 정도예요. 미국은 최근 수학 교육 방식을 우리나라 식으로 바꾸려고 해요. 왜일까요? 우리나라 학생들 수학 점수가 높으니까 쟤들은 뭔가 있는가 보다 해서 우리나라 수학 교과서와 비슷하게 바꾸어서 가르치려는 겁니다. 그래도 4:6은 돼요.

서울 사대 수학교육과에서 배우는 과목이 30개 정도 됩니다. 2·3·4 학년 과목이 28개, 나머지는 1학년 교양에 들어 있죠. 그중 순수수학이 스무 개인 데 반해, 학생들 가르치는 교육에 대한 것은 여덟 개밖에 없어요. 장차 교사가 될 학생들이 1학년 빼고 3년 동안, 순수수학만 배우는 겁니다. 이게 거의 임용고시 과목이에요. 교사가 될 사람을 뽑는 임용고시에 수학 과목이 훨씬 많습니다.

제가 운영하는 수학교육연구소 카페에 미국에 있는 한국 교포 대학생이 한글로 글을 올렸어요.

"선생님, 한국의 사범대 수학교육과는 수학을 아주 세게 배운다는데 — 이런 수학은요 상상도 못하게 어렵네요 — 이렇게 배우고 교사가되는 한국의 교사들과 지금 저처럼 미국에서 교육학 위주로 학습한교사가 나중에 현장에 나갔을 때 차이점이 뭡니까?"

미국의 사범대학 수학교육과 커리큘럼에는 수학이 거의 없대요. 4년 동안 수학은 겨우 서너 과목 정도 배운다는 거예요. 나머지는 다교육학입니다. 심리학, 교육철학, 다문화, 장애인 교육. 이런 걸 철저히배웁니다. 수업을 어떻게 해야 하는가, 교수법은 어때야 하는가, 아까말한 발견학습, 탐구학습, 토론학습은 어떻게 해야 하는가? 수학 공부하는 사람들은 이런 거 하지 않아요. 그러니까 가르칠 수가 없죠. 그나마 '수학교육론'도 교육이 아닙니다. '논論'이에요, 이론이죠. 피아제가어떻고 하는 얘기만 하지, 교수법은 하나도 없어요. 그런 교육을 받고나온 우리나라 교사와 미국 교사의 차이가 뭐냐고 묻는 거예요.

답변하기 어려웠어요. 이렇게 썼던 것 같아요.

"교사가 어려운 수학을 아는 것이 불필요한 것은 아니다. 그렇지만그걸 안다고 해서 학생들을 잘 가르치는 것도 아니다. 오히려 미국에서 가르치는 교수법은 모르면 안 되는 것이다. 아이들의 심리, 그리고장애인이나 부족한 학생들에 대한 배려, 이런 것을 모른다면 교사가아니다. 교사가 되기 위해서는 우선 너희가 하는 교육이 훨씬 더 좋다.그리고 나머지 수학은 자기가 스스로 더 할 수 있다. 사범대학이 교사를 가르치는 거라면 당연히 교육을 우선시해야 한다."

그래서 나는 8:2가 아니라 2:8로, 아니 2:20 정도로 바뀌었으면 좋겠다고 생각하는 겁니다. 그런데 우리는 현재 교사가 되기 위해 8:2로 공부하기 때문에 학생들이 그 영향을 그대로 받는 겁니다. 교사가 제대로 수업을 못해요. 우리나라 교사 중 상당수는 교수법이 매우 부족합니다.

우리나라 수학 교과서의 현주소

자, 이제 교과서 문제로 넘어갑니다. 우리 수학 교과서는 전형적인 주입식 수업에 맞습니다. 초등학교 교과서는 그나마 좀 나아 보이지만, 그래도 초등 교사들의 비판이 많습니다. 질문을 많이 던지고 있지만 사실은 묻는 게 아니라 강요한다는 거죠. 중등 교과서는 그나마 묻는 것도 없어요. 그냥 주입이에요.

이게 또 언제 거냐면 콩나물 교실에서 쓰던 겁니다. 한 교실에서 70명, 80명이 공부하던 시절이 있었습니다. 제가 처음 교단에 섰을 때가 1980년대인데 한 반에 학생이 70번, 71번까지 있었어요. 71번 학생을 아직도 기억합니다. 이름까지요. 그런 시절이 있었죠. 그렇게 많은 학생들을 놓고 토의·토론을 한다는 건 엄두도 못 낼 일입니다. 지금은 30명으로 줄었습니다. 교과서도 그 시절 교과서와 조금은 달라졌다지만, 그래도 여전히 주입식이에요. 대학교 수학책과 다를 바 없어요. 대학교 수학책이 주입식이잖아요. 전공 책이니까 무슨 발견을 하고 탐구를 하는 게 아니라 반드시 알아야 하는 것만 담아놓는 식이죠.

우리나라는 교과서가 모든 걸 가르쳐줘요. 아이들이 스스로 해볼 수 있는 여지가 없습니다. 부모가 다 해주면서 넌 옆에서 구경만 해, 내가 만들어줄게, 그러면 좋아할 아이들 하나도 없잖아요. 교육도 마찬가지입니다. 자기가 해야 하는 거예요. 아이가 스스로 하는 겁니다. 수학책도 스스로 공부하게 만들어줘야 해요.

저는 교과서가 사고한다고 말합니다. 정작 사고는 누가 해야 하나요? 학생들이 해야 하죠. 왼쪽으로 가라, 오른쪽으로 가라가 아니라 어느 쪽으로 갈 거냐고 물어야 해요. 사고 경험 필요 없다, 내가 시키는 거 외워서 문제 풀어라, 이게 현재 우리의 수학 교과서입니다. 이걸 바꿔야 해요.

우리나라 교과서에서는 발견을 경험할 수가 없습니다. 발견을 중요하지 않다고 생각하는 사람은 없을 텐데, 희한하게 교과서는 안 그래요. 이걸 어떻게 바꿔야 할까요? 부모가 약점을 보완해줘야 합니다. 아이들은 저도 모르는 사이에 주입당하고 있어요. 발견을 못하고 있어요. 그렇게 수업을 받아왔으니까요. 그러면 집에서는 아이가 그날그날 배운 수학을 설명하고 표현해 체득하게 해야죠.

설명과 표현 학습이 뭐냐면, '내가 오늘 학교에서 이런 걸 들었는데 그게 뭐다'라고 말하게 하면서 그날그날 복습하는 겁니다. 우리 아이가 다른 사람에게, 부모에게 또는 친구에게 또는 동생에게 설명할 수 있는 기회를 제공하는 것이 필요합니다.

영재교육과 수학 경시대회

많은 부모님이 영재교육 때문에 고민하시지요.

서울시에서는 초등학교 3학년부터 영재교육을 시작합니다. 4학년부터 하는 시도市道도 있습니다만 서울시는 3학년 초부터 영재교육원에 모아 가르칩니다. 2학년 가을에 뽑습니다. 2학년이면 몇 살이죠? 우리 나이로 아홉 살, 만 7세입니다. 수학으로 시험 봐요. 아홉 살 때 학교에서 뭐 배우는지 아세요? 처음에 한 자리 더하기 하다 10 넘어가면 받아올림 배우죠. 1학년은 여기서 끝나요. 2학년 올라가면 곱셈을 배웁니다. 그리고 두 자리 더합니다. 끝이에요. 곱셈, 구구단 배우고, 두 자릿수 덧셈을 배웁니다. 이 정도 배운 아이에게 무슨 시험을 보게 하겠어요? 대체 뭐가 영재라는 건가요?

시험문제를 하나 봤는데, 하루를 아홉 시간으로 치재요. 작은 바늘이 한 바퀴 돌면 아홉 시간이래요. 그럼 지금 바늘이 몇 시냐, 이렇게 묻는 거예요. 아홉 시라고 가정하면… 그 나이에 가정이란 걸 해야 해요. 그걸 극복하지 못하면 당연히 문제를 이해 못하죠. 그런 식으로 아이들을 뽑는 겁니다.

요즘 유아영재원에서는 아이들이 기저귀 차고 있대요. 거기 들어가기가 무척 어렵다네요. 학원 이름은 말하지 않겠습니다. 유치원이 아니라서 선생님들이 기저귀 안 갈아줘요. 부모가 알아서 해야 해요. 부모들이 어디 있겠어요? 대기실에 있다가 한 시간 끝나면 들어가서 기저귀 갈아주고 나오고, 시간마다 그러고 있대요, 하루 종일. 그 한 살, 두 살짜리 아기들이 무슨 교육을 받는지 모르겠지만 경쟁이 무척 세다는군요. 초등학교 3학년 때 영재교육 대상자가 되려면 두 살때부터 이렇게 해야 한다는 거예요.

국가에서는 지금 영재교육 대상자를 3%까지 확대하라고 합니다. 서울시는 미달이에요. 서울시가 왜 미달이냐면, 서울 인구가 워낙 많아서 그래요. 제주도 같은 곳은 인구가 얼마 안 되니까 3% 금방 채워요. 서울시는 처음부터 반대했고, 지금도 서울은 한 1.5% 정도만 대상자인데, 1.5%도 엄청납니다. 3%는 50만 명 중 1만 5천 명이에요. 40만이면 1만 2천 명이고요. 이 아이들을 영재교육 기관에서 수용해서 가르치는 겁니다.

제가 계산해봤어요. 과학고, 외고, 국제고, 이게 다 특목고죠. 영재고 800명 포함하니까 만 명이 넘어요. 2~3%더라고요. 그렇다고 그 학생들이 다 영재입니까? 영재고 800명 중에 한 100명? 타고난 재능이 특출해서 정말 따로 교육해야겠다, 이렇게 생각할 수 있는 학생이 100명 정도입니다. 나머지는 엄마가 시키는 대로 열심히 공부한 모범생이에요. 융통성도 별로 없어요. 머리가 대단히 뛰어난 것도 아닙니다. 저는 머리가 안 좋지만 많이 가르치다 보니까 영재를 볼 줄 알아요. 대상자가 너무 많습니다.

초등학교 2학년 때 관찰추천제로 뽑습니다. 담임선생님들이 추천을 해야 해요. 2학년쯤 되면 부모님 눈에 자기 자식은 다 영재로 보여요. 그러니 다 해달라는 겁니다. 추천 숫자를 한 학교당 한두 명으로 제한하니까 교내에서 또 시험을 치릅니다. 시비가 일어날까 봐 그러는 거죠. 교육청에서도 또 시험 봐요. 수십 명이 가서 시험을 봅니다.

그런데 영재교육 자체가 부실합니다. 공교육이지만, 제가 단적으로 부실하다고 얘기하는 것은, 영재학급의 경우 영재교육 담당 선생님들이 그 학교 선생님이에요. 그냥 그 업무를 맡아서 방과 후에 일을 더 하는 것뿐이에요. 낮 수업이나 방과 후 수업이나 다를 바가 없죠. 영재 전문가가 수업을 하는 게 아니에요. 영재교육원도 큰 차이가 없습니다. 아이들이 "에이 우리 학원 선생님만도 못하네" 이렇게 말해요. 그런데 왜 다니느냐? 3% 스펙을 만들어두려는 거죠. 영재교육이 아니라 영재교육원 졸업장이 필요한 거예요. 진짜 영재교육은 어디서 받나요? 전문 학원에 가서 받는 거죠. 그게 현실입니다. 이런 현실에서는 국가가 영재교육원을 운영하는 게 의미가 없어요. 영재교육원은 그저 졸업상을 주기 위한 기관입니다. 그런데 국가는 영재교육진흥법이라고 만들어놓고 엄청난 예산을 쓰고 있죠.

영재학교가 전국에 여덟 개나 있습니다. 10년 전에는 부산에 하나밖에 없었어요. 그러던 게 몇몇 시도에 하나씩 들어섰습니다. 여전히 선발고사를 봅니다. 이 시험이 너무나도 어렵습니다. 이 시험을 제대로 보려면 중학교 1학년까지 고등학교 수학 선행학습을 마쳐야 합니다. 물론 영재학교 시험에 고등학교 문제는 안 낸다고 주장하긴 합니다. 일리가 없는 건 아니에요. 과학 문제는 고등학교 수준이지만 수학은 고등학교 급이 아니라고 볼 수 있어요. 그런데도 학생들은 중1까지 고등 수학을 다 끝냅니다.

왜 그럴까요? 저도 몰랐는데, 어떤 분이 가르쳐주시더라고요. 자기 아들이 그렇게 하고 있다고 말이죠. 영재학교에 가려면 중2부터 올림피아드 수학을 공부해야 한대요. 영재학교 시험문제가 올림피아드 성향의 시험문제라네요. 경시대회성 문제라는 거죠. 중3 봄에 영재학교 입시가 시작되는데, 그래서 중2 때부터 1년 동안 훈련을 받아야만 시험을 볼 수 있다는 겁니다. 선발고사를 시행하기 때문이죠. 영재학교만 보는 겁니다. 여기서 떨어지면 과학고나 외고로 가는 거죠.

우리나라의 3% 아이들이 이 시험을 치릅니다. 올해 영재학교에 응시한 학생이 2만 명 정도 됩니다. 3% 훨씬 넘죠? 영재학교만 응시한 학생이 그 정도고, 나중에 과학고나 외고에 응시하는 인원까지 치면 5만 명, 6만 명이 이 시험을 보는 겁니다.

영재학교 커리큘럼을 봤어요. 전문교과라는 것이 있는데, 여기서 가르치는 미적분학Ⅰ·Ⅱ, 기초통계학, 정수론, 선형대수학은 다 대학교 과목이에요. 그걸 고등학교 2학년, 3학년에 다 끝내야 해요. 왜 이렇게 어려운 수학에 목을 매느냐고요? 요즘 상위권 대학은 영재학교 아이들을 그냥 내신 성적으로 뽑습니다. 영재학교에서 수학 A+를 받으

〈표 2〉 영재학교 전문교과 커리큘럼

전문교과	수학	수학Ⅰ(4) 수학Ⅱ(4) 수학Ⅲ(3) 수학Ⅳ(4)	15	미적분학Ⅰ(4)	4	미적분학Ⅱ(3) 기초통계학(3)	6	정수론(3) 선형대수학(3)	6
	과학	물리학Ⅰ(3) 물리학Ⅱ(3) 화학Ⅰ(3) 화학Ⅱ(3) 생명과학Ⅰ(3) 생명과학Ⅱ(3) 지구과학Ⅰ(3) 지구과학Ⅱ(3)	24	물리학Ⅲ(4) 화학Ⅲ(4) 생명과학Ⅲ(3) 지구과학Ⅲ(3) 물리학실험Ⅰ(1) 물리학실험Ⅱ(1) 화학실험Ⅰ(1) 화학실험Ⅱ(1) 생명과학실험Ⅰ(1)	19	물리학Ⅳ(3) 화학Ⅳ(3) 생명과학Ⅳ(3) 생명과학실험Ⅱ(1)	10	고급물리학Ⅰ(3) 고급물리학Ⅱ(3) 고급화학Ⅰ(3) 고급화학Ⅱ(3) 고급생명과학Ⅰ(3) 고급생명과학Ⅱ(3) 고급지구과학(3)	21
	정보	컴퓨터과학Ⅰ(2) 컴퓨터과학Ⅱ(2)	4	객체지향 프로그래밍(3)	3			자료구조(3)	3
	소계		43		26		16		30

면—영재학교는 학점으로 성적을 계산해요—무조건 합격을 시켜요. 영재학교에서 A+를 못 받으면 큰일 납니다. 원하는 대학에 못 가니까요. 그래서 고등학교 수학을 초등학교 때 다 끝내야 하는 겁니다. 고등학교 올라가서 이런 걸 해야 하니까요. 과학도 다 대학 과목이에요. 고급화학, 물리학 등 대학교 1·2·3학년 과목들입니다. 이게 영재학교 커리큘럼이에요.

이 정도 공부하면 정말 대학에서 영재로 봐줄까요? 대학에선 무시합니다. 고등학교에서 해봤자지, 다시 기초부터 해, 이게 서울대 기초교육원의 답변이에요. 대학에서 학점을 인정하지도 않는데 뭐 때문에 이러는 걸까요? 자기들 멋에 겨워, 우리가 이렇게 심오한 것을 하고 있다, 자랑하려는 걸까요?

경시대회 문제 1 ....

**오른쪽 체스판을 아래 모양의 블록 31개를
사용하여 덮을 수 있는가?**

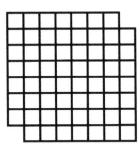

제가 경시대회 문제를 하나 가져왔어요. 얼마나 괜찮은지 보려고요. 이게 전형적인 경시대회 문제입니다. 8×8=64인 체스판이 있는

데, 양쪽 귀퉁이를 하나씩 뺐어요. 이 체스판을 아래쪽의 두 개짜리 블록으로, 원래 64개인데 두 개 빼서 62개니까, 서른한 개 가지고 덮어야 하는 겁니다. 덮을 수 있겠어요? 어렵나요? 그럼 문제를 조금 쉽게 만들어볼까요.

오른쪽 그림은 어때요? 덮을 수 있겠어요? 이건 8×8=64, 다 있어요. 블록 서른두 개 줬어요. 덮을 수 있겠어요? 이건 간단하죠. 쭉 깔면 되니까. 하지만 앞의 것은 쉽지 않겠죠? 앞의 문제가 바로 중학생 경시대회 문제입니다.

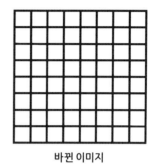

바뀐 이미지

제가 한 15년 전에 이 문제를 채점했어요. 그때는 서울시 중학생 경시대회가 있었어요. 채점의 일관성을 위해 한 문제는 한 사람이 채점했죠. 서울의 열한 개 교육청에서 200명씩 시험을 봤으니 2천2백 장의 시험지를 채점한 겁니다. 깜짝 놀랐어요. 교육청별로 시험 봤는데 강남교육청은 모두 백점이에요. 우리 동네 은평구가 있는 서부교육청은 모두 빵점입니다. 아무리 강남 아이들이 공부를 잘한다고 해도 있을 수 없는 일이잖아요. 처음엔 문제가 유출됐다고 생각했어요. 나중에 알고 보니까 강남에 있는 학원에서 이 문제를 가르친 거예요. 이런 특수한 문제들이 영재교육원 문제입니다.

이걸 어떻게 풀까요? 순진한 사람은 풀 수가 없어요. 제가 해답을 봤더니, 이렇습니다.

두 개짜리 블록 중 하나를 회색으로 칠한 다음에 체스판에도 칠해요. 그리고 하나씩 놓는 겁니다. 이건 쉽죠.

자, 문제의 체스판도 칠하는데 이렇게 칠하면, 구석의 녹색이 없어지죠? 원래 반씩이었는데 녹색만 두 개가 없어진 거예요. 그럼 어떻게 되겠어요? 나중에 하얀색이 두 개 남겠죠. 결국 하얀색이 두 개 남기 때문에 칠할 수가 없다, 이게 답이에요. 그런데 강남구 학생들은 다 그렇게 답을 쓴 반면 은평구 학생들은 일일이 다 대입해보다가 빵점 맞은 거예요.

제가 그날 주최측에 따졌어요. 이건 영재를 판단하는 게 아니고 학원을 판단하는 거다. 동네를 판단하는 거다. 그렇잖아요? 그런 시험에 우리 애가 못 붙었다고 모자란다고 생각하지 마세요. 마음 편하게 그냥 저런 교육은 별 필요 없어, 이렇게 생각하셔도 좋습니다.

자사고, 특목고가 정말 좋은 학교일까요? 저는 그런 학교에서 여러 번 근무했습니다. 학습 분위기가 좋은가? 좋습니다. 그렇다면 그 아이들이 공부를 잘하는가? 그건 답할 수 없어요. 그곳에서도 많은 학생들이 실패하고 성적이 떨어집니다. 들어갈 때는 다 50% 안에 들지만, 고3이 되는 동안 7·8·9등급이 상당히 많이 늘어납니다. 원래 그 등

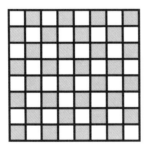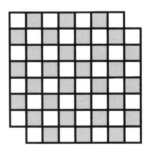

해답 이미지: "체스판 문제 풀이"

급이 아니었어요. 어떤 집단의 하위, 다시 말하면 절반 밑에 있는 아이들은 더 떨어지게 돼 있어요. 우리 애가 자사고나 특목고 중상위에 들어갈 자신 없으면 안 가는 게 좋습니다. 사실 그러리라는 보장이 어디 있습니까?

교사가 훌륭하다, 이건 거짓말입니다. 다 똑같은 대학 나왔습니다. 실업고에도 훌륭한 선생님 많습니다. 시설은 좋을 수 있어요. 그러나 시설이 공부하나요.

투입 대비 산출을 따지면, 저는 큰 손해라고 봅니다. 사람들은 수학적이지 않아요. 수학에서 가장 중요한 것은 비율입니다. 초등학교 5학년 때 배운 비율을 어른들은 다 까먹었어요. 우리나라가 매년 어김없이 하는 식대로 따져볼까요. SKY(서울대·고대·연대)에 간 숫자, 어느 고등학교에서 몇 명 갔다더라… 작년에 어느 외고가 가장 많이 갔어요. 그럼 그 외고가 가장 잘 보낸 걸까요? 그 학교 학생이 몇 명인지가 중요하죠. 그 학교 학생이 몇 명인데 몇 명 갔다, 이런 광고 본 적 없어요. 그런 기사 본 적 없어요. 총수로만 따져요. 몇 명이 입학했는데 몇 명이 어디에 갔고, 어떤 애들이 갔느냐가 중요합니다. 그런 학교에는 거의 중학교 톱이 갑니다. SKY에 들어가고도 남을 학생들이에요. 그런데 실제로는 그 학교에서 50% 이상 SKY에 가기 어려워요. 떨어진 50%가 일반고 갔더라면 당연히 SKY에 붙었겠죠. 일반고 톱이면 SKY 무조건 갑니다. 지금 그런 싸움을 하는 겁니다. 저는 결코 투입 대비 산출이 좋다고 보지 않습니다.

자사고·특목고 학생들 심리적으로 문제가 많습니다. 양호실이 아주 도떼기시장입니다. 양호실 냉장고에 약이 산처럼 쌓여 있어요. 학생들이 자주 아파요. 주로 공부 못하는 학생들이 아프죠. 양호 선생님과 상담하고 약 먹고, 심리치료사와 만나고… 일반고보다 심각합니다. 수학 내신성적이 대입에 결정적이에요. 그런데 수업시간에 엄청나게 어려운 수학을 배우잖아요. 그 경쟁 속에 내 아이를 밀어 넣고 싶으세요?

수학적 민감성

수학적 민감성은 제가 만든 말이라, 인터넷을 검색해도 안 나옵니다. 우리가 생활 속에서 여러 가지 방식으로 이 같은 민감성을 경험하면 좋습니다. 수학적 의사소통 능력, 말하는 능력이 확실히 향상됩니다. 말을 정확하게 쓸 줄 알게 되지요. 정비례·반비례처럼 수학에서 쓰는 말이 평상시에 쓰는 말과 달라 아이들이 많이 틀립니다.

이를테면 사람이 나이가 먹어가면서 거기에 비례해서 키가 큰다, 이건 틀린 말이거든요. 수학에서는 엄연히 잘못된 말이에요. 수학적으로 맞으려면 매년 같은 비율로 커야 합니다. 사람은 그럴 수 없잖아요. 그런데도 비례한다고 씁니다. 어른들이 정확하게 써 버릇해야 아이들이 시험에서 틀리지 않아요.

'사거리 지나서 오른쪽 코너에 있다.'

전화로 어디로 오라고 할 때 보통 쓰는 말이지만 이런 말 듣고 찾아갈 수 있는 사람 별로 없죠. 오른쪽 코너가 어디 정해져 있나요? 자기중심 사고죠. 자기가 늘 그곳에서 오른쪽으로 돌았으니까요. 다른 방향에서 오면 헤매는 거죠. 이런 것을 평소에 고민하는 것이 민감성입니다.

저학년 때도 주로 신문기사나 책이나 광고문구를 보고 얼마든지 훈련할 수 있어요.

"말괄량이 삐삐가 탄생한 지 70주년 됐다."

어떤 아이들 신문에 실린 기사예요. 초등학교 1·2학년이면 여기서 어떤 수학 나오겠어요? 말괄량이 삐삐는 언제 태어났을까, 뭐 그런 거겠죠. 올해가 2015년이니까 2015에서 70을 빼야 할까요, 69를 빼야 할까요, 아니면 71을 빼야 할까요? 헷갈리죠? 주년은 70을 빼는 겁니다. 그러고 나서 기사를 읽어보면 1945년에 태어났다고 쓰여 있어요. 먼저 사고를 하고 나중에 기사에서 답을 확인하는 감격을 누리는 거죠.

서울~광주 93분 '1시간 단축'

• 소년○○일보   • 시속 300km

이것도 아이들 신문에 난 기사입니다. 서울-광주 간 KTX가 운행되면서 이동 시간이 단축되었다는 내용이에요. 이걸 가지고도 'KTX가 다니기 전에는 얼마나 걸렸을까?'라고 물을 수 있겠죠. 한 시간이 단축되었다고 했으니 93분에 60분을 더해야겠죠? 또 시속 300킬로미터라고 했으니 '서울에서 광주까지 거리가 얼마냐?'라고 물을 수 있겠죠. 시속 300킬로미터로 한 시간 반이니까 450킬로미터인데, 서울-광주가 300킬로미터가 넘어요. 사실 450킬로미터면 서울에서 부산 정도 거리잖아요? 서울에서 광주는 450킬로미터까지는 아니죠. 그러면 여기서 약간의 민감성이 필요해요. 왜 450킬로미터가 아닌데 한 시간 반이 걸릴까? 중간중간 쉰다든가, 서울에서 광명까지는 속도가 시속 300킬로미터까지 올라가지 않는다든가, 이런 설명이 자연스럽게 이루어지면서 아이가 속도감각, 지형, 이런 걸 익히는 좋은 계기가 되겠죠.

1리터에 8.9km 더 달려…
- '연비운전'으로 매달 20만 원 '적금'
- "연비운전 3년이면 중고차 한 대 구입"

아빠가 차에 기름을 넣을 때마다 지갑 쳐다보며 돈 올라가는 거 저울질하죠? 이런 기사 굉장히 중요해요. 숫자 천지입니다. 보통 차보다 1리터에 8.9킬로미터 더 달린다. 그랬더니 연비운전으로 매달 20만 원 적금한다. '그럼 이분은 매달 얼마나 운행할까?' 계산할 수 있어요. 그 다음에 연비운전 3년이면 중고차 한 대 구입한다, 이런 카피가 있었습니다. 그럼 뭐겠어요? '저 중고차는 얼마쯤 할까?' 계산 가능하죠? 그런데 이게 연비이기 때문에 굉장히 어려운 수학이에요. 미적분도 비율입니다. 두 수 사이의 관계죠. 밑변과 높이 사이, 두 개의 길이 사이의 관계입니다. 그 길이의 관계가 비율이고, 연비는 이걸 통해서 다 알 수 있는 겁니다. 연비나, 특목고 출신이 대학 가는 비율, 재학생 대비 입학생이 몇 퍼센트가 갔는가 하는 이런 비율 개념이 머릿속에 있어야 수학이 쉬워지죠.

식물과 지하철

제가 한번은 강의를 하러 가서
부모님들한테 생활 주변에서 수학
을 찾아보시고 찾으시면 밴드에 올
리라고 했더니 이런 사진을 올렸더
라고요. 식물에서, 꽃에서 볼 수 있

다… 뭐가 보입니까? 여기서는 육각형이 보여요. 삼각형이 보이고. 제
가 써보라고 했더니 이런 걸 썼어요.

- "식물에서 도형을 찾아보자!"
  주위의 꽃이나 잎을 보고 여러 가지 다각형 모양을 찾아볼 수 있습
  니다.
- 꽃잎이 3장인 사마귀풀은 중심각이 120도인 삼각형, 각시붓꽃은
  중심각이 60도인 육각형 모양이라는 것을 알 수 있습니다^^
- 하트 모양의 냉이열매는 좌우대칭을 알 수 있네요~

어떤 부모가 애들 데리고 신분당선을 탔더니, 앞에 기관실이 없어
요. 기관사도 없습니다. 무인운행이에요. 앞이 확 트였어요. 철로가 보
입니다. 초등학생인 작은애가 "내가 높이 뛰었다가 내리면 내가 뒤로
가 있을까?" 하고 묻자 큰아이가 "너는 공기 속에서 같은 속도로 움
직이고 있기 때문에 그냥 그 자리에 떨어지는 거다" 하고 말해요. 상

당히 고차원의 운동을 얘기하고 있죠? "만약 네가 뛰었다가 뒤로 떨어진다면 지구가 빠른 속도로 자전하는데 그냥 땅에서 뛰어도 뒤로 100미터는 가 있을걸." 그런데 너는 그 자리에 떨어지지 않느냐, 지하철도 마찬가지다, 이런 얘기를 하는 거예요.

제가 수학적 민감성 얘기를 했더니, 이분은 비와 비율, 속도, 이런 것들을 가지고 대화했다는 건데, 중요합니다. 이런 대화를 나눌수록 아이들은 수학에 민감해지고, 수학에 대한 호감, 필요성을 많이 느끼는 겁니다.

수학 개념의 연결성

초·중·고의 수학 개념이 어떻게 연결되는지 간단하게 표로 구성해 봤더니, 아래 〈표 3〉에서처럼 초등학교는 다섯 개 영역으로 돼 있어요. 중학교도 다섯 개인데 이름이 좀 다릅니다. 초등학교의 도형과 측

〈표 3〉 초·중·고 수학 개념 연결

초등학교	중학교	고등학교
수와 연산	수와연산 문자와 식	수 I - 다항식 수 II - 수열, 지수와 로그
도형	기하	수 I - 도형의 방정식, 부등식의 영역 기하와 벡터 - 이차곡선, 공간도형
측정		
확률과 통계	확률과 통계	확률과 통계
규칙성	함수	기하와 벡터 - 공간좌표, 벡터

정이 기하로 돼 있고, 수와 연산에 문자와 식이 낍니다. 확률과 통계는 똑같고, 규칙성은 함수로 연결됩니다. 그런데 고등학교 올라가면 이게 과목별로 바뀌어요. 확률과 통계는 똑같지만 수와 연산은 수학Ⅰ에서 다항식 부분이고, 수학Ⅱ에서는 수열, 지수와 로그에 해당합니다. 수학I에는 도형이 끼어 있는데 이건 도형과 같고, 기하와 벡터의 이차곡선, 공간도형 두 가지가 도형과 측정이고, 나머지는 함수에 해당합니다. 미적분도 함수고, 수학Ⅱ에도 함수가 있고, 기하와 벡터에서 3·4단원에 해당하는 공간좌표와 벡터, 이 부분이 함수에 해당합니다. 따라서 초등학교에서 배운 부분들이 나중에 다 연결되기 때문에 고등학교에 올라가서 해당 부분에 문제가 있을 때 거꾸로 어떻게 내려올 수 있는지, 복습을 어떻게 해야 하는지 알고 싶어 큰 지표를 그릴 때 이 초·중·고의 개념을 연결하는 그림이 필요할 것 같아서 한 번 만들어봤습니다.

질의응답 Q&A

질문 수포자 없는 입시플랜 국민운동의 네 가지 요구사항 중 수능 수학을 절대평가로 전환하는 부분 말인데요. 사실 영어는 특목고를 제외하고는 절대평가처럼 바뀌었잖아요.

최수일 영어가 2018학년도부터 바뀌죠.

질문 수학도 이렇게 바뀌면 대학교에서 변별력을 찾기 어려워 반발이 심할 것 같은데요.

대학은 변별력이 약화되죠. 지금까지 수능 점수로 변별력을 유지했는데, 그 부분이 약화되는 겁니다. 대학의 변별력은 약화되지만 교육적으로는, 수학 교육의 입장에서는, 선생님들이 수능을 의식했던 과거의 주입식 교육에서 정말 좋은 수학 교육을 할 수 있는 계기가 마련되기 때문에, 그런 면에서 큰 이점이 있죠.

가장 큰 문제는 대학에서 변별력이 떨어지는 부분을 어떻게 보완할 것이냐인데, 우선 대학에서 본고사가 부활할 거다, 이런 얘기가 나돌고 있지만, 그건 더 큰 문제를 야기하기 때문에 정부가 절대로 허용하지 않을 거라고 생각하고요. 그런 면에서 대학은 학생들을 뽑는 방식을 지금처럼 수능 점수만 가지고 뽑는 데서 벗어나야 합니다.

수능이라는 게 사실 딱 한 번 시험 봐서 그 점수로 인생이 바뀌는 시험이잖아요. 이건 정말 타당하지 않아요. 하루의 컨디션이 인생을 좌우하다니요. 저는 12년, 아니면 적어도 고등학교 3년 기록을 지금보다 훨씬 더 충실하게 써내야 한다고 봅니다. 학생들의 장단점, 가능성 등을 말이죠. 이렇게 말하면 입학사정관제를 말하는 것 같은데, 저는 사정관제를 중요하게 생각합니다. 그래야만 그나마 변별을 해낼 수 있으니까요.

사교육에 사정관제가 많은 영향을 받는 게 문제가 없는 건 아닙니다. 여하튼 대학이 수능 점수 0.1점 차이를 드러내는 지표보다는 좀 더 다양한 지표를 가졌으면 합니다. 지금 교육부가 하는 대로 학생부 종합전형이나 학생부 교과전형 등 학생부를 중심으로 3년의 기록을 자기들이 충실하게 읽어서 거기서 변별력을 발견하는 것이 나을 거라고 생각합니다.

영어를 절대평가하게 된 배경 역시 똑같습니다. 영어가 아이들한테 정말 필요하고 중요한데 수능시험을 치르게 되니까 영어 교육이 제대로 안 되는 거예요. 그래서 차라리 변별력이 없어지더라도 교육은 살려야겠다, 그런 의도가 강한데 수학도 처지가 똑같거든요. 수학이 아이들한테 주는 고통이 더 심한데, 수능이 절대평가화되면서 수학으로 인해서 아이들이 서열화되지 않았으면 합니다. 특히 수학은 아이들을 변별하기 위해서 지나치게 수학적이지 못하게 되는 문제를 안고 있습니다. 특별한 문제를 잘 푸는 학생은 수학적으로 훌륭하다고 평가하고, 정말 능력 있는 아이들은 1등급을 못 받아요. 타당하지 않죠. 5지선다로, 찍는 시험으로 선발하는 것은 인간적이지 않죠. 그런 의미에서 수능보다 학교 3년간의 내신 기록을 더 중시하는 것이 더 교육적이지 않겠는가 생각하는 겁니다.

질문 슬라이드 자료에 보면 '모든 것을 가르쳐주는 친절한 교과서', '교과서가 사고한다' 이렇게 표현하셨고, 설명을 하시면서 "학생들이 찾아볼 수 있고 탐구할 수 있고 스스로 해볼 수 있는 그러한 교과서가 돼야 한다" 이렇게 말씀하셨는데, 그렇다면 어떤 식으로 교과서가 만들어져야 하는지 그리고 '교과서가 사고한다'는 건 어떤 걸 표현하신 건지 구체적인 예를 들어주셨으면 좋겠습니다.

최수일 우리나라 교과서가 다, 수학 교과서는 100%가 제가 표현한 그대로입니다. 교과서가 사고한다는 것은, 예를 들면 중학생이 가장 어려워하는 부분이 중1 초기에 문자 x, y를 배우는 시기입니다. 초등학교 때는 숫자만 가지고 놀다가 어떤 미지수를 x로 표현합니다. 그때 x

는 애들한테 문화 충격이 굉장히 큰 겁니다. 갑자기 x를 쓰는데, 처음에는 초등학교 때 쓰던 세모나 네모 대신인 줄 압니다. 그런데 좀 지나면 x가 변해요. 변수라는 겁니다. 미지수가 아니고 변수라는 거죠.

미지수와 변수는 하늘과 땅 차이입니다. x, 옛날에는 답을 구하는 줄 알았는데 나중엔 답도 요구하지 않아요. x가 3이어도 좋고 5여도 좋고 7이어도 좋고, 이런 식의 함수가 나오고, 또 x가 100, 1000, 어떤 수를 넣어도 다 성립하는 항등식이라는 게 나오기도 하고요. 이래서 아이들은 똑같은 문자에 대한 충격 속에서 다양한 문자 경험을 하게 돼요. 그 과정이 폭력적입니다. 다시 말하면 교과서가 아무 설명 없이 x, y를 막 던져주는 것이죠.

괜찮은 미국의 교과서들은 x라는 문자 하나를 쓰기 위해서, 보통 다섯 시간 이상 소모합니다. 우리는 10분이 안 걸려요. 바로 x를 주고 쓰게 만드니까요. 그럼 미국에서는 어떻게 할까요? 학생들이 x를 사용할 수 있는 환경, x를 사용해야만 하는 필요성, 이런 걸 느끼게 하기 위해서 계속 x 주변을 돌게 하는 거죠. 돌다가 학생들이 "선생님, x를 써요" 이렇게 주장하는 때를 기다립니다. "그래, x 써도 되니? 써야 할까?" 몇 번을 물어보고 나서야 쓰는 겁니다. 그러면 x를 쓰는 즐거움과 필요를 느끼고, 발견하는 거죠.

모든 수학 개념은 발견입니다. 우리 교과서는 첫 줄에서 개념을 일방적으로 제시합니다. 약수다, 그러면 약수가 뭐냐, 약수는 어떤 수를 나누어 떨어지게 하는 수다, 첫 줄에 쓰여 있어요. 초등학교 책은 그나마 대여섯 줄 지나서 나옵니다. 발견을 위한 책들은 약수라는 제목도 안 달아요. 학생들이 눈치채면 안 되니까요. 발견해야 하기 때문에

'즐겁게 놀기', 이런 식으로 달겠죠. 즐겁게 놀다 보면 약수를 찾아내는 거니까요. 나중에 서너 시간 지나서 교사가 그게 약수란다, 이렇게 말해주는 거예요. 그때가 되면 학생들도 약수에 대한 거부감을 느끼지 않게 되죠. 왜냐하면, 자기가 가지고 놀았으니까요.

이런 식으로 수학의 개념을 완성할 때까지는 시간이 걸립니다. 우리나라에서는 '그렇게 해서 수학을 언제 다 배우느냐'고 비판하죠. 그렇게 배워도 우리보다 훨씬 확실하게 배울 수 있습니다. 배우는 학생이 수학을 한번 발견하면 그 뒤에 주어지는 수학은 우리나라에서 가르치는 수학보다 훨씬 어렵습니다. 발견할 때까지는 기다려주지만, 그 다음부터 학생에게 부여하는 수준은 우리보다 높다는 거죠. 우리나라 수학 문제가 어려운 건 꼬아서 그런 거고요.

외국은 문제가 쉽다고 하지만 사실은 수준이 높습니다. 우리 학생들이 답할 수 없는 문제들이 많아요. 그 문제들은 하나도 안 꼬여 있어요. 개념을 정확하게 이해하고 사고를 깊이 하면 답할 수 있습니다. 우리는 순수하게 그 학년의 공부를 열심히 해도 답할 수 없는 문제를 냅니다. 옛날 거 꼬고, 지금 있는 거를 엮고, 무관한 것들을 지나치게 섞어놔요. 그래서 특정한 한 가지를 못하면 문제를 못 풀게 하지요. 외국 문제는 순수합니다. 정직한 교육을 하는 거죠. 우리는 A를 가르쳐놓고 B를 묻지만, 저들은 A 가르치고 A를 묻습니다. 따라서 A에서는 얼마든지 어려워도 그 문제를 해결하려고 하면 해결할 수 있는데, 우리는 A를 가르치고 B를 물으니까 또 다른 교육이 필요한 거고, 사교육에 기대는 거고, 그런 것이 우리 교육의 맹점이라고 생각하는데, 설명이 충분했는지 모르겠습니다.

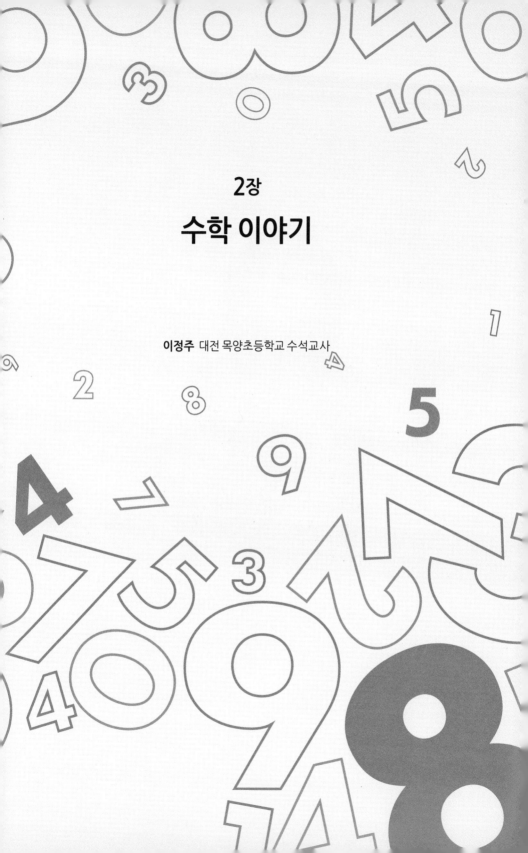

2장

수학 이야기

이정주 대전 목양초등학교 수석교사

시사IN 윤무영

사교육걱정없는 세상의 문을 두드리며

초등학교 수석교사로서 제 일과는 오전에는 학교에서 학생들을 가르치고 오후에는 선생님들의 요청으로 수학 수업 컨설팅 지원을 나가는 일이 대부분입니다. 다양한 학생들이 수학을 중심으로 학습활동을 하는 걸 지켜보면서 학생들의 생각과 선생님들의 고민을 함께 나누는 일이 일과라고 할 수 있습니다.

오늘도 오전엔 제가 일하는 학교에서 학생들을 가르치고, 오후에는 인근 학교 수업 컨설팅 일정으로 6학년 수학 수업을 한 시간 함께하고 서울로 올라오는데, 후배가 제게 "선생님은 사교육도 제대로 시켜본 적 없으면서 무슨 강의를 하러 가시는 거예요?"라고 웃으며 묻는 거예요. 그래서 '사교육걱정없는세상'에서 제가 정말 사교육 걱정이 없는 사람이어서 연락한 줄 알았다고 했지요.

그러나 사실은 교직 생활 29년이 되어가는 지금 '사교육 걱정없는 세상'이라는 소통의 창구에 '그간 담아두었던 교직 이야기, 우리 아이들이 자라면서 부모로서 아팠던 나의 이야기'를 한번 해도 좋겠다'는 마음이 생겼기 때문입니다.

교사인 제가 사교육에 많은 돈을 써본 일도 없을뿐더러 아예 걱정조차 해보지 않았다면 제게 남다른 비법이 있거나 제 아이가 공부를 아주 잘했으리라 생각하시겠지만, 저는 조금 다른 방향으로 사교육 걱정이 없었답니다.

지금부터 좌충우돌 고민도 많았고 아픔도 있었지만 행복했던 29년차 교사이자 엄마인 제 이야기를 해볼까 합니다.

무엇을 보는가? 어른과 아이의 눈높이는 다르다

교실에서 선생님들은 앞에서 뒤를 봅니다. 교실에 있는 시간 대부분을 학생들의 얼굴과 교실 뒤쪽을 보게 되지요. 그런데 학생들은 교사와 정반대로 앞쪽을 보게 되지요. 학생들은 앉아서 선생님 얼굴을 보고, 교탁과 칠판을 보죠. 수업 컨설팅을 가면 선생님들께 제일 먼저 여쭤봅니다.

"선생님, 오늘 수업하시기 전에 학생들 자리 어디에 앉아보셨어요? 이 반에서 가장 공부를 잘하는 학생 책상은 어디고, 가장 못하는 학생 책상은 어디입니까? 이 수업을 설계하면서 학생들 책상 어디 어디에 앉아보셨습니까?"라고요. 이렇게 여쭤보면 의외로 학생들 책상에 앉아보신 선생님이 없습니다. 저는 수업을 참관하러 가면 학생들 옆자리에서 학생들 책상에 앉아서 이야기를 하고 와요. 선생님은 앞에서 학생들 얼굴과 교실 뒤쪽을 봅니다. 그래서 우리 선생님들은 교실 환경정리에 그렇게 열중하시는가 봐요. 그런데 학생들은 선생님이 보는 반대 방향을 보죠. 칠판을 봅니다. 학생들을 생각한다면 학생 의자에 앉았을 때 보이는 사물에 더 신경을 써야 합니다. 바로 선생님 주변을 봐야 합니다. 우리 학생들이 무엇을 보는지 알아야겠죠.

이 강연의 다른 선생님들은 수학 교사의 시선에서, 수학자의 시선에서 보고 느끼신 것을 강의하실 겁니다. 저는 16년 긴 교육 여정의 첫 단추를 꿰는 초등학교 교사로서, 이렇게 얘기해보고 싶어요.

'수학 때문에 울어보셨어요? 수학 때문에 마음 아파 하는 자식을 안타까워하면서 밤을 지새워보셨어요?' 저는 울어보고 아파보고 힘든 고비를 넘겨보았습니다. 제가 부모로서 마음이 몹시 아프고 힘들었을 때는 이런 강의나 소통은 꿈도 꾸지 못했습니다.

긴 성찰의 시간이 지난 지금 비로소 이런저런 이야기들을 할 수 있게 되었습니다. 자신의 이야기를 하는 것도 용기가 필요하답니다.

'엄마들 너무 불안해하지 마세요. 지금 우리 아이가 배움의 속도가 느려도 화내거나 너무 안타까워하지 마세요, 괜찮아요. 세상에 안 아프고 피는 꽃이 어디 있답니까?'라고 말하고 싶었어요. 누군가 먼저 아픈 사람이 이야기를 들려주면 '아, 그렇구나. 누군가도 아팠구나' 하고 위로와 용기를 나누는 경험을 하고 싶어서 나왔습니다.

앞에서 말씀드린 대로 저는 수학클리닉 전문 상담가이자 29년차 교사입니다. 제 얼굴에서 전문성을 찾기는 어려울 거예요. 그런데 제가 잘하는 게 있습니다. 마음의 문을 열고 들어주는 겁니다. 그냥 듣기만 하면 돼요. 4년 동안 굉장히 많은 엄마들의 이야기를 들었어요. 그냥 듣고 "그러셨어요? 힘드셨겠어요" 하니까 우리 엄마들이 굉장히 많이 우셨어요. 저도 교사이기 전에 염려하고 불안해했던 엄마였다는 걸 그분들은 알아채신 거지요. 지금부터 그 이야기를 들려드리려고 합니다.

염려와 믿음 사이에서 고민하며 부모가 된다

　부모님들은 자녀 교육 걱정은 대학 갈 때까지만이라고 한정지으시잖아요. 그런데 대학에 가고 직장인이 되어도 교육에 대한 염려는 끝나지 않더라고요. 후배 선생님들의 고민과 노력을 보면서, 또 현장교육의 문제는 우리 자녀에서 그치는 것이 아니기에 학부모들이 함께 가는 믿음의 운동으로 이어져야 한다는 생각에서 저 또한 이 자리에 나온 것입니다.

　'내가 지금 알고 있는 이 지식을, 이 사실을 그때도 알았더라면…' 이런 후회도 가슴을 치잖아요. 저의 그때가 어머니들의 지금입니다. 그래서 제가 뒤늦게 깨닫고 알게 된 것을 함께 나누고 싶고, 또 다른 분의 이야기도 듣고 싶습니다.

　또 다른 이유는, 아까 대기실에서 기다리다가 5학년, 3학년 아이들을 두신 어머님을 만났어요. 함께 온 형제가 앉아서 얼마나 재미있게 책을 보는지, 정말 예쁘더군요. 그런데 그 어머니하고 이야기를 해보니까 제 눈에는 그렇게 늠름하고 의젓해 보이는 아이들이 엄마는 여전히 걱정이라는 거예요. 왜 그럴까요? 그 이유는 엄마와 이웃집 아주머니의 시각 차 때문 아닐까요? 왜 이웃집 아이는 다 '엄친아'일까요? 이웃집이라는 한 다리를 건너서 보기 때문이에요. 저는 관계의 올바른 거리가 조성되어 있을 때 건강한 사랑이 전해진다고 생각합니다.

　교육 문제에 모든 부모님이 매진하다 보니 참으로 많은 교육 사례와 비판들이 떠돌고 있습니다. 세상에 비판과 투쟁은 많아요. 그러나 교육은 항상 그다음을 생각해야 하는 것 아닐까요? '그런데 말이지, 지금 내가 할 수 있는 일은 뭘까?'라는 생각을 합니다.

공부 이전에 마음의 텃밭을 먼저 일구어야

교사 생활 29년의 거의 절반을 초등학교 1·2학년 담임을 하면서 보냈습니다. 나머지 절반은 5·6학년 담임을 했고요. 저학년 담임을 많이 하다 보면 고학년 맡기가 무섭습니다. 그래서 저학년과 고학년을 골고루 맡아봐야 하는데, 초등학교 특성상 20년 경력의 교사라 해도 맡아보지 못한 학년이 있게 돼요. 제가 수석교사로서 담임을 맡지 않게 된 마지막 5~6년은 1학년만 맡았습니다. 그리고 유치원 교육도 한 번씩 지원을 나갔습니다.

예전에는 글씨를 왼손으로 쓰면 선생님이 오른손에 연필을 묶어주면서 꼭 오른손으로 쓰라고 했는데, 요즘은 그런 일은 없습니다. 왜냐하면 예전에는 유치원 과정이 거의 없었으니까 조기교육이 이렇게 심화된 단계로 나타나지 않았어요. 당시에는 첫 단추라는 말이 초등학교 1학년에 적용되었습니다. 지금은 초등학교 1학년 이전에 배우는 게 워낙 많아서 초등학교 1학년 학생들의 다양한 단계가 중학교에 입학하는 학생들의 다양함과 거의 같게 나타날 만큼 편차가 커지는 거예요. 한 학급에 읽기, 쓰기는 물론이고 영어까지 배워온 아이부터 한글도 떼지 않고 입학하는 아이까지, 그야말로 다양한 학습 출발점을 가지고 있다고 해야겠지요. 그럼에도 1학년, 2학년 아이들이 꼭 익혀야 하는 기본적인 공부 습관을 키워주고자 했기에 저학년은 제게 의미 있는 학년이었습니다.

　아래의 사진은 지난해 제가 너무 기뻐서 찍은 사진이에요. 학생들이 3월에 입학해서 콩을 심었는데 "콩돌아, 잘 자라, 사랑해" "콩돌아 네가 꽃을 피우다니 기쁜 소식이야. 꽃을 피워서 너무 고마워" 하고 콩하고 대화를 나누는 거예요. 정말 사랑스럽지 않으세요? 제가 담임을 할 때는 이런 사진을 찍어서 집으로 다 보냈어요. 학생들의 이 예쁜 모습을 저만 누리는 것 같아서 엄마들한테 미안해서요. 그런데 우리 부모님들은 이 예쁜 모습을 못 보시고 사랑하는 자녀들에게 사랑을 줘야 할 시간에 직장생활에 지쳐서 피곤한 몸으로 돌아오시잖아요. 오늘은 강의 끝나고 돌아가셔서 내 꽃밭의 나무와 꽃인 우리 자녀들에게 '정말 고마워, 사랑해. 네가 있기 때문에 힘이 나'라는 인사를 꼭 하셔야 합니다.

　제가 초등수석교사가 되어 가장 의미있게 생각하는 일이 비전코칭입니다. 뭘 해야 하고, 왜 해야 하는지, 자존감·자신감을 키워주는 코

칭을 합니다. 지식을 전달하는 가르침이 아니라 스스로가 발견하도록 도와주는 대화의 기술이기에 초등학생뿐 아니라 중·고등학생에게도 비전 리더십 강의를 하고 있습니다. 그래서 제가 초·중·고등학생을 다 만나는 드문 교사가 아닐까 하는 생각도 합니다.

아이들하고 동기부여를 위해 보는 영화로는 〈쿵푸팬더〉가 있습니다. 최고의 리더십 동기부여 영상입니다. 〈세 얼간이〉는 제 자신이 정신적으로 조금 나태해지거나 나른해질 때 선생님과 보는 영화입니다. 〈세 얼간이〉를 볼 때마다 '우리나라에는 왜 이 영화처럼 아이들과 함께 볼 수 있으면서 해학적이고 본질을 꿰는 대사와 이야기를 담은 영화가 없을까?' 생각해요. 우리는 흥분하고 분개하는 영화만 넘치지요. 안타까운 일 중 하나입니다.

틀릴까 봐 불안해하고 조급해하는 아이들

현장에서 만나는 우리 아이들은 너무 급합니다. "네?" "해요?" "저요?"라는 이야기를 가장 많이 합니다. 초등학교 학생일수록 더해요. "~쪽을 펴서 ~을 하세요" 하고 돌아서면 "선생님, ~해요?" 하고 묻습니다.

왜 그럴까요? 지나치게 꼼꼼해서 거기서 빠져나오지 못하는 아이가 있는 반면에 너무 대충대충인 아이도 있습니다. 일대일 지시에는 익숙하지만 전부에게 하는 말에는 주의를 기울이지 않습니다. 자기 이름도 못 알아보게 씁니다. 그래서 제가 5학년, 6학년 학생들한테 이렇게 얘기하기 시작했어요.

"나를 나타내는 것은 내 모습만 있는 건 아니다. 내가 앉았다 일어
난 자리의 흔적도 내가 되고 내가 제출한 숙제도, 내 가방 안도 나를
말해준다. 너라는 존재는 네 이름만 봐가지고도 네가 얼마나 멋진
아이이고 네가 얼마나 생각이 많은 아이인지 알 수 있어. 이 종이가
바로 너야."

제가 5학년 도덕 수업을 하는데, 수학 과목을 연구하면서 왜 도
덕 교과를 지도하는가 하면, 교육 과정 진도와 병행해서 초등학생들
의 학습 태도와 습관을 바로잡아줄 수 있는 과목이 도덕이기 때문
입니다.

수학을 잘하는 비결 중에 초등학교에서 꼭 길러야 하는 게 시간을
견디는 힘인데 아이들은 늘 조급해합니다. 예를 들어서 40분 동안 보
는 평가에서 10분만 지나면 "선생님 다 했는데요, 다음 시간 것을 봐도
돼요?" "다른 책 봐도 돼요?" 이럽니다. 주어진 시간을 충분히 활용하
지 않고 빨리에만 익숙한 현장입니다. 한 번 더 검토해봐도 되는데 그
러지 않습니다.

아이한테 어떤 과제를 줄 때는 과제의 양만 주는 게 아니라, 양과 시
간과 질을 함께 관리해주셔야 합니다. 예를 들어서 "문제집 세 장 해
라" 하면 "엄마, 세 장만 다 하면 나가서 놀아도 되죠?" 이러고는 빨리
풀게 됩니다. 세 장을 적절한 시간에 제대로 푸는 연습을 해야 하는데
말이죠. 그래서 아이들하고 작은 훈련을 해야 합니다. 시간을 견디는
훈련입니다. 이 과정은 기다리고, 다시 생각하고 옆 친구들과 보조를
맞추면서 자연스럽게 자기성찰의 시간이 되는 거지요.

요즘은 사춘기가 일찍 시작하는 편입니다. 4학년부터 자가진단으로 자기가 사춘기라고 말해요. 요즘 사춘기는 시작은 있으되 끝은 없습니다. 고등학교까지 사춘기를 겪어요. 5학년은 자아의식과 생각은 많아지는데 비해 행동은 못 따라가는 학년입니다. 5학년 학생들의 책상은 정말이지 나라 지키는 군인들 책상 같습니다. 중2가 정규군으로 나라 지키고, 초등학교 5학년들이 상비군으로 지킨다는 말이 있을 정도랍니다.

그럼 6학년은 안 그럴까요? 엄마들이 "너 이러다가 중학교 가겠니?" "너 중학교 가서 어떻게 하려고…" 이렇게 다그치니까 6학년 아이들은 그래도 중학교를 염두에 둡니다. 그다음 과정이 보이는 아이들은 신경을 쓰고 다음 준비를 하게 되죠. 반면 5학년은 덩치만 컸지 불안정한 시기예요.

교실 이야기 해볼까요? 5학년 수업 전에 "연필만 빼놓고 다 집어넣어"라고 말하면 말이 끝나기가 무섭게 "선생님, 책은요?" "선생님, 공책은요?" 모두 하나씩 묻습니다. 연필만 놔두고 다 집어넣는 데 얼마나 걸리는지 아세요? 5분쯤 걸립니다. 마지막까지 넣지 않는 게 지우개입니다. 한 학생이 끝까지 지우개를 넣지 않기에 제가 계속 서 있었더니 다른 학생이 얼른 지우개를 넣으라고 채근하는 거예요. 그러자 그 학생이 "선생님, 틀리면 어떡해요?" 하는 겁니다. 무얼 할지도 모르면서 연필만 꺼내놓으라는 지시에 아이는 벌써 틀릴 걸 생각하는 거예요. 아무것도 안 했고, 뭘 할지도 몰라요. 연필만 꺼내놓고 있는 시간일지도 모르는데, "틀리면 어떡해요?"라는 거예요. 누가 이 어린 친구들에게 이렇게 불안을 심어주는 걸까요? 틀려도 되는 나이잖아요. 우리 이렇게 이야기하기로 해요. "너희는 실수하고 틀려도 괜찮은 나이야."

아이들의 조급함은 어디서 시작됐을까요? 안타깝게도 100퍼센트 부모님 탓입니다. 우리 아이들이 피아노 배울 때 "그 아이는 어떤 곡 연주할 때 가장 기뻐해요?"라고 묻지 않습니다. "체르니 몇 번 쳐요?"라고 물어요. 체르니 몇 번을 치는 아이가 어떤 곡에 즐거워하고 연주하는지 아무도 궁금해하지 않아요. 오직 그 속도입니다. 그 결과 지금 수학 교육과 같은 현상이 피아노 레슨에도 생겨났습니다. 체르니 40번을 배우는 아이인데 대중가요 악보를 줘도 제대로 연주하지 못하는 기계적인 반복 현상이 다른 곳에서도 생겨나고 있어요.

어디 그뿐인가요. 부모님들은 수학체험전·과학체험전 등 각종 체험전에 발에 땀나도록 아이를 데리고 다니면서 몇 종목을 체험했는지 빈 칸 채우는 스탬프에만 열광해요. 중학교, 고등학교에서는 그게 봉사 점수나 수행평가 점수에 들어간다지만 초등학교는 그렇지도 않은데 우리 어머님들은 무엇을 배웠는지가 아니라 몇 개를 했는지에 더 관심을 갖고 짧은 시간에 많은 것을 가르치려고 해요. 그 탓에 수박 겉핥기로 배우고 학교에 와서 선생님이 수학 보드게임 같은 것을 하려고 하면 아이가 이렇게 얘기해요. "다 해봤어요." "어 그래? 그럼 네가 나와서 친구들한테 설명해주렴." 물론 설명 못합니다. 아는 것과 이해하는 것은 다르니까요.

아는 것은 뭐죠? '저는 배용준을 압니다. 하지만 배용준은 저를 모릅니다.' 이게 앎의 1단계입니다. 상호작용이 전혀 없는 표면적인 얕은 이해와는 다릅니다. 나의 언어로 다 이야기할 수 있고, 완전히 내 지식이 되어서 내가 변환할 수 있을 때 그것을 이해라고 합니다. 우리 아이들은 이 기초적인 '앎'을 가지고 잘 알고 있다고 오해하고, 어머님들은 결과만 보면서 비교합니다.

끊임없이 자신을 돌아보게 만드는 직업, 부모

학생들한테 "너희는 직업이 뭐니?" 하고 물은 적이 있어요. 다들 직업이 없대요. "아니야, 너희도 직업이 있어. 학생이야."

부모님도 마찬가지입니다. 부모가 직업이에요. 자신의 직업에 맞는 전문성을 갖추어야 합니다. 내 아이라는 분야에 전문성이 있어야 합니다. 저는 우리 아이가 학교 다닐 때 아이에 대해 전문성이 없었습니다. 고집만 있었는데 그나마 그 고집이 믿음이 되어 지켜왔습니다. 어떤 고집이냐고요? 비교하지 않았습니다. 절대로 비교하지 않았습니다. 아이가 공부는 잘하지 못해도 저는 최고로 행복한 엄마였습니다.

방황하는 아들 덕분에 겸손함을 배웠고 아이의 눈물과 좌절을 통해 교실 안 학생들의 닫힌 마음이 아픔이라는 것을 알게 되었고 이해하고 기다려주는 믿음이 갖는 힘을 깨닫게 되었지요.

지금도 아이에게 얘기합니다. '나는 최고로 행복한 엄마야'라고요. 수학을 못하고 공부를 안 해서 아이의 삶에 어떤 어려움이 생길지 모르지만, 제 아이나 저나 그것을 충분히 감당하고 있고 더 노력하고 있습니다.

각종 체험전이 많이 열립니다. 자녀와 체험전을 가든 서점에 가든 한꺼번에 많은 것을 보여주거나 들려주려고 하지 마시고 아이와 계획표를 짜보세요. 사전에 '오늘은 한 가지만 하자', '오늘은 두 가지 체험만 하자' 하고 함께 정하세요. 서점에 가서도 아이가 원하는 거 하나 내가 원하는 거 하나만 보세요. 그리고 아무리 만화책이라도 아이가 보는 것은 꼭 함께 보세요. 우리 아이를 열광시키는 것이 그 안에 있습니다. 꼭 함께 체험하는 시간을 가지세요. 그래야 알게 되고 진짜 이해하게 됩니다.

초등학교 생활은 좋은 내용물을 담을 멋진 그릇을 빚는 시간

아이들의 조급함이 어디에서 시작된 것일까 생각하다가 초등학교는 무엇을 배우고 익혀야 하는 시기인지 다시 한 번 점검해보기로 했습니다.

초등학교 시기는 학습능력의 기반을 형성하는 중요한 시기입니다. 초등학교 1~2학년 자녀를 둔 어머님들은 이런 말씀을 하실 거예요. "초등학교 입학할 때 우리 아이는 아무것도 안 배우고 그냥 한글만 떼서 갔는데 지금 초등학교 교과서가 너무 어려워요. 교과서 지문이 너무 어려워서 선행학습을 안 할 수 없어요."

초등학교 1학년까지의 언어는 부모님이 눈높이 언어로 바꿔줘야 합니다. 저는 초등 수학에서 30퍼센트는 맥락을 이해하는 눈치라고 생각합니다. 수학 공부는 상황 이해력입니다. 일상에서 이른바 눈치가 없는 아이는 공부도 못합니다. 왜냐하면 눈치가 없다는 것은 주변머리가 없는 거예요. 이런 아이는 억울한 일을 많이 당해요. 선생님이 기분이 좋을 때까지만 장난을 쳐야 하는데 선생님이 기분이 안 좋아져서 '누구든 걸리기만 해봐라' 하고 있는데 장난을 치는 식이죠.

학습 효과가 있으려면 의미 있는 지식을 익혀야 합니다. 초등학교 1학년에 들어가면 점선 8칸 공책을 받습니다. 저학년 때 점선 8칸 공책

초등학교 시기는
1. 학습능력의 기반을 형성하는 중요한 시기
- 두려움을 버리고, 호기심과 생각하는 힘으로 접근하기
- 문제를 바르게 이해하는 법, 주어진 시간을 견디는 법, 소통하는 법
- 왜 공부하나, 누구를 위해, 자기주도적 학습

2. 학습 효과가 있으려면 의미 있는 지식이 되도록
- 사전 지식과의 연결·암기가 아닌 사고작용을 통한 이해
- 정답을 아는 순간 더 이상 생각하지 않는다.
- 주입식 집어넣는 교육이 아닌 사고하는 수학

3. 문제해결과정을 노트에 정리하기
- 사전 지식과의 연결·암기가 아닌 사고작용을

학습의 세 기둥

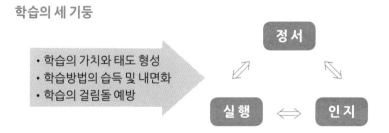

초등학교	학습의 방법이 몸으로 새겨지는 시기
중학교	학습이 목적과 만나 구체화되는 시기

에 글자의 형태를 맞추어 써보는 것이 공부가 됩니다. 국어지만 눈으로 저절로 비율과 배분, 그리고 자형을 익히며 각과 축소를 알게 되는 좋은 학습 방법입니다.

초등학교 1학년한테 도화지를 주면 아주 좋아합니다. 도화지 자체가 아이들의 상상 놀이터가 되는 거예요. 그런데 5학년, 6학년에게 도화지는 과제이거나 공부의 연속으로 받아들여지기 때문에 싫어서 입이 쑥 나오지요. 1학년 때 아이들의 그림을 보면 재미있고 상상력이 풍부한데, 5, 6학년 올라가면 색칠하는 것조차 싫어합니다. 의미 없는 반복이 계속될 때 이런 일이 생깁니다.

초등학교 3학년 교실에 갔더니 아이들 노트에 '오답 노트'라고 적혀 있어요. "오답 노트보다는 나의 생각 노트, 나의 이야기 노트가 어때요?"라고 선생님께 말했어요. 어린 2학년, 3학년한테 '오답'이라니요? 긍정적인 단어로 즐겁게 하도록 동기부여를 하고, 섣불리 정답을 말하지 마세요. 오답도 문제 해결 과정에 속합니다. 이런 활동을 통해 수학적 사고력과 문제 해결 능력이 길러지는데 정답을 아는 순간 더 이상 생각하지 않습니다. 하지만 교과서에서는 더 생각하도록 만들지요. 열심히 한 문제 풀면 교과서 옆 장에 '다른 방법으로 풀어보세요'라고 되어 있어요. 열심히 풀고, 다른 친구가 다른 방식으로 풀었으면 그 방법을 서로 소개해주고 친구들한테 자신 있게 얘기해주면 되지요. 하지만 초등학교 단계상 한 문제를 열심히 풀어서 해결한 기쁨을 누리기도 전에 또 다른 방법으로 풀어보라고 하면 아이들이 힘들어합니다.

제가 현장에서 가장 지도하기 힘들었던 것이 '왜 그런지 생각해보세요' 부분이에요. 아이들은 주로 "그냥요"라고 답해요. 어떤 아이는 이렇게도 썼어요. '그게 이유가 있을까요?' 왜 그런지 다시 생각해보는 것이 아이들한테는 굉장히 힘들다는 것을 알아야 합니다. 다양한 방법으로 생각하고 방법을 찾아보는 것은 대화와 독서 활동의 결과지요. 부모님들은 대화를 굉장히 많이 한다고 생각하시는데, 아이들과 나눈 대화를 한번만 녹음해보세요. 대화는 없고, 부모님들의 일방적인 지도만 있을 것입니다.

우리 부모님들은 대단히 교묘하게 내가 원하는 쪽으로 아이들을 밀어 넣는 능력이 있어요. 아이들의 이야기를 충분히 들어주지도 않고 기다려주지도 않아요. 왜 그런지 생각해보니 시행착오를 줄여주려는 부모의 욕심 때문이 아닐까 하는데, 아이들이 대화보다는 지시와 요구에 익숙해지는 부작용이 생겨요.

그 결과 아이 역시 "엄마, 뭐 해줘" 하고 지시하는 겁니다. 학교에서도 선생님들이 일대일로 얘기하지 않으면 아이들이 안 들어요. 못 알아듣는 거예요. "얘들아 다음 시간에는" 하면 절반은 일어서 있어요. 끝까지 듣지 않는 습관은 한 친구가 질문을 해도 똑같은 질문을 다른 아이가 하는 모습으로 많이 보입니다.

고학년으로 올라갈수록 학습 편차가 생기게 되고 선호하는 과목과 싫어하는 과목이 나타나게 되는데, 중요한 건 무엇을, 왜 배워야 하는지 모른다는 거예요. 초등학교 3학년 아이가 저한테 "선생님, 저 힘들어요" 하는데 왜 힘든지 물어보았더니 학원을 여섯 곳 다닌대요. 하루에 네 개까지 다닌다는데 아침에 학교에 등교해서 집에 가는 시간이 6시! 초등학교 3학년 이야기예요.

제가 존경하는 최수일 선생님과 교육부 주관의 학부모 수학교실에서 1일 수학캠프를 해봤어요. 어머님들이 아침 9시부터 4시까지 아이들의 일상처럼 수학 체험도 하고 자녀들과 함께 하루 수업을 듣는 거예요. 체험 후 많은 부모님들이 반성을 하셨습니다. 아이들이 3시, 4시에 귀가하면 "숙제 다 했어? 이제 학원 가야지?" 이렇게 얘기하잖아요. 부모님들이 오후 2시 반쯤 되니까 다크서클이 내려와서 "언제 끝나요? 힘드네요" 그러세요. 제가 자신 있게 얘기했습니다. "아이들은 아직 6교시도 안 끝난 시간입니다"라고요.

'예전에 나도 그렇게 공부했어'라거나 '요즘은 얼마나 편하게 공부하는 건데' 하고 쉽게 말씀하시면서 자녀의 어려움을 예전의 자신이나, 이웃 아이들과 비교하지 마세요. 공감 받지 못하는 아이들의 마음속에 응어리가 너무 많이 자라고 있습니다. 가정에서 받은 가장 큰 상처는 '비교'입니다. 다른 아이보다 못하면 급우에게 놀림 받고, 선생님에게도 무시당한다고 느끼게 되는 거죠.

수학 공부를 하다 보면 아이들이 종종 질문합니다. "선생님, 계산기도 있는데 수학을 왜 배워야 해요?" 이는 수학을 계산하는 과목이라고 생각하기 때문에 나오는 질문입니다. 수학에서 가장 중요한 것은 생각하는 힘! 사고력입니다. 그다음이 논리력이라고 생각해요.

아이들한테 교육비 많이 쓰시죠? 그런데도 학교 선생님들이 편해지거나 행복하지 못합니다. 엄마들도 행복하지 않아요. 아이들은 행복한가요? 아니에요. 부모님들과의 수학학습상담 사례를 돌이켜보면 배움이 느린 아이들 부모님의 불안은 이해가 가요. 그런데 상위권 아이들과 그 부모님조차 불안해합니다. 그럼 아무도 행복하지 않은데,

대체 누구를 기준으로 한 비교와 불안인가요?

부모님들이 "우리 아이가 수학을 못해요"라고 걱정하는 이면에는 엄마가 수학을 못했거나, 아니면 '나는 수학을 잘했는데 이 아이는 왜 이래' 하면서 아이를 충분히 기다려주지 않는 마음이 도사리고 있는 거예요. 수학 선생님이 자기 아이가 수학을 못했을 때 받는 충격이 상당히 크다고 합니다. 저도 마찬가지인데 저희 아이가 사춘기 때 굉장히 방황하고 고민했어요. 그때는 제가 교사라는 사실이 정말 부끄러웠어요. 남들이 저보고 이렇게 이야기하는 것 같았어요. '네 자식이나 잘 키우지.' 그런 심정으로 아이가 고등학교에 들어가자 계속 잔소리만 했어요. 그랬더니 온몸에 반항의 티가 나고 얼굴이 달라지는 거예요. 이러다가 공부가 아니라 관계도 깨어질 것 같아 저를 위해서 고등학교 2학년 때 제가 야간대학원에 들어갔습니다. 제가 학문적인 인간이 아닌데 그 밤에 깨어 있으려고, 아이를 이해하려고 대학원에 갔습니다. 잔소리를 줄이고 힘든 고등학교 시기에 엄마도 노력하는 모습을 보여주는 것 하나만 했습니다. 그 후 마음이 훨씬 편안해졌습니다. 어떤 분이 이런 얘기를 하셨어요. '엄마가 TV 많이 본다고 아이가 극작가로 자라지는 않는다.' 고민과 잔소리로 해결되는 건 없습니다. 부모 공부를 다시 하게 되었지요.

하루에 내가 아이한테 하는 말을 녹음한 뒤 들어보았습니다. 녹음을 들어보니 80%는 제 자신의 감정에 관한 언어예요. "내가 어떻게 했는데 네가 이런 식으로 할 수 있니?" 마구 쏟아내는 거지요. 부끄러운 고백입니다.

강의를 들으시면서 '여기서 나는 무엇을 배우고, 실천할 것인가? 우리 아이를 어떻게 바라봐줘야 하는가' 생각하고 고민해보셨으면 합니다. 남의 아이하고 비교하지 마세요. 텔레비전에서 아이 훌륭하게 키운 이야기가 나오면 전국 엄마들이 다 불안해집니다. 비교하지 마세요. 자녀들한테는 지금 여러분들이 해주고 있는 교육, 건강한 믿음과 사랑이 담긴 교육이 최고입니다. 내 아이이기 때문에 염려와 불안이 있지만 모두 다 마찬가지라면 이제 안심하시고 불안해하지 마세요. 부모의 불안이 아이에게 제일 먼저 영향을 미쳐요.

또 우리 선생님들을 고민하게 만드는 그 아이는 선생님이 한 번도 안 가본 길을 가는 지점에 있는 아이예요. 그러니까 선생님이 이해를 못하는 거예요. 가르친 지 한 달밖에 안 됐는데 아이가 변하지 않는다고 고민을 해요. 열두 살짜리 아이를 한 달 교육해서 어떻게 변화시키겠어요? 필요한 건 믿음과 신뢰를 가지고 기다려주는 시간입니다.

제 아이의 질풍노도 시기가 지나고 나니 제가 훨씬 더 겸손한 교사가 되더군요. 공부 못하는 학생이 못하고 싶어서 못하는 게 아니라는 걸 그때 알았어요. 학생이 화를 내면 선생님한테 반항한다고 생각했어요. 그게 반항이 아니고 슬픈 자기표현이라는 것을 비로소 알게 되었습니다. 그래서 요즘에는 이렇게 얘기해줄 수 있어요.

"나는 그럼에도 불구하고 너를 사랑해. 네 이야기를 들어줄 준비가 되어 있어. 그러니까 선생님한테 얘기할 때는 화낼 필요가 없어."

자신의 이런 변화가 제일 뿌듯하게 생각되고, 아이한테 고마운 마음이 들어요. 자녀를 키우면서 부모도 비로소 한 사람의 어른으로 내면을 채워나가는 것 같습니다.

기다리고 참아주고 이해시키기

우리 아이들 교실에서의 모습을 잠깐 살펴볼까요? 제가 교실에 수업하러 들어가서 종을 안 치고 수업 준비가 되길 기다리면 3분을 서있어도 학생들이 저를 안 봐요. 보다가 떠들고 다시 한 번 보고 또 소곤거리는데, 제가 종만 치면 바로 앉아요. 이 모습에 무척 놀랐어요. 종을 치면 집중하는 건 교육이 아니라 '사육', 즉 훈련이잖아요. 너무 슬픈 거예요. 학교 안에서는 많은 일이 일어납니다. 교육도 하고 보육도 하고 사육도 해요. 우리 아이들이 잘 훈련되기를, 기계적인 훈련을 받기를 원하시는 분은 없을 거예요.

수학 시험을 보면 10분 만에 문제를 푸는 학생이 있고, 40분을 다 채워도 시간이 부족한 학생이 있어요. 그럼 10분에 다 친 학생은 남은 30분을 자기 답안지를 다시 한 번 보면서 그 시간을 견디는 것도 수학적인 힘입니다. "선생님, 다 했는데요" 하고 일어서면 안 돼요. 배려와 상황에 따른 집중력과 통제력은 학교, 교실 안에서 잘 익힐 수 있다고 생각합니다.

보통 우리 어머님들이 큰아이 때는 필요한 모든 것을 다 해주세요. 둘째아이 때는 큰아이 때 경험이 있으니까 학교 활동 등을 선택합니다. '이건 해도 돼. 이건 엄마도 해봤는데 별거 아니야. 안 해도 돼.' 이런 어머니께 제가 말씀을 드려요. "어머님, 어머님한테는 두 번째지만 이 아이는 첫 경험입니다." 그리고 초등학교 저학년 아이를 대할 때는 말씀이든, 지시든, 학습이든 절대로 생략하지 마세요. 우리는 생략에 대해서 잘못 알고 있어요. 생략은 줄거리 쓰기처럼 모든 과정을 다 아는 사람이 하는 고도의 축약 작업이지 그냥 무 자르듯이 싹둑 자르는 일이 아니거든요.

초등학교 1·2학년과 3~6학년의 줄 공책 칸이 다릅니다. 칸의 개수가 달라요. 초등학교 1학년 중에 문맥이 안 되게 줄바꿈을 해서 쓰는 아이가 있어요. 그 아이한테 왜 이렇게 썼느냐고 물으면 "칸이 부족해서요"라고 답해요. 제가 "지금부터 선생님이 쓰는 글자를 한 줄에 잘 써봐" 하고는 열다섯 글자를 한 줄에 씁니다. 그럼 아이들이 띄어쓰기를 해서 열다섯 자를 배열해요. "선생님이 쓰는 한 줄을 너희들도 한 줄에 써야 해" 하고 스무 글자가 들어가게 씁니다. 그럼 어떻게 될까요? 이걸 몇 번 연습하다 보면 아이들의 글자 폭이 줄어듭니다. 정해진 칸 안에 쓰게 되죠. 이것은 자연스럽게 공간감각과 축소를 배우는 활동이 됩니다. 초등학교 저학년 때 하는 이런 활동들이 비록 수학은 아니지만 나중에 고학년에 올라가면 주변 상황을 연결해주는 맥락적 사고를 키우는 데 도움이 됩니다.

부모님들은 주로 '그것도 못해?', '뭐가 어렵다고 그래?', '몇 학년인데 이런 문제도 못 풀어…' 하고 쉽게 이야기하시지만 아이들은 수학 시험에서 고작 한 개 틀렸는데, 집에 가기 전에 울어요. 왜? 엄마가 올백 맞으라고 했으니까요. 그래서 제가 아이 모르게 어머니한테 전화해서 "어머니는 초등학교 때 올백 맞으셨어요? 열아홉 문제를 맞혔는데 왜 어머니는 틀린 한 문제에 집중하십니까?"라고 이야기했어요.

초등학교 1학년 때 받아쓰기 시험을 봅니다. 교실에서 채점을 하다가 갑자기 깨달은 사실에 울컥한 적이 있습니다. 느긋하게 아이들의 받아쓰기 노트를 보는데 열 문제에 글자를 100자가 넘게 낸 거예요.

한 문장에 낱자가 열 몇 개 이상 들어가는 게 있었던 거죠. 불과 열 글자 정도밖에 안 틀렸는데 20점, 30점일 때가 있는 거예요. 구십여 개의 낱자를 맞혔는데 아홉 낱자가 틀렸다고 20점, 30점일 수도 있는 거예요. 대체 내가 아이들한테 뭘 주는 건가? 겨우 1학년에 입학한 아이들에게 백점이라는 공포의 기준을 세우고 반복훈련하고 있었던 거예요. 한글을 미리 익혀서 잘하는 아이는 늘 백점 맞습니다. 한글을 익히지 못하고 입학하는 아이는 늘 틀리는데 우리 1학년 교과서를 보면 한글을 다 깨친 학생들을 위한 내용으로 구성되어 있기 때문이지요. 그 후론 받아쓰기 시험을 칠 때는 굉장히 쉬운 문제를 내서 다른 과목에서 못 누린 기쁨을 누리게, 스탬프를 받아야 할 때만 받아쓰기 시험을 한 번씩 보았지요. 아이들과 나누는 소소한 일상은 교사에겐 큰 깨달음이 되기에 동반성장이라는 표현을 참 좋아합니다. 초등학교 아이들은 동기부여를 받고, 칭찬받고, 실수도 하고, 그 과정에서 내가 할 수 있다는 기쁨을 느껴야 해요.

옛날에 노래방 기계가 없었을 때는 애창곡이 한 다섯 개는 있었습니다. 가사를 다 외웠는데 어느 날 등장한 노래방 기계가 사람을 바보로 만들었습니다. 가사를 외운다 해도 화면에 가사가 떠야 노래를 불러요. 화면에 가사가 안 뜨면 가사가 틀린 건 아닌지 불안해서 노래를 못 불러요. 내비게이션도 마찬가지예요. 내비게이션이 없을 때는 이정표만 보고도 길을 다 찾아갔어요. 지금은 내비게이션이 없으면 불안해서 어디를 가든 움츠러들게 됩니다.

아이들의 수학 공부도 선생님이 설명해줄 때는 다 알아요. 다른 과목과는 달리 수학은 한 번 설명으로 익히는 과목이 아니잖아요. 반드시 자기 방법으로 풀고 이해하고 넘어가야 지식이 되는데 특히 수학 교과서는 굉장히 친절하게 지시가 다 돼 있습니다. 보통 교과서를 펼쳐보면 왼쪽에 문제가 제시돼 있습니다. '함께 해결해야 할 문제.' 왼쪽에 문제를 제시해놓고 친절한 지문들이 나옵니다. '그다음은 어떻게 하는 것일까요?' '그래서 어떻게 하는 것일까요?'

제가 원하는 교과서는 오른쪽에도 똑같은 예시 문제 하나만 나오고 아래 절반 정도는 여백을 남겨놓는 거예요. 우리 아이들의 생각을 마음껏 써보고 친구가 고쳐줄 수 있도록 해보게요. 현재의 교과서는 여백이 없을 뿐 아니라 어휘도 어려워서 읽고 이해하는 것소차 힘들어요. 글이 제대로 읽히지 않아요. 또한 이렇게 친절하게 풀이 과정을 안내하고 확인하게 만드니 자기 혼자 이 길을 갈 방법을 궁리하지 않습니다.

수학 공부에 어려움을 겪는 아이는 예습을 시키려 하지 말고 반드시 복습을 시키라고 말해줍니다. 부모가 아이의 눈높이로 기다려주고 이해할 준비만 되어 있으면 초등 수학은 충분히 따라잡을 수 있습니다. 3학년 2학기쯤 되면 이해 못하는 부분이 나옵니다. 그때부터 복습을 하면 배우는 속도를 따라갈 수 있습니다. 그런데 무엇을 못하는지 점검하지 않고 무조건 못한다고 생각하니까 과외를 맡기거나 학원에 보냅니다. 가장 안타깝지만 손쉬운 방법이잖아요. 문제는 학교에서 못해서 불안을 느낀 아이는 학원에 가서도 못한다는 거예요. 이미 못한다고 생각하기 때문에 그래요. 엄마가 같이 해결하고 도와줘야 합니다.

수학 공부의 기초 체력 키우기

수학 교과서에 공부는 '흥미 있게, 행복한 교육, 즐거워야 한다'고 나와 있는데 즐겁고 행복하게 공부하기 위해 기본적으로 세팅이 되어야 하는 것이 바로 교사의 자세입니다. 왜냐고요? 교실에서 교사가 의욕이 있고 행복하며 마음의 여유가 생기면 아이들의 소란도 다 즐거운 놀이 활동으로 보입니다. 반면에 공문을 급하게 처리하거나 출장을 가야 하거나 일이 많을 땐 이 모습이 다르게 보입니다. 그런 날은 '날 궂이'라고 하는 어른들의 전문용어(?)가 나옵니다. 바쁜 날에 더 바쁘게 군다고 말이죠. 왜 그럴까요? 아이들이 선생님의 빈틈을 아는 거예요. 어른들이 집안에 행사가 있어서 바쁠 때 아이들이 더 보채잖아요. 엄마가 평소와 뭔가 다르다는 것을 남편보다 아이가 먼저 느껴요. 바로 선생님과 아이들의 관계가 그래요. 교사가 행복하면 행복한 수업이 됩니다. 그래서 저는 강의하러 갈 때 계속 기분 좋은 얘기만 하고, 기분 좋은 사람만 만납니다. 행복해지려면 행복한 사람 옆에 있으라는 것과 똑같은 방법이지요.

흥미 유발을 위해서 수업에서는 동기유발이라는 걸 하잖아요? 선행학습을 했거나 이미 알고 있는 아이들이 교실에서 체험활동을 하면 더 잘하길 기대하는 부모의 바람과는 달리 "아이, 재미없어요"라고 심드렁해집니다. 재미의 의미를 잘 모르고 있어요. "재미없어? 재미란 그게 아닌데. 재미란 시간 가는 줄 모르고 끝까지 했을 때 아는 아주 고급스러운 단어야. 오늘 재미 맛 좀 볼까?" 재미란 없어서 못하는 게 아니에요. 있을 때까지 해보는 겁니다. 그래서 시간 가는 줄 모르고 땀

을 뻘뻘 흘려 옷이 다 젖었더니 "어 벌써 시간이 이렇게 되었네" 하는
게 바로 재미입니다. 우리 아이들은 입구에서 만나는 흥미를 재미로
아는 거예요.

수학 공부 이전에 학습의 기초체력 기르기
- 수학 개념을 이해하려면 지식, 상식, 사고력, 사회적 경험 등의 배
  경지식이 필요하다.
- 수학 공부는 관찰력, 사고력, 즐기면서 견디는 힘이 토대가 된다.
- 능력과 실력은 다르다.(내면의 힘을 기른 후 발휘해야 한다.)

요즘 선생님들이 수학 교육을 잘해보고자 여러 가지 교구를 사고
보드게임도 사서 활용하고 있습니다. 수학체험전 같은 데 가보면 어
머님들이 수학 교구를 몇 개씩 사 가시는데 저는 반대합니다. 아이가
흥미에서 재미로 넘어가고 재미에서 의미로 넘어가는 데는 반드시 고
비가 있습니다. 다른 탈출구가 있으면 그 고비를 못 넘깁니다. 이 책을
반드시 다 읽어야 다른 책을 볼 수 있을 때와 다른 읽을 책이 옆에 있
을 때하고는 다르다는 얘기예요. 이렇게 재미를 맛본 후 이 공부가 나
한테 의미부여가 되어야 더 열심히 합니다.

이번에는 알림장을 살펴볼까요?

89쪽 위 사진은 초등학교 2학년 알림장입니다. 어떤 아이가 수학
을 잘할지 한눈에 보이시죠? 왜 그럴까요? 요즘 저학년 수학은 상황

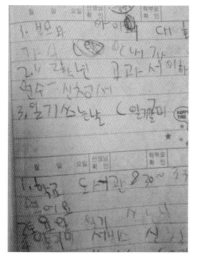
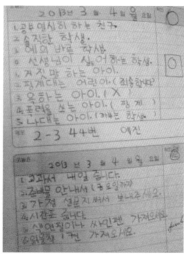

을 이해해야 해요. 문장의 내용을 완전히 알고 있어야 한다는 것이죠. 스토리텔링 수학에서도 문장 이해력이 필수예요. 문장 이해력은 학생들이 책을 읽는 것을 들어보면 알 수 있는데 교과서에 아주 좋은 말이 있어요. '말하듯이 읽어라.' 자기가 들어야 하기 때문에 그래요. 자기 언어로 들려주는 게 가장 좋은 방법이라고 하잖아요. 그런데 '다음 글을 읽고 물음에 답하시오'라고 읽는 아이와 '다음 글을 읽고 물—음에 답하시오'라고 읽는 아이가 있다면, 뒤의 아이는 그 문제의 지문을 이해하지 못한 겁니다. 그래서 초등학교 저학년 때는 엄마 한 번 읽고 아이 읽고, 또다시 반복하는 연습이 매우 중요합니다. 이게 수학은 아니더라도 굉장히 중요해요. 감정을 넣어서 읽는다면 더 좋겠지요. 그러고 보면 잠자기 전에 책을 같이 읽고, 일기를 쓰는 습관은 참 좋은 교육인 듯합니다.

이번엔 아이들의 문제 해결 장면을 보도록 할까요? 90쪽 위의 왼

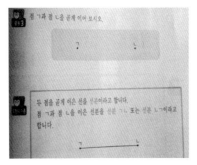 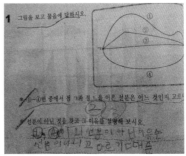

쪽 사진에 보면 "곧게 이어보시오"라고 나오고 곧게 이은 선을 선분이라고 약속했는데 오른쪽 사진을 보면 틀렸습니다. '다음 글을 읽고 물음에 맞는 답을 고르시오'라고 되어 있다면 첫째 뭘 해야 하죠? '다음글을 읽고'입니다. 내가 해야 하는 행위가 몇 가지인지 구분해서 그다음 무엇을 해야 하는지 아는 것이 중요합니다. 이는 수학 문제를 해결하는 데도 마찬가지예요. 내가 해결해야 하는 문제가 뭐지? 그 문제를 해결하기 위해서 제시된 조건은 뭐지? 제시된 조건을 어떻게 쓰면 되지? 이는 전부 이해력과 관계가 되는 문제거든요.

아래 문제를 한번 보도록 하지요. '그림을 보고 뺄셈을 하시오'라고 되어 있습니다. 그림의 화살표를 어떤 기호로 생각해야 할까요? 더하기인가요 빼기인가요? 화살표가 밖으로 향하고 있으니 덜어내기, 즉

빼기로 생각해야겠지요. 그럼 그에 맞는 뺄셈식을 세울 때 아이들 머 릿속에 구체화된 사물을 보고 그다음에 도형으로, 그다음에 수로 가 는 3단계 작업이 이미지로 들어 있어야 합니다.

아래 문제 풀이를 보세요. 1학년 2학기 내용입니다. 정말이지 불친 절한 문제네요. 이 문제를 낸 선생님은 아이들의 사고를 모르시는 분 이에요. 앞에서도 이야기했듯이 교단 위치에서 선생님이 보는 것과 학 생 자리에서 보는 것이 다르기 때문입니다. 선생님은 규칙을 알고 있 기에 '안다'에서 시작합니다. 무엇이 잘못되었을까요?

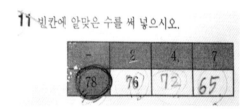

이 문제에는 '빈칸에 알맞은 수를 써넣으시오'라는 예시밖에 없어 요. 그리고 색이 들어간 곳 – 시작 칸에 78이 있고 위쪽에 빼기 2, 4, 7 이 있습니다. 아이는 틀렸는데, 선생님의 출제 의도는 뭘까요? 78은 원 래 있는 수니까 계속 78 빼기 2, 78 빼기 4, 78 빼기 7을 하라는 문제 입니다. 그런데 아이는 다르게 이해한 거예요. 아이는 이렇게 생각한 겁니다. 78에서 2를 빼니까 얼마죠? 76이죠. 그다음은 76에서 4를 빼 고 나온 답 72에서 또 7을 뺀 것이지요. 이 조건에서는 이렇게 이해할 수도 있는 문제예요. 제가 잘 아는 후배가 이 문제를 밤에 카톡 사진 으로 보내왔어요. '선생님, 우리 아이가 왜 이래요? 선행교육을 시켜 야 해요, 말아야 해요?' 하면서요. 제가 '충분히 그럴 수 있다, 창의성 있는 아이다' 그랬어요. 이걸 가지고 엄마가 "넌 왜 이렇게 못하는 거야, 당연하게 알아야지" 하는데, 하나도 당연하지 않아요.

더 재미있는 아이들의 생각을 엿볼까요? 아래 사진은 초등학교 2학년 개정 교과서에 나오는 문제입니다. '학생들이 운동장에서 OX놀이를 하고 있습니다. 물음에 답하시오'라는 지시문과 239명과 241명이 모여 있는 그림이 제시되고 '어느 쪽에 모여 있는 학생이 더 많습니까?' 하고 묻습니다. 아이는 '저쪽'이라고 답했습니다. 이런 아이들이 있습니다. 결코 답을 제대로 못하는 아이가 아닙니다. 아이 나름대로 답을 했으니까요. 화살표를 '저쪽' 방향으로 그렸잖아요.

'내가 말하는 '저쪽'을 선생님은 모를지도 몰라' 이렇게 생각할 수 있지요? 그래서 선생님이 잘 알 수 있도록 화살표를 표시했습니다. 이는 '알려주세요, 확실하게 지도해주세요.' 이런 표시라고 생각합니다. 그러면 어떻게 지도해야 할까요? 왜 이렇게 두 팀으로 나누었는지, O

를 선택한 팀과 X를 선택한 팀으로 나눈 이유를 한 번만 설명해주면 화살표까지 한 아이는 금방 알아차립니다. 이걸 그냥 넘어가면 안 되는 거예요.

아이들의 발달 단계도 생각하지 않은 문제에 대한 재미있는 답안을 한번 볼까요. 아래 사진을 보면 풀이 과정을 쓰고 답을 구하라고 돼 있어요. 이게 몇 학년 문제인지 아세요? 언어 수준 보세요. 초등학교 1학년 문제예요. 문제의 수준, 사용하는 언어의 뜻도 정확히 모르는데 평가를 하고 있는 거예요. 대~충!

수학의 개념을 익히기 전에 교과서에 나오는 단어부터 이해해야 하는 것 아닐까요?

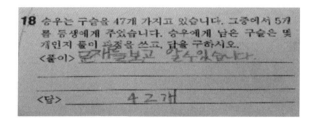

사실 요즘 평가가 이렇게 나오지는 않아요. 한 단원을 공부하고 학생들의 성취도를 알아보는 〈단원평가〉를 보는데 아마 학습도움 사이트의 예시문제를 그대로 사용한 듯합니다. 이밖에도 풀이 과정을 쓰고 답을 구하라는 문제가 몇 문제 있었어요. 식이라는 말 대신 '풀이'라는 단어가 교사 입장에서는 서술형 문제에 맞는 눈높이 단어라고 생각했는지도 모르지만, 아이는 지극히 당연하게 '문제를 보고 알 수 있습니다.' '문제를 자세히 보면 압니다'라고 썼습니다. 아이 엄마가 '우

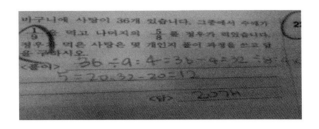

리 아이 왜 이럴까요' 하며 고민하셨지만 지극히 당연한 답이 아닐까 생각합니다.

위의 문제는 좀 더 심각하게 생각해야 하는 초등 3학년 문제 풀이입니다. 맞는 답일까요? 이 아이는 부호를 잘못 이해하고 있는데 '같다'는 등호(=)를 화살표로 사용한 겁니다. 이런 경우가 굉장히 많아요. 요즘에는 초등학교 1학년 문제에 등호가 나오는 경우가 있는데, 몇 년 전까지 간혹 문제집이나 교과서에서 '얼마 더하기 얼마' 하는 문제에 아이들이 아무 등호 없이 그냥 답만 쓰기도 했죠. 반드시 짚어주셔야 합니다. 숫자와 숫자 사이에 쓰이는 온점, 반점, 등호의 의미를 초등학교 저학년에서 잘못 알려주면 고학년에 올라가서 계산이 어디에서 잘못되었는지 모르게 됩니다.

아이들은 수학을 어떻게 생각할까?

제가 학생들과 함께 다양한 수학 체험 활동을 하는데 다행히도 우리 학생들은 염려와는 달리 즐겁게 수학을 공부하고 있습니다.

"수학은 어떤 과목인가요?"

3·4학년 수학은 분수와 소수가 나오고, 만단위의 큰 수, 사칙연산의 혼합계산이 나오기 때문에 3·4학년이 되면 '수학이 싫다'고 말하기 시작합니다. 그런 학생들을 대상으로 설문조사를 한 결과 수학을 좋아하는 아이는 '너무 힘들고 어렵지만, 문제를 애써서 풀었을 때, 풀어서 정답을 맞혔을 때 그 성취감이 다른 과목보다 굉장히 크기 때문'이라고 해요. 반대로 수학을 싫어하는 이유도 같아요. 열심히 시간을 들여 풀었는데, 틀리면 꽝이 되니까요. 그래서 요즘엔 '과정점수' 등 정답 위주의 평가가 아닌 다양한 평가가 꼭 필요합니다.

"수학이라는 과목은 어떤 느낌을 주나요?" 하고 물으니 '하기 싫다, 재미없다, 어렵다'는 답이 돌아와요. 그 이유는 '생각하기 싫어서'랍니다. 수학은 다른 과목보다 생각을 해야 하고, 생각에 생각을 더해야 하는 과목이잖아요. 그러면 아이들은 정말 생각하기를 싫어하는 걸까요? 아니에요. 생각을 너무 많이 강요당해서 정작 생각해야 할 때 생각하기가 싫어지는 겁니다. 강요당하는 학습의 폐해는 사춘기에 절정에 달하는데 중학교 2학년생들은 양극화되어 있어요. 제가 중학생을 대상으로 리더십 수업을 가끔 하는데 아주 힘들어해요.

초등학교에 들어가서 대학교를 졸업할 때까지 16년이 걸립니다. 우리가 생각하는 '마의 지대', '마의 지점'이 몇 년일까요? 중간인 8년차입니다. 8년차가 중학교 2학년입니다. 예전에는 고등학생의 일탈이 많았는데, 지금은 중학교로 내려왔잖아요? 왜 그런가 하면, 고등학생만 되면 직업이 보입니다. 터널의 끝이 보이는 거예요. 끝이 보이는 터널에서 좌절하는 아이는 적습니다.

엄마 손에 이끌려서 아무것도 모르고 학교에 다니기 시작해서 '나아지겠지, 나아지겠지, 나아지겠지' 하는데 점점 힘들어져요. 다니는 학원 숫자가 많아지고 과목은 어려워지고… 이만큼 왔는데 저만큼 더 가야 하니 기절할 노릇이에요. 이렇게 되는 중간 지점이 8년차 중학교 2학년입니다. 그래서 초등학교 5·6학년 지점에서 의미를 부여해줘야 합니다. 왜 공부를 해야 하는지 학습의 동기부여를 해줘야 해요.

부모들은 두 가지 부모상을 가지고 있어요. 부모님이 나를 정말 잘 양육하셨다 생각하면 '나도 우리 부모처럼' 되어야 합니다. 반면에 부모님 교육에 반감을 가진 사람은 '나는 우리 부모 같은 사람은 안 될 거야, 그렇게는 안 할 거야' 이런 교육관을 가지고 아이를 대합니다. 사춘기가 시작되는 초등학교 5·6학년이 되면, 부모님이 지도한다고 해도 언성을 높이지 않고 하기는 참 힘들어요. 그래서 초등학교 저학년 때부터 아이와 지시 없는 대화를 하는 연습을 많이 해야 합니다. 감시와 확인이 아닌, 함께 나누는 학습의 경험을 가져야 합니다.

다음으로는 '수학 공부를 재미있게 하려면 어떻게 하면 좋을까요?' 하고 물어보았는데 가장 많이 나온 답이 '재미있다고 생각을 한다'입니다. 두 번째는 '게임을 하면서 한다'. 세 번째는 '선생님이 좀 더 재미있게 가르쳐주시면 좋겠다'. 아이들의 비법입니다.

'수학이라는 과목이 자신에게 어떤 느낌을 주나요?' 하는 질문에 '야호!라는 느낌'이라고 답한 아이가 있어요. 그렇다면 이 아이가 수학을 잘하는가? 그렇게 잘하지 않아요. 잘하지 않는데도 도전할 만한 가치가 있다고 즐겁게 생각한 것은 분명히 주변 환경이 영향을 끼쳤기 때문일 겁니다. 잘하는데도 불안한 아이가 더 많거든요. 이 아이는 도전할

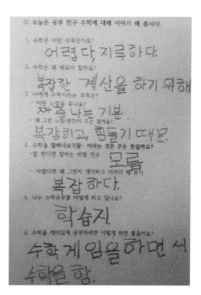

준비가 돼 있고, 실수할 준비가 돼 있고, 실패를 극복할 준비가 돼 있는 셈입니다.

상담에서 만나는 대부분의 부모님은 '수학을 잘할 수 있는 비법'을 많이 물어보세요. '잘'은 달인의 경지입니다. 의사 선생님이 수술에 실패하지 않고 명의라고 소문나기까지는 수많은 실패를 경험하고 더 이상 실패할 수 없는 순간에 도달해야 합니다.

에디슨 이야기가 만날 나오는데, 에디슨이 몇 번째에 전구를 발명했는지는 모르지만, 확실한 것은 몇 번을 했던 간에 똑같은 실수를 반복하지는 않았을 겁니다. 5백 번을 했든 6백 번을 했든 각각 다른 종류의 실험을 했을 거예요. 그런데도 불구하고 반복되는 오류와 실패를 극복하고 끝까지 해낼 수 있었던 힘은 무엇이었을까요? 내면의 힘도 있었겠지만, 적어도 내면에서 어느 정도 자가 충전이 되기 전까지는

'주변의 힘'입니다. 믿어주고, 기다려주는 겁니다. 기다려주면 됩니다. 이 믿음이 회복탄력성을 주는 것이 아닐까요?

스토리텔링 교과서의 도입과 연이은 교육과정의 개정으로 교과서가 많이 달라졌습니다. 부모님 세대와 많이 다른 것은 물론이고 서너 살 터울의 형제끼리도 서로 다른 수학 교과서로 공부하니 변화의 속도를 따라가기도 힘드실 듯합니다. 그래서 선생님들에게도 학생들이 수학을 대하는 태도에 대해 설문을 받아봤습니다. 첫 번째가 '수학을 어렵고 힘든 과목이라고 생각한다.' 스토리텔링 교과서가 처음 나왔을 때, 교과서보다도 더 먼저 지방에 내려간 게 있죠. 사교육설명회입니다. 사교육 업자들이 '스토리텔링 교과서, 이렇게 지도하면 된다' '스토리텔링 교과서, 이것만 알면 된다' 하면서 전국 방방곡곡을 돌아다녔어요. 설명이 얼마나 설득력이 있는지 막 불안해지는 거예요. 교사인 저도 클릭을 해볼 정도로 대단한 심리전을 펼칩니다.

부모님들이 아이와 같이 책을 읽고 스토리를 건강하게 나눌 수 있으면, 그게 가장 기본이라고 생각해요. '수학 수학 하지 말고 국어책, 동화책을 많이 읽혀라. 어휘가 늘어야 한다. 언어 이해력이 좋아져야 한다.' 예전에는 문장과 이야기를 배우면 기본적으로 비슷한 말, 반대말, 짧은 글짓기, 줄거리 찾기 등을 했어요. 자연스럽게 책을 읽어야 했고요. 그런데 지금 아이들은 이런 교육이 안 돼요. 물론 일부 학교 선생님들 탓도 있습니다. 너무 친절하게 요점 정리까지도 다 해주시니 아이들이 생각할 필요가 없어요. 생각을 해야 요점이 나오는데, 학교에서 요점정리 복사지를 나눠줘요. '너는 아무것도 하지 마라. 오직 암기만 하라'는 거예요.

학교를 방문하시는 엄마들이 이런 말씀을 제일 많이 하신대요. "집에서는 잘하는데…" 집에서 일대일로 대화하고 지시받던 아이가 학교에 와서도 잘하고 여러 사람 있는 데서 자기 역량을 발휘하도록 만드는 것이 공교육의 내용입니다. 학교 교육은 가정교육하고는 다르죠. 교육을 통해 자기 목소리를 낮출 때와 내 목소리를 내야 할 때를 구분하도록 만드는 것이지요. 기계적으로 암기해서 문제를 풀고, 풀이 과정을 쓰라고 하면 난감합니다. 요즘 선생님들이 과정과 정답을 분리해 평가해보니 답은 맞는데 과정은 틀리는 경우가 많답니다. 앞에서도 그런 문제를 보셨지요? 어떻게 과정은 틀리는데 답은 맞을 수 있는지 신기한 일입니다.

문제를 잘 읽지 않고 바로 풀이에 달려드는 아이가 꽤 있다고 해요. 문제를 읽지 않고 숫자만 보고 바로 풉니다. 숫자를 어떻게 사용해야 하는지도 모르고 숫자만 가져와 끼워 맞춰 가지고 식을 계산해내는 아이가 있습니다. 문제를 읽지 않는 거예요.

초등학교 수학에서 2학년 곱셈구구 단원은 부모님들이 암기가 아니라 왜 이렇게 되는지 한번 짚어주셔야 하는 부분입니다. 3학년·4학년 단원에서 분수와 소수가 나오는데, 혼합계산이 나오는 부분에서는 아이가 어떤 과정으로 풀었는지 꼭 짚어주셔야 합니다. 초등학교 선생님들이 이에 대해 '우리 아이들의 모퉁이, 돌아가는 부분이다, 부모님이 손을 내밀어줘야 할 부분이다'라고 얘기하셨어요.

어머니들하고 수학 공부를 잘하기 위한 방법을 모색하는 모임을 꾸리는 데 도움이 될 팁을 달라고 했더니 한 선생님이 이렇게 보내왔습니다.

'수학 개념 형성 부분이 아닌 문제 풀이에서의 수학만 봤을 때, 가장 기본은 문제에 대한 이해력과 집중력이다.'

국어 시간에 가장 아끼는 물건에 대한 소개를 쓰라고 했는데, 문제를 이해하지 못한다는 거예요. 그래서 저는 집에서 문제를 풀거나 부모님이 같이 문제를 해결할 때, 아이와 읽은 곳이나 아이의 눈이 지나간 자리에는 밑줄을 그으라고 말씀드려요.

오래전에 저희 반에 수학 부진아가 있었어요. 시험을 보면 백지를 냈어요. 자기 이름도 겨우 썼습니다. 6학년이나 되었으니 부진이 아주 뿌리 깊은 셈인데 이 아이에게 무슨 이야기를 해줘야 할까요? 얼마나 걱정이 많았으면 시험지에 자기 이름을 쓰는 것에도 거부감을 나타낼까 싶어 안타까운 마음에 제가 아이한테 이렇게 얘기했어요. "네가 노력하는 아이라는 건 알고 있어. 선생님한테 너의 노력을 보여줘. 네가 빵점을 맞아도 괜찮아. 하지만 네가 문제를 읽고 노력했다는 걸 보여줘." 그걸 어떻게 보여줄까 고민하다가 "네 눈이 지나간 자리, 네가 읽은 지문에는 밑줄을 그어줘" 하고 얘기했어요. 이 아이가 그 후 시험지에 스무 문항 중 열 문항에 밑줄을 그었어요. 학기말 시험 칠 때는 스무 문제에 다 밑줄을 긋고 답을 썼습니다. 그러니까 5점짜리도 되고 10점짜리도 됩니다. 왜냐하면 4지선다, 5지선다는 고를 수 있으니까요. 졸업하기 전에는 시험지에 편지를 썼어요. 역시 점수는 형편없었지만 "선생님, 미안합니다. 정말 몰라요." "선생님, 이 문제는 진짜 몰라요." "선생님, 죄송합니다. 하고 싶었는데 잘 안 되네요." 이 고백에 제가 울었어요. 이랬구나. 네 마음이 이랬구나. 이런 아이였구나. 그러면 됐지.

제가 상담했던 어머님 중에 특별히 기억나는 분이 계세요. 일본에서 사시다 귀국한 가족인데 중학생 자녀의 언어 및 학업 스트레스가 너무 심하다는 고민을 가지고 오셨어요. 수학클리닉이라고 하니까 무슨 비법이 있는 줄 알고 오셨는데, 고민을 이야기하시다가 실컷 울고만 가셨어요. 일본에서 태어나서 중학교 때 왔으니까 일본어는 엄청나게 잘하는데 한국으로 돌아올 때 고민이 많으셨대요. 아이가 언어에 뛰어나고 일본말도 잘하니까 외고에 보내려고 한 거예요. 우리나라 교육 현실을 너무 몰랐던 거지요. 아이가 일본어를 잘하니까 일본에서 중학 교육을 마치고 한국의 외고 일본어과에 가면 되겠다고 생각했대요. 그런데 막상 한국에 와서 보니까 일본어를 아무리 잘해도 딱히 쓸데가 없고 한국어 발음은 엉망이고 수학 시간에는 더더욱 이해도 못하겠고… 집 밖에 나가면 말을 안 하는 아이가 되었대요. 어떻게 할까요? 뭐라고 얘기해주시겠어요?

저는 막 눈물이 났어요. 엄마 마음이라. 그 엄마 마음이 와 닿는 거예요. 그 엄마 손을 잡고 "지금 사교육이나 다른 수학 과외는 아무 필요가 없습니다. 아이의 자존감만 키워주세요. '괜찮아. 우리 이럴 줄 알았잖아. 네가 우리말도 잘 못하고 수학도 못하는데, 요구하는 조건이 다르니까. 그 대신 네가 잘하는 일본말이라도 잊지 않도록 해보자. 일본어 책도 읽고'라고 격려해주세요"라고 부탁드렸어요. 자존감이 많이 떨어진 아이니까요. 그 아이가 요리도 잘하고 만드는 걸 좋아한대요. 그래서 엄마하고 요리하고 뭔가를 만드는 시간을 충분히 갖도록 했어요. 수학을 좀 못하고, 공부를 좀 못하더라도, 그게 인생 전체를 결정하지 않도록 해주자고 했어요.

부모의 불안이 아이를 조급하게 만든다

초등학교 선생님이라면 다 공감하시는 이야기인데, 수업 중 "수학 58쪽까지 하고 나와서 검사 받으세요"라고 지시하면 아이들은 금방 "수학 풀어요?" 합니다. 태반의 교실이 다 이래요. 무엇을 하라고 개인적으로 지시하지 않고 그냥 "자 수학책 펴세요" 하면 "선생님, 수학책 펴요?" 하는 거예요. "수학 58쪽까지 하고 나와서 검사 받으세요" 하면 한술 더 뜹니다. "수학 어디까지 해요?" 지시사항을 못 알아들어서 이러는 걸까요? 아니죠. 어느 한 학급만의 현상이 아니니까요. 왜 이러는 걸까요? 확인받지 않으면 불안한 겁니다. 이것을 잡아주셔야 해요.

앞에서 말씀드린 '틀리면 어떡해요?' 하는 마음과 같은 거예요. '틀려도 괜찮아. 실수해도 괜찮아. 똑같은 실수를 반복하지 않고 다음에는 다른 실수를 하면 돼요. 틀려도 괜찮아. 어, 이렇게 했구나. 이런 방법으로 했구나.' 이래야 해요. 적어도 초등학생 시험지에서 오답이란 말은 안 나와야 해요. 그런데 우리는 어떻죠? "누구 이야기해볼 사람?" 하면 정답을 얘기 못한 아이는 부끄러워해요. 누구나 다 이야기할 수 있는 건데, 누가 정답만 이야기하라고 했나요?

아이들과 저는 약속을 했지요. "지금부터 수업시간에 자신 있게 선생님만 보는 거야. 노래도 있단다. 나만 바라봐. 똑바로 보는 거야." "선생님, 집에서 똑바로 보면 혼나요." "괜찮아, 선생님은 어떤 얘기라도 들어줄 수 있어. 또박또박 끝까지 얘기하렴." "선생님, 그러면 엄마한테 혼나요. 말대꾸한다고요." 그런 의미가 아닐 거라며 당당한 시선을 보일 수 있도록 "괜찮아, 지금 성적이 네 인생을 좌우하는 게 아니잖아"

이렇게 얘기해주셔야 합니다.

초등학교 얘기 하나 더 할게요. "누가 공책을 안 냈네, 공책 안 낸 사람?" 하면 안 낸 사람만 손들면 되는데, "난 냈는데." "전 냈어요." "아침에 냈어요." "지금 냈는데." "아까 냈는데…" 이게 우리 초등학생이에요. 어느 학교 어느 학년이든 다 같아요.

우리 아이들이 이렇게 많이 불안해하고 있어요. 겨우 열 살 전후의 초등학생들이 미래를 꿈꾸기 전에 준비 과정에서 숨 막혀 하고 있습니다. 안타깝게도 그 불안의 거의 대부분은 학부모의 불안입니다. 설령 수학을 조금 못한다 해도 그게 가슴속의 상처가 되어 수학이라는 과목이 보기 싫어지면 안 됩니다. 길거리의 돌멩이가 보기 싫다고 모든 돌멩이를 제거할 수는 없습니다. 때로는 돌멩이를 넘고도 가고, 발로 차고도 가고 멀리 돌아서도 가야 합니다. 부모님들은 초등학교 단계에서 이미 대학 관문을 보세요.

모든 아이들은 희망의 꽃봉오리-영재이다

저는 영재교육을 13년 동안 했습니다. 패기 있는 젊은 선생님들은 가끔 영재는 이렇게 지도하고 이렇게 하면 영재가 된다고 이야기하는데 잘못된 해석이라 생각합니다. 영재교육은 개개인의 특성을 찾아 행복한 인재를 만드는 교육이지요. 소외되거나 외롭지 않은 교육, 모두가 자신의 능력에 필요한 교육을 받는 것. 제 생각에는 넓은 의미로 보면 우리 아이들 개개인이 모두 영재인 거예요.

예전 저희 반의 어떤 아이가 너무 질문을 많이 하는데 몹쓸 질문은 아니에요. 다 생각이 있는 질문인데 너무 많이 해요. 어느 날 현장체험을 갔는데 오후가 되어도 전혀 피곤하지 않은 거예요. 웬일인가 생각해보니까 그녀석이 가족행사로 결석을 했어요. 이 인과관계를 생각하고는 제가 얼마나 죄책감이 들었는지 아세요? 그 아이 질문에 대답해주는 과정이 저도 모르게 너무 힘들었던가 봐요. 그래서 반성했습니다. 교직 생활 하면서 그런 아이가 질문하고 이야기할 때 나도 모르게 말문을 막아버린 적은 없나, 그 나름의 창의성을 갖춘 아이를 힘든 아이, 귀찮은 아이라고 나도 모르게 낙인을 찍어버린 적은 없나 싶어서 반성하는 의미로 영재교육을 해보겠다고 했습니다.

　제가 생각하는 영재교육은 전문가들이 생각하는 것과 다릅니다. '누구나 자기 나름의 달란트가 있는 영재다. 실망하지 말고 발견하라.' 이런 마음으로 했습니다. 초등학교 5학년, 6학년 부모님이 가끔 상담을 하러 오셨습니다. 어느 날 한 어머님이 꼭 제게 상담을 받겠다고 만나러 오셨어요. 아이는 초등학교 5학년입니다. 제가 아이하고 이야기를 해야 하는데(수학 체험전 같은 데서 상담할 때도 그래요. "우리 아이에 대해서 내가 100퍼센트 압니다. 아이는 체험하니까, 내가 대신 상담을 할게요." 어머니들이 이렇게 얘기하세요. 저는 공부할 아이를 데리고 오라고 하죠. 이 어머니가 30분 동안 과학고를 나온 과학자의 엄마가 되고 싶은 이야기만 하시는 거예요) 어머니만 열정적으로 이야기하고 따라온 아이는 딴 짓입니다. 어머니가 〈케네디 가의 영재교육〉 등등의 책을 다 보셔서 자녀를 훌륭하게 키운 사례를 다 알고 계세요. "아이는 요즘 무슨 책을 읽나요?" 하니까 "과학고에 가야 하고 금년에는 무엇을 해야 하고, 이달에는 무엇을 해야 하고…" 어머니의 바람만 이야기하시는데 사실 아이는 아무것도 하고 있지 않습니다. 아이는 엄마의 지시를 기다리고만 있는 거지요.

우리 아이들이 초등학교 때의 꿈대로 되었으면 저는 지금 국회의원 몇 명을 제자로 둔 선생님일 겁니다. 초등학교 1학년 담임부터 했으니까, 초등학생들 꿈은 대통령 되는 것부터 시작해서 유엔 사무총장 등 얼마나 많은가요? 29년 동안 교사 일을 했는데, 선생님이 되었다고 메일을 보내온 친구는 있었지만 국회의원은 안 나왔습니다. 왜 그럴까요? 어머니들이 너무 막연한 꿈을 꾸게 만든 거예요. 엄마의 목표를 아이에게 심은 거죠.

외적인 성장과 내적인 성숙이 함께 이루어지는 교육

이제 우리 아이들의 학습 습관 이야기를 나누도록 하지요. 학습! 아이들의 공부에 학學은 넘치도록 있는데 무엇이 부족한가요? 아이가 스스로 익혀야 하는 습習이 없습니다. 아이의 공부는 '학습습습, 학습습습'이어야 하는데, 습은 없고 '학학학학'만 있습니다. 이러니 생각할 시간조차 없습니다.

사람에겐 선호학습 유형이란 게 있습니다. 지금 제 강의를 듣는 분들 중에서도 저하고 눈만 마주치고, 계속 에너지만 주시고, 기록은 하나도 안 하시는 분이 있습니다. 그분은 청각과 감각으로 느끼는 분이에요. 선호학습 유형에는 시각형, 청각형, 감각형이 있습니다. 한 학급에서 아이들이 이야기할 때, 어떤 일이 있었느냐고 물으면 "선생님, 얘가 여기 서 있었는데 얘는 이렇고요, 뭐는 어떻고요" 하면서 그 자리를 그리듯이 설명하는 아이가 있어요. 이 아이는 선호학습 유형이 '시각형'입니다. "선생님, 제가 들었는데요" 하는 아이, 전화할 때 목소리만 조금 달라져도 "무슨 일 있어?" 하고 목소리에 유달리 민감한 아이가 있어요. '청각형'입니다. 그다음에, "누구하고 싸웠는데 얘가 때렸고 나는 요걸 했는데…" 이러면서 자기 분에 못 이겨서, 자기감정에 복받쳐서 얘기를 못하는 아이는 '감각형' 아이입니다. 선호학습 유형은 알되 골고루 접목하고 융합해서 지도해야 합니다. 가장 효과적인 방법이 노트 정리죠.

1·2학년 때 알림장, 과다한 과제, 학습지 등에 질리다 보니까 정말 정리와 요점이 필요할 때 공책 정리를 싫어해요. 5학년, 6학년만 되면 싫어하지 않아요? 정말 싫어합니다. 특히 남자아이들한테 필기는 '적'이에요. 한 글자 쓰는 것도 싫어해요. 부모님은 아이의 노트에서 내용을 먼저 보지 않고 또박또박 써라, 줄 비뚤다, 왜 이렇게밖에 못 해 하고 지적부터 합니다. 부모님은 언제나 지적할 준비가 돼 있어요. 앞으로는 칭찬할 준비, 감탄사를 던질 준비를 합시다. 잘못된 칭찬을 하면 거기에 빠져버리니까 적절하게 칭찬해야 합니다. "어머, 내용을 알기 쉽게 정리했구나" "이건 무슨 말이야?" 정도의 질문만 잘해주시면 됩니다.

제가 아이들한테 힘을 주는 문장을 책갈피로 만들어보자고 하니까 초등학교 3학년들이 이런 문장을 내놨어요.

"불가능한 것도 해봐야 한다." "포기해서 나중에 후회하지 말고 최선을 다해서 기쁨을 얻자. 야호~" "나에게 포기란 없다!" "천천히 해도 정확하게 해라!" "노력을 하면 꿈을 이룬다."

이런 아이들입니다. 어머님들 보기에는 못 미더운 그 아이가 학교 와서는 이렇게 멋진 말도 해요.

이런 아이들에게 우리는 무엇을 주어야 할지, 우리 아이들이 어떻게 배워야 할지 아시겠지요? 제가 29년 동안 교직에 있었는데, 아이들이 저한테 해준 최고의 찬사는, "선생님하고 함께 있으면 늘 신나는 일이 있는 것 같아요. 늘 즐거운 것 같아요"입니다. 제 초등학교 선생님을 생각해보니까, 기억에 남는 분은 재미있는 선생님, 우리를 즐겁게 해준 선생님, 엄마같이 마음 좋은 선생님, 무서운 선생님이에요. 중학교, 고등학교 선생님을 떠올리라고 하면 실력 있는 선생님, 잘 아는 선생님, 어느 대학 나온 선생님을 떠올리는 것과 달라요. 왜냐하면 초등

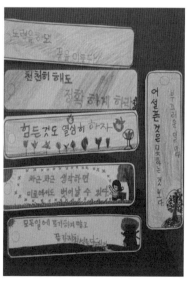

학생은 정서의 영향을 가장 많이 받기 때문에 그래요. 바탕에 사랑과 감사와 존중이 모두 깔려 있어야 기초가 닦이는 그런 시기이기 때문이죠.

에필로그, 함께 지켜주고 믿어주는 교육의 길

오늘 강의를 들으시는 분들 중에는 중학교 학부형도 계실 거라고 생각합니다. 우리는 '너는 무엇이 되어라'는 직업교육만 했지, '어떤 사람이 되어라'는 교육은 안 한 것 같아요. 그 결과 무엇이 되기 위해, 왜 되어야 하는가에 대한 의문도 없이 그냥 달려가기 바쁜 교육을 한 것 아닌가 하는 반성이 들더군요.

주어진 일을 사랑하고 발전적인 성장을 이루려면 왜? 라는 질문에 스스로 답할 수 있어야 합니다. 중요한 것은 속도가 아니라 방향이라고 하듯 왜! 라는 사명에 대한 문답은 꼭 필요합니다.

초등학교 1학년부터 우리는 아이들의 직업에 대해 이야기합니다. 신학기마다 '나의 꿈'이라고 해서 "너 뭐 될래? 뭐 할래?" 하고 묻잖아요. 하지만 내면 교육, 즉 어떤 사람이 되어야 하는지를 가르치는 교육은 하지 않아요. 외적으로 학벌을 높이고 지식을 채우면 외적인 성장에 맞는 성숙한 사람이 되어야 하는데, 우리가 이 부분을 너무 간과하고 있었던 게 아닌가 싶어요.

제가 질풍노도의 시기를 보내고 있는 중학생들에게 이렇게 물었습니다. "모든 게 가능하다면, 꿈을 이룬 그때 너는 누구일까? 그 사람을

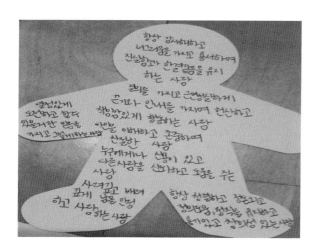

떠올려봐. 그때 네 주변에는 누가 있지?" 우리 학생들이 얼마나 착한지 부모님 돌아가시게 한 학생이 하나도 없어요. 부모님 다 살아 계세요. "그때 네 주변에 있는 아내, 부모님, 자녀, 직장 동료, 선배, 후배 들이 너를 어떤 사람이라고 이야기해주었으면 좋겠니?"라고 물었더니 위의 사진에 담긴 글을 썼습니다.

외면으로, 외적으로 무엇이 채워지든 간에 교육에서 가장 중요한 것은 외적인 성장과 더불어 내적인 성숙이 함께 이루어지는 사람을 만드는 것입니다. 그것이 늘 불안해하고 초조해하는 우리 부모님들께서 진짜 바라는 참교육이라고 생각합니다. 참교육을 위한 소중한 첫걸음, 부모님들과 함께 소통할 시간을 갖게 되어 참 감사합니다. 이 시간은 제게도 자신을 돌아보는 반성의 기회와 또 나아갈 힘을 얻는 시간이었습니다. 모든 부모님들과 함께 행복한 교실, 내면을 채우며 성장하는 교육을 이루기 위해 이젠 혼자가 아니라 함께 가야 하는 시간입니다. 감사합니다.

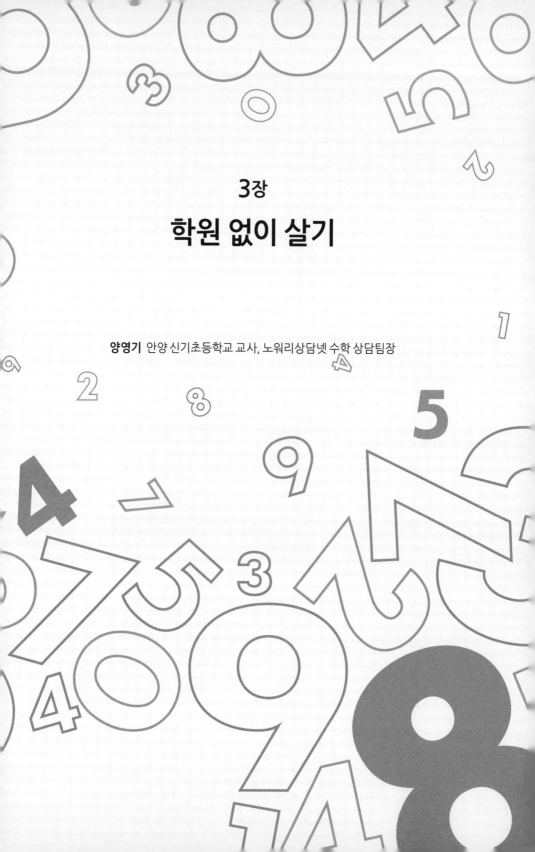

3장
학원 없이 살기

양영기 안양 신기초등학교 교사, 노워리상담넷 수학 상담팀장

시사IN 조남진

독서의 중요성, 수학도 다르지 않아

학교 공부만으로 수학을 잘할 수 있다고 말한다면 선뜻 동의할 수 있을까요? 학교 공부만으로 수학이 충분하다고 생각하는 사람은 많지 않을 것입니다.

많은 학부모들이 자녀에게 사교육을 시키는 이유는 간단해요. 사교육으로 효과를 봤다는 얘기를 들었기 때문이죠. 상담실장의 얘기든 옆집 엄마의 얘기든 또는 우리 동네 어떤 아이의 얘기든 그 정보가 객관적일 확률은 무척 낮습니다. 편향된 정보일 수도 있고, 예외적인 경우일 수도 있죠. 우리가 사교육에 대해 제대로 된 정보를 갖고 있는지 점검하는 시간을 가졌으면 좋겠습니다.

그중 하나가 2013년도 한국교육개발원의 '한국교육종단연구'입니다. 2005년부터 2012년까지 진행된 연구로, 전국 150개 중학교 1학년 6천908명을 표본으로 했어요. 이 종단연구 결과 첫째, '국어 사교육은 성적과 상관관계가 전혀 없다'는 통계가 나왔어요. 부연설명으로 '독서만이 관련 있다'는 주장이 나왔는데, 이건 다 아시는 거죠.

국어 잘하는 학생들한테 '어떻게 국어를 잘하니?' 물으면, '몰라, 난 그냥 국어가 쉬워'라고 얘기하고, 국어 못하는 학생들한테 물어보면 '몰라. 왜 그게 답인지 모르겠어' 이렇게 얘기해요. 국어를 잘하는 비결은 없어요. 종단연구에서 '독서만이 상관관계가 있다'고 나왔는데, 독서의 어떤 특성이 상관관계가 있는지 온전히 밝혀내기는 쉽지 않아요.

어쨌든 독서가 국어 성적에 '유일하게' 상관관계가 있다는 것을 반드시 기억하셔야 해요. 대체로 5학년부터 독서량이 현격히 줄어듭니다. 크게 두 가지 원인이 있어요. 하나는 스마트폰 사용량의 급증입니다. 스마트폰 사용 증가는 곧 독서 감소로 이어지죠. 다른 하나는 사교육 급증 때문이에요. 사교육 시간이 늘어나니 공부할 시간적·심적 여유가 없어지는 겁니다. 그러나 앞으로 입시에서 독서가 더욱 중요한 비중을 차지하게 된다는 사실을 잊어서는 안 됩니다. 수학에서도 수행 평가, 서술형 평가가 더욱 중요시되는데 이러한 시험에서는 자신의 생각을 논리적으로 서술할 수 있어야 합니다. 독서의 힘이 수학적 사고력의 한 부분을 차지합니다. 또한 수능 중심의 정시 시험만큼 학생부종합전형 중심의 수시 시험에서도 독서를 많이 한 학생이 유리해요. 독서는 결코 초등학교 저학년 때 끝낼 문제가 아닙니다.

대치동 키드의 꿈과 좌절, 사교육의 허와 실

■ **2013 한국교육개발원 '한국교육종단연구'**

'종단자료를 통해 본 사교육의 장기적 효과' 2005-2012(전국 150개 중1 6,908명 표본)

1. 국어 사교육은 성적과 상관관계가 전혀 없다(독서만 상관관계 있다).

2. 영수는 사교육 시간과 비용을 늘려도 성적 상승 미미

: "사교육이 성적에 미치는 영향은 없거나 매우 작게 나타났다. 그럼에도 사교육이 널리 행해지는 건 직접적인 성적 상승 효과 때문이라기보

다는 학원 과제 등을 하는 시간이 학습 시간을 늘리기 때문에 이로써 성적 향상을 유도하려는 부모의 심리가 작용한 것으로 보인다"-김진영 교수(건국대 경제학, 연구위원)

영어와 수학은 사교육 시간과 비용을 늘리면 성적이 오르긴 했지만, 이 연구 결과를 보면 그 정도가 매우 미미했습니다. 조사 대상 학생들의 주당 평균 사교육 시간은 5~6시간이었는데, 이때 성적 상승은 0.05 표준편차 내외였습니다. 예를 들어 반 평균이 100점이고, 표준편차가 10점이라고 가정했을 때 주당 5~6시간 사교육을 받으면 0.5점의 상승 효과가 있다는 뜻입니다. 1점의 상승 효과를 내기 위해선 평균 사교육 시간의 2배, 즉 일주일에 10~12시간의 사교육을 받아야 했다는 얘기예요.

이 결과가 믿어지시나요? 우리의 상식과 다르지 않나요? 여러분이 주변에서 몇 명 혹은 몇 십 명에게 들은 학원의 효과보다 이 결과를 덜 신뢰해야 하는 이유가 있나요? 이 미미한 점수를 올리기 위한 대가(시간과 돈)는 실로 엄청납니다.

H군은 중3 때 대치동으로 와서 고2까지 성적이 최상위권이었습니다. 대치동 키드의 꿈이 실현되는 것 같았겠죠. 그런데 고2 이후로 계속 성적이 떨어지고 재수를 하게 됩니다. H군의 부모는 대략 3년 동안 대치동 키드의 꿈같은 시간을 보냈을 것이고, 대치동 교육의 전도사 역할을 했을 겁니다. 그 성공 사례는 입에서 입을 타고 옆집 엄마에게 전해졌겠지요. 그러나 고3 이후 재수하는 모습은 엄마들에게 공유되지 않아요. 마치 마라톤을 초반부터 전력질주해 선두에 서는 사람을

보면서 그 사람을 롤모델로 삼는 것과 같습니다. '시켜서 하는 공부', '부모 주도의 공부', '사교육 중심의 공부'의 한계는 분명해요. 다만 그 한계가 언제 찾아오는지가 문제지요. 심지어 대학교, 직장생활에서 그 부작용이 드러나는 경우가 많아요. 사람들은 자기가 원하는 쪽으로 정보를 믿고 싶어 해요. 원하는 것을 부정하는 정보들은 무의식적으로 걸러냅니다. 이것이 사교육 효과가 과장되는 루트입니다. 이 학생의 사례는 한국교육개발원의 사교육 효과 관련 연구에서도 나타납니다.

"학원 다닌 상위권 학생들, 고2 때 수학 성적 떨어져요."
한국교육개발원 〈학원 효과 연구 결과〉

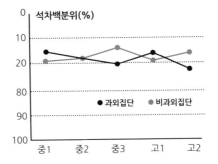

한국교육개발원에서 조사한 '고등학교 2학년 상위권 학생들의 수학 성적' 비교표. 선행학습 학원에서 사교육을 받아 어느 정도 수학 실력을 유지해온 상위권 학생들의 고2 때 성적이 하락하는 현상을 보여준다.

수학학원에 보냈는데 성적이 올랐어요?
"학원 다닌 상위권 학생들, 고2 때 수학 성적 떨어져요."
한국교육개발원(학원 효과 연구 결과)

앞서 말한 사례와 일치하는 내용이죠. 그런데 주변에서는 학원을 다니면서도 최상위권인 학생을 볼 수 있을 겁니다.

흡연에 비유하자면, 흡연을 하고도 장수하는 사람이 있습니다. 당연히 이 사례는 흡연하는 사람들이 좋아합니다. 왜냐하면 흡연이 건강에 좋지 않다는 사례가 무수히 넘쳐나는데 그것에 대한 반증 사례기 때문이죠. 그런 사례를 보며 흡연을 통해 겪게 될 무수한 경고의 불안을 줄일 수 있기 때문이에요. 즉 사교육으로 철저히 길러진 아이 중 명문대 합격생을 보면서 사교육의 효과를 확신하는 거예요. 그러나 흡연이 수명 및 건강한 삶의 질에 치명적인 것처럼 부모 주도의 사교육도 건강한 공부 습관에 치명적입니다.

대단하다는 사교육 시켜서 D외고 보내고 서울대 보낸 것이 사교육의 효과인가요? 그렇다면 같은 로드맵을 시작한 나머지 99% 아이들은 어디에 가 있나요? 그 1%를 왜 믿어야 하죠?

그런데도 왜 많은 학부모들이 사교육의 과장된 효과에 귀가 솔깃한 것일까요? 불안 때문이죠. 이 힘겹고 치열한 경쟁 시대에 자녀만 내버려두고 뒷짐을 지고 있기엔 너무나 안타깝기 때문입니다. 부모가 무언가라도 해주어야 그 불안을 줄일 수 있습니다. 그게 바로 사교육으로 이어지는 거죠. 정보력이든 경제력이든 부모가 할 수 있는 것은 다 해보는 거예요. 정보력과 경제력의 속성은 학생과 상관없이 부모의 역량에 따라 결정된다는 점에서 부모의 개입을 가능케 하는 요소입니다. 그러나 인류 역사상 공부의 내용은 달라졌어도 공부하는 방법의 본질은 바뀌지 않았습니다. 즉 학생이 스스로 동기를 가지고 주도적으로 해나가는 것이 기본이에요. 그리고 그것은 어떤 정보나 컨설팅으로 만들어지는 것이 아니라 학생 스스로 만들어나갈 때 진짜 내공이 되는 것이죠.

반대로 학원에 다니지 않고도 최상위권을 유지하는 학생도 얼마든지 있습니다. 이것은 통계예요. 평균이란 거예요. 그런 학생도 있고 그렇지 않은 학생도 있는 거예요. 그런데 편향효과 때문에 보고 싶은 것만 보는 거예요. 그런 아이들은 1~2%에 드는 아이들이고, 90%가 넘는 아이들은 성적이 떨어지는 모습을 보인다는 거죠.

그러니까 대부분 나와는 상관이 없는 얘기 가지고 희망을 꿈꾸는 겁니다. 가능성 없는 희망은 좌절을 가져올 뿐입니다. 우리에게 맞지 않는 방식을 아이한테 강요해 좋은 결과를 얻을 수 없기 때문이에요. 우리 애의 희망은 우리 아이를 바라보면서 생겨나는 것이지, 아이는 내팽개쳐놓고 성공한 소수의 극단적인 예를 우리 아이에게 강요했을 때 성공할 수 없어요.

1%의 성공 사례를 위해 희생되는 99%의 아이들

그래도 아직 수학 학원이 효과가 없다는 사실을 인정하긴 어려울 겁니다. 여전히 주변에는 수학 사교육을 받고 높은 성적으로 이른바 명문대에 가는 학생들이 있기 때문이에요. 입시가 끝나고 학원에 붙는 성공한 아이들의 사진, 그 아이들은 도대체 무엇일까? 학원 효과가 아니고 무엇이란 말인가? 정말 유능한 강사, 효율적인 학원 시스템, 사교육이 전해주는 정보의 효과를 부정할 수 있는가? 이 질문에 대한 대답을 찾아보죠.

대치동을 비롯한 많은 학원들이 위와 같은 면이 있습니다. 이른바 유명하다는 학원에서는 강사를 평가해서 일정 인원을 계속 탈락시킵니다. 피 말리는 경쟁이죠. 그런데 외부 요인이 수학을 잘하는 데 크게 영향을 미치지 않아요. 수학을 잘하는 데는 학생 개인의 내적 요인이 굉장히 중요합니다. 그렇다 보니까 학생이 학습을 받아들일 역량이 되지 않으면 수학의 신을 갖다놔도 성적이 오르지 않아요. 좋은 사교육을 받을 수 없어 수학을 잘하기 어렵다는 것은 핑계입니다. 오히려 그러한 생각이 자기주도학습을 하는 데 걸림돌이 될 뿐입니다. 외부 환경이 아닌 학생의 주도적 역할이 수학 점수 향상의 주요 변수예요. 따라서 다른 과목은 몰라도 전국 어디나 나름대로 공평한 경쟁을 해볼 만한 것이 바로 수학이죠.

특목고가 일반고보다 수학 진도를 일찍 빼주기 때문에 유리하다는 주장이 있습니다. 그래서 선행학습금지법이 일반고를 역차별한다고 주장하죠. 그런데 이것도 소수의 최상위권에나 해당되는 얘기입니다. 이런 주장을 한다면 그 학부모는 자기 아이가 최상위권이라 수학 진도를 빨리 나가도 잘 이해하니 빨리 나가고 고3 때는 문제 풀이로 다지고 싶다는 얘기예요.

하지만 다수를 차지하는 대부분의 학생들은 진도를 빨리 나가고 고3 때 문제 풀이 연습하는 것이 효과가 없습니다. 선행학습금지법이 시행되기 전에 일반고에서도 고2 때 고교 전 과정을 끝내고 고3 때 EBS 문제 풀이만 하는 경우가 많았지만 대부분의 학생이 성적이 오르지 않았습니다. 보통의 학부모라면 빨리 끝내고 문제 풀이 연습하면 오를 것 같은데 오르지 않는 것이 이해가 되지 않을 수도 있어요. 이것은 수학의 특성 때문입니다.

많은 내용을 단시간에 끝내다 보니 내용을 제대로 이해하지 못한 채 진도만 나가게 됩니다. 개념도 제대로 이해 안 된 상태에서 문제만 푸니 틀리는 것은 계속 틀리고 점수도 그대로인 거죠. 이에 대해 교육평론가 이범 씨가 정확히 지적한 바 있습니다. "문제 풀이는 성적을 올리는 공부가 아닌, 성적이 어느 정도인지를 확인하는 테스트일 뿐이다."

이 주장은 종단연구 논문과도 일치합니다. 내치동으로 상징되는 사교육의 성공 비결은 무엇인가? 수학을 잘하는 아이들을 분석해보니 공통점이 있었어요. 바로 엄청난 수학 학습량이죠. D외고에서도 상위권인 학생들은 고1·2때 이미 수능 수학을 넘어서는 수학 실력을 갖추고도 매일 3시간 이상 수학을 풀어댑니다. 실력을 높이거나 점수를 올리려고 그러는 것이 아니에요. 한 문제도 실수로 틀려서는 안 된다는 절박감 때문이죠.

"우리 아이도 수학 공부 많이 하는데 왜 성적이 안 오를까요?"라고 묻는 사람이 있을 겁니다. 그 질문에는 이렇게 대답할 수 있어요. '지금 그만큼 공부했기에 그만큼의 수학 점수가 나오는 것이다.' 그 이상을 하면 그 이상의 점수가 나올 겁니다. 물론 수학 학습량을 늘리기 위해 포기해야 할 것들의 기회비용은 별도로 계산해야겠죠.

개천(지방, 시골, 저소득층, 일반고)에서 용이 나오지 않는 이유도 같은 맥락에서 설명할 수 있어요. 이 개천의 미꾸라지들은 강남의 미꾸라지들이 어느 정도 공부하고 있는지 감을 못 잡아요. 그냥 그 물에서 '이 정도면 충분하지' 하고 착각하는 거죠. 따라서 강남 수준의 학습량을 유지한다면 개천에서도 얼마든지 용이 될 수 있습니다. 과거에는 개천에서도 용이 났어요. 그런데 지금은 아니죠. 왜? 개천물이 오염되었기 때문이에요. 과거나 지금이나 공부 내용은 바뀌었어도 공부 잘하는 방법이 바뀌지는 않았어요. 개천물이 오염되었다는 것은 학습 환경이 나빠졌다는 얘기입니다. 인터넷 게임, 스마트폰 등등. 학생들의 옷차림만 봐도 무엇에 신경을 쓰고 있는지 쉽게 알 수 있어요.

그런데 마치 강남에 오지 않고서는 누릴 수 없는 특별한 것이 있다고 생각하기 때문에 10평도 안 되는 오피스텔로라도 이사를 오려는 거죠. 강남 상위권은 과거 상위권보다 더 공부하고 지방 상위권은 과거 상위권보다 덜 공부하니 이 차이만큼 용이 되지 못하는 거예요. 지방에서는 누릴 수 없는 강남만의 프리미엄은 없습니다. 서울대를 나와 대치동에서 학원 강사를 하는 사람들은 과거 자신이 했던 정도의 공부 양 가지고는 절대로 서울대에 들어가지 못할 거라고 이구동성으로 말합니다. 이는 요즘 강남 학생들이 얼마나 많은 공부를 하고 있는지를 말하는 것입니다.

2015학년도 수능 만점자 12명 중에서 4명이 대구 경신고에서 나왔는데 이때 각 언론사 타이틀이 모두 '어마어마한 학습량'이었습니다. 공부를 많이 하면 공부를 잘하게 된다는 상식을 다시 한 번 확인한 것에 지나지 않아요. 물론 가장 큰 요인은 대구에서 가장 공부 잘하는 학생들을 싹쓸이한 '선발 효과'입니다. 이 학생들은 엄청난 학습을 감당할 수 있는 학생들이었어요. 결국, 학원 효과는 학습량을 채워주는 효과입니다. 이것은 종단연구 결과와도 일치합니다. 물론 무조건

의자에 오래 앉아 있는다고 수학 실력이 오르는 것은 아닙니다. 공부 시간을 질적으로 활용해야 합니다. 즉 얼마나 집중해서 공부하느냐가 핵심입니다. 엉덩이는 의자에 붙이고, 시선은 문제집을 향하고 있지만 머릿속은 딴 생각으로 가득 차 있다면 어디서 누구에게 배우든 좋은 결과를 기대할 수 없습니다.

학원 효과란 엄청난 학습량이 가져온 결과일 뿐

학교에 없는 특별한 비법이 사교육에 있는 게 아니에요. 특히 수학은 더 그래요. 그런데도 학원에서 더욱이 강남의 학원에서는 어떻게 서울대 합격생을 그렇게 많이 배출하는 걸까요?

"아이가 좋은 대학 가는 데 가장 큰 변수는 공부에 집중할 수 있는 자신의 공부 그릇이지 좋은 환경이 아님을 알 수 있습니다. 강남에 좋은 학원과 아이들이 있어서 이사만 하면 마법처럼 저절로 성적이 오르는 것이 아닙니다. 더욱이 그렇게 좋은 자원을 가지고도 그 정도밖에 안 되는 입시 실적을 낸다는 것은 강남의 성공이 아닌, 강남의 실패에 가깝다고 할 수 있습니다." -심정섭, 〈강남에서 서울대 많이 보내는 진짜 이유〉

인용문의 저자는 서울대를 나와 강남 학원에서 15년간 강사로 일하며 수천 명을 명문대에 보냈다고 합니다. 저자는 명문대 합격 비결은 "공부에 집중할 수 있는 학생의 공부 그릇이지 좋은 환경이 아니다"라고 얘기합니다.

강남에 들어간다는 것은 한마디로 좋은 사교육을 받겠다는 것인데 저자는 단호히 '노NO'라고 말해요. 대신 강남 입성의 유일한 장점이라면 '학교 폭력과 왕따'가 없는 것이라는데요. 아이들이 공부하느라 워낙 바쁘고 지쳐서 왕따 시킬 시간도 힘도 없기 때문이라네요.

이 글에는 당시 명문대 합격률 1위였던 H학원의 몰락, S학원의 분열, D학원의 성공 비결 등 재미있는 이야기가 나옵니다. "대치동이 잘 가르치는 것이 아니라, 잘하는 아이들이 많이 모여서 대치동 학원 수준이 올라간 것"이라고 말하죠. 이 책을 한 번 보시기 바랍니다. 사교육비 많이 쓰신 분, 돈 많은 분들에게는 죄송하지만 결국 좋은 사교육을 받아서 수학 성적을 올리겠다는 생각은 버리는 게 좋습니다.

어떤 분이 중3 딸의 성적이 오르지 않아 고민이라며 상담을 요청해왔어요. 90점 초반 점수가 나오는데 꼭 한두 문제를 틀려 100점을 맞지 못한다는 고민이었어요. 인근에 학생들의 성적을 한두 달 만에 올려놓아 입소문을 빠르게 타는 학원이 있다며 등록을 고민하고 있었어요. 그 이야기를 듣고 '그 학원은 이런저런 방법으로 성적을 올려주는 학원이며 장기적으로 좋지 않다'는 뜻을 내비쳤어요. 얼마 후 결국 그 학부모는 딸을 그 학원에 보냈고, 운 좋게도 기말시험에서 처음으로 수학 100점을 맞았어요. 그러나 현재 고1이 된 그 학생은 상대적으로 입시 결과가 저조한 고등학교에 가서도 높은 점수를 받지 못하고 있어요. 아무리 해도 안 된다며 불쑥불쑥 우는 일이 많아졌고요.

그 학원이 한 달 만에 성적을 올린 비결은 뭘까요? 간단해요. 조금 과장되게 이야기하면 거의 죽기 직전까지 문제를 풀게 하는 거예요. 중학교까지는 난도가 크게 높지 않고 제한된 유형 안에서 시험 문제가 나오기 때문에 많이 풀다 보면 대부분의 문제가 기본 유형 안에서 걸리게 돼 있어요. 그 학생이 100점을 맞게 된 것도 수학 실력이 올라서가 아니라 학교 시험 문제가 대부분 자신이 풀어본 유형이었기 때문이죠. 아는 문제가 나온 거예요.

중학 과정까지는 연산의 힘이 어느 정도 작용하는데, 고등학교 때는 연산을 잘한다고 수학을 잘하는 게 아니에요. 깊이 있는 수학적 사고력이 있어야 하죠. 즉 수동적으로 문제를 많이 푼 학생들은 한계를 만나게 됩니다. 설상가상으로 수학에 질리게 되고, 많은 문제를 단기간에 풀다 보니 단시간에 푸는 습관이 들어 깊이 생각하는 능력을 잃게 됩니다. 이 학생이 앞에서 보았던 대치동 키드의 예입니다.

수학 실력이 오르면 점수가 오르지만 수학 점수가 올랐다고 수학 실력이 오른 것은 아닙니다. 이 차이를 이해하지 못하면 고등학교에서 수학 점수의 추락을 경험할 수 있어요. 특히 초등학교 저학년 때, 엄마들은 아이 점수에 눈을 감으셔야 해요. 점수에 목매는 순간 사교육의 유혹에서 절대로 벗어날 수 없어요. 수학 점수가 곧 수학 실력이라고 생각하다가는 아이의 수학 기초 체력을 망가뜨릴 수 있어요. 제일 나쁜 것이 학습시입니다.

초등학생이나 중학교 1·2학년생 학부모는 점수보다는 뭐에 초점을 맞춰야 할까요? 아이가 방에서 혼자 수학을 풀고 있어요? 그럼 된 거예요. 그걸 기다려주셔야 해요. 그 아이는 혼자 내공을 기르는 거예요. 강호의 고수는 그렇게 태어나요. 수학은 실패를 경험하는 거예요. 시행착오를 거치면서 수학적 회로가 열리는 겁니다. 그런데 사교육을 쭉 받은 학생들은 착오가 없어요. 학원강사가 오류 없이 쫙 설명하니까요.

사교육을 통해 수학 성적을 올리고자 하는 것, 좋은 학원을 보내면 성적이 오르리라는 생각 모두 쑥을 인삼밭에 심으면 인삼이 되리라 믿는 것과 크게 다르지 않아요. 인삼 씨가 인삼 되고 쑥 씨가 쑥 되는 거죠. 부모들이 불안과 기대가 섞인 시선으로 그 학원에서 배출한 명문대 합격생의 사진을 보고 자신의 자녀와 동일시하는 심리적인 환상일 뿐입니다.

성적이 오르기만 한다면 학원비가 아깝지 않다고 하죠. 자식이 잘되는데 돈이 아까울 부모는 많지 않죠. 더욱이 인생을 좌우한다는 대입을 위한 투자가 아닌가요! 그런데 돈을 투자한다는 것 자체가 벌써 성공 가능성이 많이 줄어든다는 것을 의미합니다. 아는 학생이 국제 정보올림피아드에 나가서 상을 타왔는데 이 학생은 초등학교 때부터 학원에서 등록금을 받고 학원에 이름을 올려놓았어요. 주변에 공부를 꽤 한다는 학생들 중에 이런 경우가 많아요. 학원에서는 등록금을 주면서 학부모에게 이러한 사실을 비밀에 부쳐달라고 부탁해요. 학원에서 이렇게 돈까지 줘가며 학원에 등록시키려는 이유가 뭐겠어요? 학원에서 가르쳐서 서울대에 보낼 수 없다는 방증이죠.

우수 학생 유치에 학원의 명운이 달려 있다는 것을 학원들도 잘 알고 있어요. 학원에서 하는 레벨 테스트도 이런 맥락에서 볼 때 학생 수준을 파악해서 수준에 맞게 수업을 하고자 하는 의도보다는, 최상위반을 상징적으로 만들어 학원 평판을 높이고 그 학생들을 집중 관리해 (교육이 아닌) 입시 결과를 가지고 성과로 만들기 위한 학원의 마케팅 전략일 뿐입니다. 지금까지 돈을 내고 열심히 다녔다면 학원 현수막에 자녀 이름이 오를 거라고 기대하지 마십시오.

학원에서는 학생을 뽑을 때 학생의 내신 성적을 중요한 자료로 활용합니다. 내신이 좋은 학생은 학원에서도 열심히 공부하기 때문이에요. 학원에서는 이 학생들을 특별 관리합니다. 내신 성적이 좋다는 것은 공부를 잘하고 성실하다는 증거죠. 학원에서 가르쳐 성적을 쉽게 올릴 수 있다면 굳이 내신 성적이 우수한 학생들을 뽑으려고 애쓰거나 돈을 줘가면서 붙잡지 않겠죠. 스스로 공부할 능력이 없어 성적이 낮은 학생이 학원 효과를 본다는 것이 얼마나 허망한 일인지 알 수 있지요? 학생들을 오래 가르쳐본 사람은 학생의 성적을 올리는 게 얼마나 힘든지 잘 알아요.

가끔 학원이나 인터넷 강의에서 5등급을 1등급으로 올려놨다는 주장을 하며 자신들의 학습 성과를 홍보하는데, 그런 학생이 있을 수는 있어요. 그런데 그 학원이나 인터넷 강의에 등록된 학생이 적게는 수백 명에서 많게는 수만 명에 달하는데 그중에 매우 특별히 급등한 학생을 예로 드는 것을 보면 실소를 금하지 않을 수 없어요. 그 사교육을 받고도 전혀 효과를 보지 못한 대다수의 통계는 전혀 보이지 않죠. 지푸라기라도 잡고 싶은 학부모나 학생의 눈에는 그러한 강사가 구세주처럼 보이는 겁니다.

우수 학생 유치해 좋은 평판 유지하는 학원 전략

선발 효과는 학원 효과가 아닙니다. 예를 들어 전교에 열 개 반이 있는데 그중에 반에서 3등까지를 1반에 배정한다고 해보죠. 그러면 어떤 일이 벌어질까요? 그 반의 평균이 월등히 높을 것이고 진학 결과도 가장 좋겠죠. 학원의 선발 효과가 있다는 것은 1반 교사가 잘 가르쳐서 진학 결과가 좋다고 하는 것과 같은 얘기예요. 이는 그냥 시각적 착각일 뿐이죠. 현재 특목고에서 보여주는 입시 결과도 이와 비슷합니다.

과거 비평준화 지역에서 우수 학생을 받아서 서울대에 수십 명을 보내다가 평준화가 되자마자 서울대에 한두 명도 보내지 못하는 학교가 많습니다. 학교는 아무것도 변하지 않았죠. 학생만 변했을 뿐입니다. 그런데 일반고에 다니는 학부모나 학생 입장에서 보면 선발된 학생이 모인 곳이니 학습 분위기도 더 낫고 그래도 뭔가 더 준비해주지 않겠느냐는 생각을 하게 됩니다. 일면 타당한 얘기죠. 그러나 특목고 밖에서 특목고를 보는 시선은 대체로 과장되어 있어요. 일부 특수한 예들이 일반화되고 과장되는 거예요. 특목고 프리미엄에 너무 겁먹을 필요 없습니다. 한편, 우수하다고 알려진 학원일수록 실력 있는 학생들을 선발해 뽑습니다. 그러한 학생이 다니는 것만으로도 잘 가르치는 학원이라는 생각을 갖게 됩니다. 그런데 이는 또 다른 인지적 왜곡일 뿐입니다. 왜냐하면 잘 가르쳐서 성적이 오른 것과 처음부터 성적이 높고 공부 의지가 확실한 학생들을 받아서 가르치는 것은 전혀 다른 일이니까요. 그런데 많은 학생과 학부모들이 이 차이를 구분하지 못해요.

그래서 운이 좋아 학원에 다녀서 성적이 오르면 학원 효과라고 생각하고, 반대로 성적이 오르지 않거나 떨어지면 학원이 잘못 가르쳐서가 아니라 아이의 문제라고 생각하게 됩니다. 왜 그럴까요? 처음 그 학원을 보낼 때 '실력 있는 학원'이라고 판단하고 보냈기 때문입니다. 반면, 공교육은 학생이나 학부모의 선택이 제한되어 있습니다. 그래서 공교육 효과는 무시되기 쉽죠. '학교는 졸업장 따러 가고 진짜(?) 공부는 학원에서 한다'는 생각을 갖게 됩니다. 이렇게 학교 교육을 무시하게 되면 학생의 수업 태도는 더욱 나빠지고 그와 동시에 사교육 의존도는 높아지게 됩니다.

학원이나 특목고와 같이 우수한 학생들을 선발해서 가르치는 곳이라면 학습 분위기가 좋을 수밖에 없어요. 서로가 치열한 경쟁 상대다 보니 긴장감이 높고 잠시도 여유를 부릴 수 없습니다. 반면 사교육열이 높은 지역의 학교일수록 일반 학교의 분위기가 좋지 않은 것이 사실입니다. 일반고 교사의 이야기를 들어보면 국제중, 특목고 등을 지원했다가 떨어진 학생들이 오는 학교의 학생들은 자신이 이미 실패했다고 단정 짓는 경우가 많다고 해요. 이러한 좌절감이 학습 태도를 나빠지게 하는 원인이 되죠. 주변에서 다른 짓을 하거나 조는 학생이 많으니 긴장감도 확 떨어지게 되고요.

그런데 모든 학생이 그럴까요? '자가선발 효과'란 스스로에 대한 마인드 컨트롤입니다. 자신이 원해서 왔고 스스로 최선을 다하겠다는 생각이죠. 눈을 뜨고 수업을 열심히 듣는다면 교사의 모든 시선을 강탈할 수 있어요. 마치 과외를 받는 것 같은 집중을 받을 수 있는 거예요. 수업 태도가 좋지 않은 반에서 교사에게 이런 학생은 별처럼 빛납니다. 개인적인 질문이 가능하고 수행평가 등에서 +*a*의 점수를 얻을 수도 있어요. 이것이 특목고 프리미엄보다 좋은 일반고 프리미엄입니다. 특목고가 학습 분위기에서 확실히 유리한 점이 있지만 특목고는 사교육 유발 요인이 너무 많고 그 부담은 고스란히 학부모와 자녀의 몫이 됩니다.

느슨한 고무줄을 늘이는 데에는 큰 힘이 들지 않지만 팽팽한 고무줄을 늘이려면 많은 힘이 들고 심지어 줄이 끊어질 수 있습니다. 공부도 비슷합니다. 여유 있게 공부할 때는 학습량을 늘려도 크게 부담이 없지만 학습량이 이미 학생의 한계치에 와 있다면 조금 늘리기도 쉽지 않지요. 보통 수동적으로 학원에 다니는 학생들이 얻는 학습량 효과는 학년이 올라갈수록 떨어져요. 막상 최고의 실력을 발휘해야 할 고2·3 때는 학습량 효과를 거의 볼 수 없죠. 학교 수업시간은 늘고, 학습할 분량은 많아지고, 난도는 높아지고, 체력은 떨어지니 학습량을 늘리는 데 한계가 오는 거예요. 수면 시간을 줄여 학습 시간을 늘리는 무식한 방법 말고는 특별한 방법이 없어요. 이때 학습 시간을 더 늘리다가는 학습 고무줄이 끊어질 수 있습니다. 고무줄 현상은 타인 주도 학습, 엄마표에 찌든 학생일수록 심하게 겪을 수 있어요. 학습 시간이 많은데도 성적이 오르지 않는다면 금방 한계가 오는 거죠.

이때는 학습량을 무조건 늘리기보다 학습 구조를 개선할 필요가 있습니다. 사교육을 줄이고 그 에너지를 공교육에 집중하고 가정에서는 자기 주도적인 복습을 하는 것이 맞아요. 월급은 오르지 않는

데 쓸 곳이 많다면 기존의 살림살이를 점검해봐야 하는 것과 같은 이치죠.

사교육을 맹신하는 학부모들은 어떤 식으로든지 사교육이 필요하다는 생각에서 벗어나지 못합니다. 이런 학부모들의 '했더라면' 사고가 사교육 확산에 큰 영향을 미치고 있어요. 사교육을 하지 않았던 사람들은 '사교육을 했더라면 더 잘했을 텐데' 하고, 사교육을 했던 사람들은 '더 좋은 학원을 보냈더라면, 혹은 더 일찍 시켰더라면' 하고 사교육 만능주의 태도를 버리지 못합니다. 교사 입장에서 보면 많은 학생들이 사교육에 찌들어 아무리 가르쳐도 도로 뱉어내는 무기력에 빠져 있어요. 이 학생들은 마치 거식증에 걸린 환자와 유사합니다.

앞에서 수학 학습의 주요한 요소가 학습량이라고 말씀드렸습니다. 학원 효과라는 것도 사실 이 학습량을 늘려주는 효과와 크게 다르지 않다는 것도 살펴보았죠. 이제 이른바 '강남 로드맵', 혹은 성공을 보장한다는 로드맵을 살펴볼까요. 로드맵은 사교육 시장에서 나오는 겁니다. 공교육에는 로드맵이 없어요. 국가에서 정해준 교육 과정이 있기 때문이죠. 반면 사교육은 로드맵에 의존하게 됩니다. 사교육 로드맵은 전적으로 그 로드맵을 따라가고자 하는 사람의 부담이 되죠.

사교육 로드맵은 보통 아이들이 소화할 수 있는 수준이 아닙니다. 그 로드맵대로 해서 성공한 학생들의 사례가 아니라, 성공한 학생들의 학습 유형을 로드맵으로 만든 것이기 때문이에요. 그 로드맵대로 하면 거의 성공할 수밖에 없어요. 하지만 문제는 그 로드맵을 따라갈 수 있는 학생들이 거의 없다는 거죠. 마치 김연아가 성취했던 피겨 과정을 로드맵으로 만들어놓고 그 과정을 따라가면 올림픽에서 메달 딸 수 있다고 하는 것과 같아요. 성공하지 못한다면 그것은 로드맵의 잘 못이 아니라 로드맵대로 따라 하지 못한 잘못으로 여겨질 뿐이에요. 아이스링크에 가보면 김연아 엄마를 롤모델로 삼는 많은 엄마들이 김 연아를 롤모델로 삼는 딸의 손을 잡고 와서 김연아가 한 그대로 따라 하고 있어요. 그러나 모두가 성공하는 것은 아니죠.

그래도 대치동 수학이 성공하는 이유가 있어요. 앞에서도 말했듯이 수학을 잘하는 데 학습량은 중요한 요소입니다. 물론 학습자의 수학 머리, 학습 효율도 중요하지만 현재의 수학 교육과정 특성상 '절대적 으로 많이 공부'하지 않고는 수학을 잘하기 쉽지 않아요. 대치동의 기 본 로드맵은 엄청난 학습량이에요. 사교육 수학의 특징은 학생보다는 로드맵이 먼저인 교육입니다. 성공한 소수 학생들의 로드맵을 모든 학 생들이 따라 하는 거예요. 그래서 그 로드맵대로 해서 성공한 학생들 이 나오는 거죠. 그러나 그 로드맵대로 해서 성공한 것이 아니라 그 엄 청난 로드맵을 따라 할 수 있는 학생이었기 때문에 성공한 것이라고 보는 것이 더 정확한 분석이겠죠. 그게 아니라면 똑같은 로드맵으로 도 실패하는 학생들이 왜 나오겠어요? 로드맵의 특징은 다양하지만 한마디로 엄청난 학습량, 특히 선행학습을 요구합니다.

성공보다 실패 확률이 높은 사교육 로드맵

사교육에 의존도가 높고 사교육을 많이 할수록 공교육은 그냥 하는 것, 졸업장 따기 위해 다니는 것이라고 생각하는 경향이 강합니다. 요즘은 학원 숙제 할 시간이 없다며 학교에서 초등학생 자녀에게 숙제를 많이 내주지 말라며 민원을 넣는 학부모들이 많아요. 그러면 학교 교육을 무시한 사교육 중심의 로드맵을 선택하는 것이 어떤 것인지 살펴보겠습니다. 사교육 로드맵대로 가는 순간, 많은 것이 달라져요. 전 국민이 김연아 엄마처럼 되는 거죠. 자신의 삶은 없어요. 물론 우리나라 부모들은 자식 잘되는 것이 자신의 삶의 행복이라고 말하겠지만요.

더 슬픈 것은 부모를 학습 매니저로 둔 자녀들은 커서도 그 삶을 반복할 가능성이 높다는 것입니다. 사교육의 대물림, 불행의 대물림이 되는 것이죠. 사교육을 받고 대학에 간 부모는 자식 교육에 사교육이 필수라고 생각하는 경향이 있습니다. 거기서 끝이 아니에요. 한 술 더 뜹니다. 더 많은, 더 질 좋은 사교육으로 자녀를 자신이 나온 대학보다 더 좋은 대학에 보낼 수 있다는 기대가 있으니까요. 이쯤 되면 새벽 2시까지 엄한 표정으로 공부에 질려버린 자녀를 숙제하도록 다그치는 것이 아동학대라는 사실을 모르게 되죠.

대치동식 사교육으로 수학을 공부하는 것과 학교 수업만으로 수학을 공부하는 것의 차이는 엄청납니다. 우선 학부모 입장에서 볼까요? 학교만 믿고 밑길 때와 달리 사교육에 의존해서 잘하게 하기 위해서는 엄청난 정보력과 경제력, 시간이 필요하죠. 게다가 엄마가 머리도 좋아야 해요. 각종 설명회와 강연을 쫓아다니며 얻은 정보를 해석하고 가공해서 아이에게 맞게 적용할 수 있어야 하니까요. 이거 어설프게 할 거면 아예 안 하는 게 나아요. 사교육은 투자 대비 효과를 얻는 것이기 때문에 그래요. 한 달에 사교육비 1천만 원 쓰는 사람이 있는데 100만~200만 원 써서 그 정도 잘하길 바라는 건 놀부 심보겠죠. 같은 로드맵과 교육 방법이라면 더 많이 투자한 쪽이 이겨요. 정보력과 경제력에 따라 순위가 달라지니 최고를 중심으로 줄 서는 겁니다. 이 줄이 장난이 아닙니다. 이들의 정보력이 어느 정도냐 하면 입시를 끝마칠 무렵에는 책을 써도 될 정도입니다. 실제로 그런 학부모도 있어요. 또 자녀의 입시 결과가 좋으면 아예 학원 상담실장으로 앉아 학생들을 몰아주며 돈 버는 분도 많아요. 돼지 엄마들이 이들이에요. 부모의 사생활이 없죠. 남편은 가족의 주된 흐름에서 아웃이에요. 돈만 잘 벌어오면 핀잔이나 안 듣는 정도예요. 이렇게 되면 가족이 아니라 입시를 위한 분업 조직일 뿐이죠.

이번에는 학생 입장에서 살펴볼까요. 학생 입장에서 사교육을 받는 것은 투잡을 뛰는 것과 같아요. 아시겠지만 투잡을 뛴다고 두 배로 버는 게 아니죠. 오히려 이도저도 안 돼 망하는 수가 있는 위험한 시도예요. 돈은 두 배로 벌리지 않는데 육체적·정신적 부담은 두 배죠. 고생은 고생대로 하고 남는 게 없는 장사가 될 수 있는 거예요. 사교육을 받는 것도 비슷해요. 결국 사교육을 통해서 공부를 잘한다기보다는 이 정도의 부담을 이겨낼 만한 학생이기 때문에 공부를 잘한다고 보는 게 맞죠. 그 학생은 혼자서도 잘할 학생인데, 로드맵을 잘못 짜는 거예요. 대부분의 학생들은 이 학교 교육과 사교육의 투 트랙을 온전히 뛰기 어렵습니다. 대부분의 학생들이 실패하는 트랙이죠. 한 선수가 단거리와 장거리를 동시에 연습하는 것과 같은 거예요. 일단 내신 대비가 어렵죠. 내신 잡지 않고는 상위권 대학은 포기해야 해요. 이렇게 사교육 중심의 로드맵을 짜면 성공보다 실패할 확률이 높습니다.

아이들마다 발달 단계가 있어요. 저마다 이해할 수 있는 수준이 있어요. 그런데 이 수준과 상관없이 부모의 욕심이 앞서니 아이들이 자신의 능력을 넘어서는 활동을 요구받는 거예요. 기어 다니는 아이에게 걷는 연습을 미리 시키니 잘 걷지 못한다고 좌절하게 되고 이런 상황이 반복되면 자존감까지 낮아져 나중에는 회복이 되지 않습니다. 이것이 학습된 무기력입니다. 조기에 수학을 포기하는 학생들이 많아지는 것은 참 아이러니한 일이에요. 수학을 잘하게 만들려고 시작한 일이 오히려 독이 되는 겁니다.

예습-수업-복습으로 이어지는
자신만의 공부 습관을 들이자

그러면 어떻게 해야 할까요? 대안을 찾아야 합니다. 좋은 방법이 있어요. 아주 소수의 사람들만 알고 있는 방법이지만 시도한 숫자에 비하면 제법 많은 학생들이 성공한 비법이에요. 대부분의 학생이 수학 사교육을 받습니다. 수학 사교육을 받지 않는 나머지 학생들 중에서 소수의 학생들이 성공한 방법인데, 이 방법은 새로운 교육 생태계를 만들 필요 없이 남들이 버리고 간 자원을 그냥 이용하면 된다는 점에서 매우 유용해요. 남들이 우습게 보는 돌이 나에게 옥돌을 가는 유용한 돌이 될 수 있습니다. 바로 학교 수업을 통해 학생이 옥돌이 되는 것입니다. 즉 학교 수업을 어떻게 활용하느냐가 관건입니다.

학교 공부만으로 해보겠다고 하면 일단 매우 단순해집니다. 부모가 할 것이 없죠. 수능에서 수학이 몇 점인지 몰라도 돼요. 그냥 따뜻한 밥 해주고 격려해주고 기다려주면 돼요. 학습의 주체가 학생이기 때문에 부모가 나설 필요가 없습니다. 엄마표가 아닌 그냥 엄마로 남을 수 있습니다. 왜 엄마가 자꾸 엄마표가 되려고 하나요? 무슨 상표도 아니고. 또한 경제적·심리적으로도 엄청나게 여유가 생기니 진심 어린 조언이 가능해지죠. 엄마가 엄마표가 되지 않으려면 믿고 맡길 수밖에 없어요. 아는 게 없으니까요. 공부는 누가 제일 잘 알까요? 당연히 당사자인 학생이죠. 그리고 그게 상식이고 정상이에요. 그런데 왜 요즘은 엄마가 정보력을 갖춰야 한다고 생각하나요? 아이가 스스로 할 수 없으니까? 왜 아이는 스스로 할 수 없죠? 아주 어릴 때부터 아이 손잡고 다니면서 엄마가 좋은 교육 시키겠다며 돌아다니고 결정해준 결과예요. 그런 아이가 설령 상위권 대학에 간다고 제대로 된 직장인, 사회인, 가정의 부모가 될 수 있겠습니까? 이런 아이들이 캥거루족이 되는 거예요.

학생 입장에서는 학교 수업만 들으면 혼자서 공부할 여유를 확보할 수 있습니다. 남들이 학원 가 있는 시간에 공부하는 거예요. 은행이 4시에 문 닫는다고 은행원이 4시에 퇴근하나요? 아니죠. 셔터 내리고 본격적으로 업무합니다. 수학도 이와 비슷해요. 학교에서 배웠다면 이제 셔터 내리고 혼자만의 정리, 이해, 심화를 위한 공부를 해야 합니다. 그런데 대부분의 학생들이 또 학원에 가서 배워요. 언제 정리하고 심화하고 자신이 직접 한 문제라도 풀겠어요? 학교 수업 준비는요? 수행평가는요? 내신 관리는요? 어떻게 할 건데요? 물론 둘 다 잘하는 학생들도 있어요. 지독한 동시에 불쌍한 아이들이에요. 부모의 성공 로드맵을 소화할 수 있는 아이들인데, 대치동 키드죠. 이 아이들이 부모의 로드맵을 따를 수 있는 이유가 있어요. 착하기 때문이에요. 본인도 부모처럼 실패해서는 안 된다는 두려움 때문이에요. 최소한 상위 10개 대학에 들어가야 동네에서 대학 갔다는 소리를 들을 수 있기 때문이에요. 이들에게 나머지는 대학도 아니에요. 그러니 아이들이 나중에는 감당하지 못해 뛰어내리는 거죠. 대치동에는 아파트 한 동마다 뛰어내린 아이가 있어요. 구급차 소리 들리면 또 누가 뛰어내렸구나 하며 잠깐 근심하다 다시 아이들에게 채찍질을 해요. 조금만 참자고 스스로 다짐하면서요.

대치동의 수학 로드맵을 따라가기 위해서는 기본적으로 아이들이 공부 외에는 다른 것에 관심을 가지면 안 돼요. 부모 중심의 로드맵을 아이가 불평 없이 잘 따라와야 해요. 사춘기 같은 것이 있으면 안 돼요. 아이를 말 잘 듣게 하는 방법을 알려드릴게요. 아주 어릴 때부터 늦어도 네 살 이전부터 모든 것을 엄마가 결정해주세요. 아이가 스스로 뭔가를 결정하게 해주면 부모의 결정과 다를 때 불만을 품고 반항하게 됩니다. 모든 것을 일찍부터 부모가 결정해주기 시작하면, 그리고 아이의 결정에 부정적인 반응을 계속하면 아이는 스스로 결정하는 것을 두려워하고 모든 판단과 결정을 부모에게 맡기게 돼요. 이렇게 되면 부모의 말을 잘 듣는 이른바 '착한 아이'가 되는 거예요. 그 엄청난 수학 사교육을 따라가려면 어쩔 수 없어요.

대치동 엄마들이 이런 비극적인 양육에 빠지는 이유는 지나친 사교육 정보력 때문이에요. 주변에서 들려오는 수많은 '머스트 해브 사교육' 때문에 아이의 자율성을 존중하고 기다리기보다 부모가 무언가를 끊임없이 결정하고 제공해서 생기는 현상이에요. 이런 아이들은 늘 부모와 같이 다녀야 하고 부모가 결정해주지 않으면 불안해합니다. 이런 학생들은 부모가 사교육을 끊고 자기 주도적으로 공부 시키려고 해도 스스로 학원에 가겠다고 합니다. 학원에 가지 않으면 불안해해요.

사춘기는 부모에게서 정신적으로 독립하려는 의지의 표현인데 이렇게 양육된 아이들은 독립 의지가 약하기 때문에 사춘기가 없는 듯이 지나갑니다. 결국 건강한 성인으로 자라는 데 어려움을 겪죠. 명문대에 가고도 사회에 적응하지 못하는 수많은 사람들이 생겨나는 것도 이러한 '부모 주도'가 낳은 비극입니다. 취업한 자녀의 상사에게 전화를 걸어 자녀가 아프다며 대신 전화를 걸어주는 부모의 왜곡된 자식 사랑이 결국 자녀의 인생을 망치게 됩니다.

부모 주도의 과도한 사교육은 아이가 공부에 흥미를 잃고 학교에 적응하지 못하게 만들 수 있습니다. 어릴 때부터 전력질주를 한 아이들은 일찍 지쳐버리고 공부를 해도 성적이 오르지 않는다는 생각에 희망을 잃게 됩니다. 이 아이들은 모두 어릴 때부터 공부에 대한 엄청난 중압감을 겪은 아이들입니다. 핵심은, 학교를 즐겁게 다닐 수 있도록 만드는 거예요. 학부모와 학생의 부담은 줄이고 학교를 즐겁게 다니며 최대한 이용하는 것이 올바른 선택입니다.

인기 있는 '빡센' 학원에 보내놓고 엄마들이 좋아합니다. 공부 안 하던 아이가 책상 앞에 앉아 공부하는 모습을 볼 수 있기 때문이죠. 하지만 이는 엄밀히 말하면 공부가 아니라 숙제를 하는 거예요. 숙제가 워낙 많고 안 하면 여러 가지 벌로 혼을 내니 억지로라도 하는 거예요. 학생에게는 선택의 여지가 없어요. 반면, 학교는 학원에 비해서 느슨해서 자기 주도의 여백이 훨씬 넓어요. 물론 공부를 안 하는 아이나 부모에게는 이런 것이 싫을 수 있어요. 억지로라도 시키고 싶어 하니까요!

공부를 시키는 것보다 더 중요하고 어려운 것이 바로 공부 습관을 들이는 일입니다. 학원에 보내면 공부하는 흉내는 낼 수 있지만 부모 주도라는 점에서 진정한 공부 습관이 내면화되기 어려워요. 학교 수업은 분량이 많지 않아요. 일주일 혹은 하루 단위로 예측이 가능해요. 예습 복습이라는 틀 안에서 따라가면 되는 거예요.

습관은 어떤 행위를 규칙적으로 반복할 때 생기는 경향이에요. 학교 수업은 국가에서 짜준 로드맵입니다. 당연히 엄마표가 개입될 여지도, 개입될 필요도 없죠. 여러 가지 점에서 학교 수업에 맞추어 공부하는 것이 효율적입니다. 부모가 자녀의 공부에 적극적으로 개입하지 말고 학교 교육을 잘 따라갈 수 있도록 도와주는 역할에 머무는 것이 아이의 주도성을 키우는 데 좋습니다. 기본은 예습-수업-복습 중심의 사이클 안에서 자신만의 습관, 공부 방법을 찾는 겁니다.

한편 고등학교에 가서 한 학기 정도의 선행학습이 필요한 것이 현실입니다. 그런데 이 선행학습도 철저히 자기 주도적으로 공부하고 기초를 잘 닦은 아이들이나 소화할 수 있는 학습 유형이에요. 미리 시킨다고 가능한 것이라면 누군들 그 힘든 대열에 참여하지 않겠어요?

"선생님, 오늘 학교에 안 갔어요." 예전 강남에서 학원 강사를 할 때 자주 듣던 말이에요. 몸이 조금 안 좋아 낮에 쉬다가 오후가 되어서 학원에 온 거예요. 사교육을 많이 받는 아이들일수록 학교 수업은 들어도 그만 안 들어도 그만인 옵션쯤으로 생각해요. 보통 수학 학원의 진도가 학교보다 빠르고 한 시간에 공부하는 분량도 훨씬 많아요. 게다가 문제 수준도 높죠. 이렇게 사교육을 받고 온 아이들에게 학교 수업은 싱거울 수밖에 없고 집중하기도 어렵겠죠. 수업 태도도 나빠지고요. 가장 큰 문제는 실제 수학 점수도 나오지 않으면서 들어서 다 안다는 착각을 하는데, 이런 아이들은 답이 없어요. 심지어 학교 시험이 학원 문제보다 쉬워서 틀린다고 착각하는 부모들도 있을 정도예요. 학원에서 더 난도 높은 문제로 더 많은 수업을 듣는데 성적이 안 나오는 이유는 뭘까요?

'1×3' 원리가 있습니다. 들은 내용을 자신의 지식으로 완전히 소화하려면 그 3배의 시간이 필요하다는 얘기입니다. 학교에서 1시간 수업을 들었다면 3시간의 복습이 필요하다는 논리죠. 실제로 강남의 전교 1등을 대상으로 한 조사에 따르면 사교육 시간의 3배를 혼자서 공부하고 있었어요. 1주일에 학원을 3시간 다닌다면 9시간 정도 혼자 공부하는 시간을 확보한다는 거예요. 배운 내용의 범위와 난도, 학생의 수준에 따라 복습 시간도 달라지겠지만 적지 않은 시간을 들여야 자신의 것이 되는 것은 사실입니다. 처음부터 자기주도학습 시간을 사교육의 3배를 확보하는 것은 어렵습니다. 그래서 어릴 때부터 조금이라도 스스로 할 수 있도록 습관을 들이는 것이 그 힘을 길러주는 공부 체력임을 기억해야 합니다.

수학은 학교에 가서 1시간 수업을 듣고 왔다면 실제로는 2시간 혹은 3시간 수업을 듣고 왔다는 마음으로 복습을 해야 해요. 수학은 글자가 아닌 기호로 설명하는 과목이에요. 기호를 글자로 풀면 굉장히 길어져요. 즉 기호로 돼 있다는 것 자체가 많은 양을 줄였다는 얘기예요. 복잡하다는 말이죠. 그러니 가정에서 복습이 절대적으로 필요해요. 그런데 학원에서는 어떨까요? 이 복잡하게 꼬인 수학을 더 어려운 문제 중심으로 더 빠르게 진도를 나가요. 이것이 학교 수업을 못 따라가는 아이가 학원에 가도 도움이 안 되는 이유입니다. 가정에서 다른 과목에 비해서 3배의 복습 시간을 가져야 하는데, 안타깝게도 부모들이 복습할 시간에 아이들을 학원에 맡겨버리는 거예요.

그런데 아이들은 또다시 방과 후에 학원에 가서 많은 양을 배워오죠. 하위권 학생일수록 혼자서 공부하는 시간이 적어요. 너무 먹어서 소화가 안 되는 것과 같은 경우예요. 이러면 건강해지는 것이 아니라 비만해지고 건강을 해치게 되겠죠. 학원 가서 더 배운다고요? 대부분의 아이들은 학교에서 들은 내용도 소화시키지 못한 상태라는 것을 명심해야 합니다. 아이들이 학원 가서 배우는 시간만큼 학교 수학을 복습하고 문제 풀이 연습을 한다면 대부분은 성적이 오릅니다. 만일, 학원에서 배운 것도 완전히 소화할 수 있다면 학원이 나쁠 것도 없어요. 이 아이들은 최상위권에 드는 아이들이죠. 학원을 다니든 안 다니든 이 아이들에게 사교육은 중요한 변수가 아니라는 얘기예요.

배우기만 할 뿐 스스로 익히는 과정이 없는 게 문제

남들이 좋다는 학원 보냈는데 왜 우리 아이만 성적이 오르지 않을까요? 수학은 듣는 것이 아니라 푸는 과목입니다. 아무리 좋은 강의도 듣기만 하고 혼자 책상에 앉아 고민하며 푸는 시간이 충분하지 않고서는 잘하기 어려워요. 앞에서 수업의 (학교든 학원이든) 3배 정도의 자기 소화 시간이 필요하다는 이야기를 했죠. 왜 듣는 것만으로는 효율이 떨어질까요? 아래 그림을 보면 알 수 있어요.

이 세상에서 가장 재미없는 강의가 수학 강의가 아닐까 생각합니다. 이 강의를 듣는 부모님들 중 본인을 위해서 듣는 분은 아마 없을 거예요. 다들 자녀가 조금 더 수학을 잘하길 바라는 마음에서 소중한 시간을 내 이곳에 오셨거나 가정에서 컴퓨터 앞에 앉아 계실 겁니다. 지금 여러분들의 노력이 자녀의 수학 교육에 도움이 될까요? 죄송한

학습 효율성 피라미드

3일 후 기억에 대한 통계

말씀이지만 저는 거의 도움이 되지 않을 거라고 생각합니다. 조금의 도움이 된다면 그것은 일종의 '정화수 효과' 정도일 거예요. 늦은 밤까지 공부하다가 공부가 잘 안 돼 잠깐 바람을 쐬려고 마당에 나왔는데 마침 엄마가 장독대에서 정화수를 한 그릇 떠놓고 아이가 공부 잘하기를 비는 장면을 목격했을 때 자녀는 엄마의 정성에 감동해서 더 열심히 공부할지 모릅니다. 그러나 이미 소진되고 한계에 이른 자녀에게는 오히려 그러한 부모의 바람이나 욕심이 부담이 되어 학습 효율을 떨어뜨릴 수도 있습니다.

141쪽 그림에서 보듯이 듣는 활동을 통해 남는 것은 고작 5%밖에 안 돼요. 제가 120분 강의를 했을 때 여러분 머릿속에 남는 것은 고작 6분 정도의 내용밖에 안 된다는 얘깁니다. 에빙하우스의 망각곡선에 따르면 이마저도 급격하게 잊혀갈 테고요.

교사들이 가장 답답해하는 것이 이것입니다. 학교에서는 학생들이 학원에서 배우고 왔다고 하는데 물어도 제대로 대답하는 학생이 없습니다. 그런데 신기하게도 문제는 잘 풀어요. 물론 이것도 중학교, 늦어도 고1 정도면 사라집니다. 학원에서도 마찬가지예요. 제가 학원 강사 하면서 느낀 것이 도대체 학교에서는 뭘 가르치느냐였습니다.

물리학자 파인만 교수는 강의를 잘하는 것으로도 유명했는데, 막상 시험을 보면 학생들이 자신의 강의를 거의 이해하지 못한다는 걸 알게 됐어요. 이렇게 겉으로는 알고 있는 것 같지만 실제로는 알지 못하는 현상을 '파인만 효과'라고 부릅니다.

책도 마찬가지입니다. 가끔 제 책을 읽고 도움이 되었어요, 하고 말하고는 한참 후에 보면 다시 혼란에 빠지고 원점으로 돌아간 경우를 많이 보았습니다. 마치 상담을 받듯이 그때 그냥 위로를 받고 자신의 생각을 지지받는 것이지요. 저는 앞의 그림에서 말하는 '3일 후 기억에 대한 통계'의 장단점을 말씀드리고 싶습니다. 단점은 말 그대로 애써서 120분 들었는데 내 머리에는 6분의 내용만 남는다는 사실입니다. 이것을 확장해보면 비싼 돈 들여 학원에서 100쪽의 진도를 나갔는데 학생의 머리에는 5쪽 분량만 남고 나머지 95쪽 분량은 대기 중으로 날아가버린 것과 같습니다. 밑 빠진 독에 물 붓기가 아니고 뭐겠습니까?

긍정적인 면도 있어요. 정확히 말해 솔직히 장점이라고 하기에는 무리지만 긍정적으로 생각해보자면 그렇다는 것입니다. 강의 듣기가 이렇게 남는 것이 없다는 것은 강의 효과가 미미하다는 것입니다. 강사의 강의 질에 따라 학습 효과가 차이가 나겠지만 그것이 크지 않다면 굳이 대치동 최고 학원에 가지 않아도 경쟁해볼 만하다는 것입니다. 대치동, 목동, 잠실에 살든 양평, 통영에 살든 학생의 노력 여하에 따라 잘할 수 있는 가능성이 다른 과목에 비해 큰 것이 수학입니다. 그렇다면 학교 수학 수업보다 학원의 강의 질이 높다고 해도 그것이 학생의 실력으로 이어지는 데 큰 비중을 차지하지는 않을 것입니다.

오히려 그 강의를 듣기 위해 치러야 하는 비용이 훨씬 크다고 볼 수 있습니다. 크게는 시간과 돈이겠죠. 최상위 부자가 아닌 이상 대부분은 자신의 수입 안에서 최대한 쓰다 보니 사교육비가 부담이 되지 않는 가정은 거의 없습니다. 제가 대치동에서 과외를 할 때 사교육비로 한 달에 700만 원 정도 쓰는 학생도 있었어요. 아빠가 한의사였는데 수입의 많은 부분을 사교육에 쏟아부은 거죠.

공부는 배우고 익히는 과정입니다. 둘 다 노력과 시간이 들어요. 그런데 배우는 데 시간을 다 쏟다 보니 익힐 시간이 없어요. 배우는 것이 요리라면 익히는 것은 먹는 거예요. 좋은 재료로 맛있게 만들면 뭐합니까? 먹을 시간이 없는데… 아이는 주변에 먹을 것을 잔뜩 쌓아두고도 야위어가는 거예요. 그것이 겉으로 드러난 모습이 낮은 수학 점수, 수학에 대한 두려움, 흥미 상실입니다.

수학은 철저히 능동적 사고를 요하는 논리적인 학문이기 때문에 억지로 시켜서 하는 공부는 한계가 분명합니다. 시켜서 하는 공부의 효과는 대부분 과장되어 있어요. 예를 들면 특목고의 입시 실적을 일반고와 비교하면서 사교육 효과를 논하는 사람들이 있어요. 이조차도 대부분 선발 효과이며 선발된 학생들에 비해 결과는 초라해요. 특목고 학생의 20%가 지방에 있는 대학에 가요. 문제는 그렇게 사교육을 시켜도 원하는 학교에 가지 못한 수많은 학생들이 그 배경에 있다는 것이지요. 당연히 D외고에 자녀를 보낸 엄마들은 사교육으로 거기까지 왔다고 말할 거예요.

학교만으로 충분하다는 생각은 학교가 잘 가르치니까 다른 사교육의 도움이 필요 없다는 이야기가 아닙니다. 수학의 특성상 학생의 주도적인 노력 없이는 사교육에 아무리 쏟아부어도 효과가 없다는 것입니다.

선행학습은 누구를 위한 것인가

대체로 교과서의 내용은 연속적으로 이어져 있어요. 그리고 학기나 학년이 올라갈수록 어려워지죠. 그런데 수학 단원이 뚝 끊기는 경우가 있어요. 예를 들면, 초등학교에서의 분수는 3학년 1학기에 시작되어 6학년 2학기까지 나오는데 4학년 2학기에는 분수가 없어요. 이것이 왜 문제일까요? 예를 들어 4학년 1학기에 분수를 배우고 한 번도 복습을 하지 않은 학생이 1년 뒤인 5학년 1학기에 분수를 배운다면 1년 전에 배운 내용이 머리에 남아 있어야 하는데 그럴 가능성은 거의 없어요. 5학년 1학기에 배웠다고 5학년 2학기 내용이 쉬운 것도 아니고요. 이 경우도 몇 달이라는 시간차가 생기죠.

이것은 교과서가 비연속적 단선형으로 만들어져 있기 때문에 생기는 문제예요. 일부 학원에서는 이 시간차를 극복하는 방법으로 한 영역을 연결해서 시간차 없이 가르쳐요. 문제는 너무 짧은 시간에 많은 내용을 가르치다 보니 시간차는 없어져도 난도 차가 너무 심해 학습 부담이 크게 는다는 거예요.

이 문제를 해결하려면 교과서를 연속적 복선형으로 만들어야 해요. 연속적 복선형은 지금 배울 내용에 필요한 선수학습을 학생이 알게 하는 방식입니다. 이를 위해 교과서에 복습 단원을 넣어 수업 자체가 복습이 되게 하면 돼요. 하지만 현실적으로 어렵죠. 대신 학생이 직접 복습을 해서 이 문제를 해결해야 해요. 그러면 다음 학기, 다음 학년 수학 준비가 저절로 되는 거예요. 결국 복습이 선행학습 효과를 가져오는 거죠.

아래 그림은 핀란드 교과서입니다. 복습 자체가 교과서에 포함된 것을 볼 수 있어요. 우리 교과서는 이렇게 되어 있지 않지만 충실히 복습할 수 있다면 교과서의 문제점을 보완할 수 있습니다.

교과서 복습 단원(핀란드)

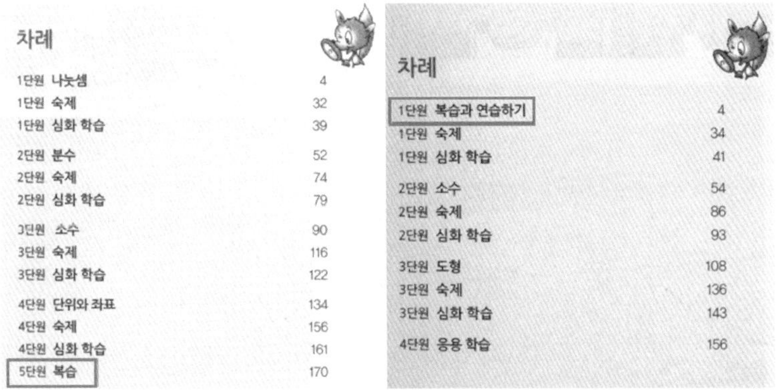
차례

차례

대부분의 아이들은 초등학교에서 중학교, 중학교에서 고등학교로 진학할 때 수학 점수가 20~30점 떨어집니다. 상급학교 수학이 훨씬 분량도 많고 어렵기 때문이죠. 그러나 그것이 전적인 이유는 아니에요. 그 전에 제대로 학습하지 않은 학습 결손이 쌓여서 나타나는 현상입니다. 그래서 선행학습 여부와 상관없이 기초가 튼튼한 상위권 학생들의 점수 변화폭은 크지 않아요.

피상적인 선행학습은 시키지 마세요. 이미 알고 있다는 착각만 일으켜요. 실제로 알고 있는 경우는 거의 없죠. $\frac{1}{4} \div \frac{1}{4}$은 얼마인가? 답은 1입니다. 어떻게 1이 되는 걸까요? 학원에서 배운 아이들은 '① ÷를 ×로 바꾼다. ② 뒤에 있는 분수를 뒤집는다. ③ 곱한다.' 이렇게 배워요. 왜 나누기를 곱하기로 바꾸고 왜 뒤집는지 물으면 대답하는 학생이 한 명도 없어요.

모르는 것만 문제가 아니라 학교 수업에서는 그 '왜'를 가르쳐주는 데 들을 수 없는 거예요. 이미 결과를 알고 있는데 과정이 궁금한 사람이 어디 있겠어요? 드라마 주인공이 어떻게 될지 이미 알고 보는데 집중해서 재미있게 볼 사람이 없는 것과 같죠.

그러면 학교 수업만 듣는 아이들은 잘 아는가? 그렇지 않아요. 그냥 대충 듣기 때문이에요. 문제를 풀 수만 있으면 되지 그게 왜 그렇게 되는지 굳이 알 필요가 있느냐고 물으신다면, 수학은 수학적 사고력을 길러야 잘하는 과목이기 때문이라고 말씀드리고 싶네요. 나누기를 곱하기로 바꿔 뒤집어 푸는 것은 수학적 사고가 아니라 암기력입니다. 이런 아이들은 복잡한 문제, 응용 문제를 풀 수 없어요. 당연히 이렇게 결과만 딱 암기해서 억지로 공부하는 아이들은 꼭 한두 문제를 틀리게 돼요. 본인은 실수라고 하는데, 문제가 쉽게 나오지 않는 한 절대로 100점 못 맞아요.

이 아이들은 중학교에 가면 바로 70~80점으로 떨어집니다. 70~80점 받던 아이들은 50~60점으로 떨어지고, 부모들은 중학 수학은 초등학교 수학이랑 차원이 다르다며 난리지만 실제로는 중학 수학도 초등학교 수학의 연장일 뿐이에요. 제대로 공부하는 아이들은 점수 변동이 크지 않아요. 다만 교과서 수준의 난도를 넘는 문제를 내는 학교는 별개의 얘기겠죠. 초등학교 수학 교과서를 보면 나누기를 곱하기로 뒤집기 전 얼마나 많은 수학적 활동을 거치는지 모릅니다.

선행학습을 하기 위해서는 필수적으로 사교육에 의존할 수밖에 없어요. 하지만 앞에서도 살펴보았듯이 학습 부담만 가중시키고, 미리 배웠다는 생각 때문에 다 안다는 착각에 빠져 수업 태도가 나빠지죠. 결국 이러한 상황은 점수 하락으로 이어지고 피해는 고스란히 학생 몫이 됩니다. 그러나 현실적으로 선행학습 유발 요인이 있어요. 이 때문에 중학생뿐만 아니라 초등학생도 선행학습을 시키는 거예요. 결국 학생들은 수학을 배우자마자 앞선 진도를 동시에 배워야 하죠. 이 얼마나 비효율적인 학습인가요?

　일부 정상적인 교육과정에서 벗어난 고등학교 수학을 따라가려면 한 학기 혹은 1년 정도의 선행학습이 필요합니다. 이때 '따라간다'는 것은 단순히 진도를 나가는 것이 아니라 '이해하며' 나가야 하는 것입니다. 아래 그림을 보면 알 수 있죠.

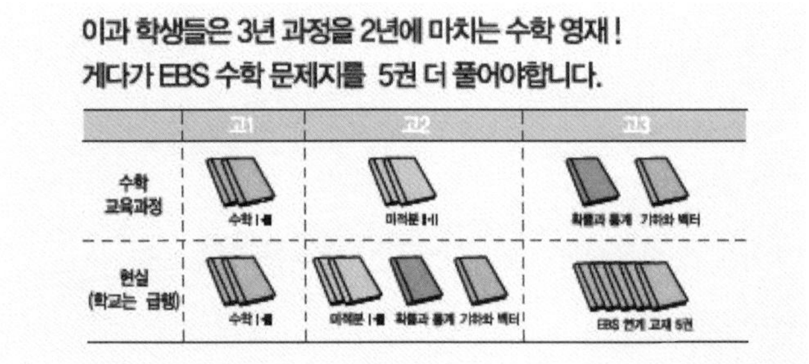

이과 학생들은 3년 과정을 2년에 마치는 수학 영재!
게다가 EBS 수학 문제지를 5권 더 풀어야합니다.

　역설적으로 이러한 상황에 대비하기 위해서는 기초가 탄탄해야 하고 선행학습 대신 심화학습을 해야 합니다. 고등학교에 가서는 한 학기 혹은 1년 정도의 진도를 미리 나가야 학교 진도나 수능에 대비할 수 있게 됩니다.

　위 그림에서 알 수 있듯이 제 학년에 끝마치기도 어려운 난도와 분량의 영역들을 앞당겨서 공부해야 하는 거예요. 여기에서 진도를 빨리 나가니 미리 빨리 끝내야 적응할 수 있다는 착각을 하게 되죠. 다른 과목이라면 이런 대비가 의미 있을지 모르지만 수학은 그 효과가 미미해요. 고등학생들이 엄청난 진도와 난도 때문에 낮에는 학교 수업을 듣고 하교 후에는 학원에서 고2·3 진도를 나가지만 성적은 제자리예요. 주변에서 보면 고3까지도 수학 학원을 놓지 못하고 계속 다니는 경우도 허다해요.

진정한 의미의 선행학습이 가능하려면 그 전에 기초가 탄탄해야 합니다. 수능 시험만 놓고 봐서는 이전의 공부는 고등학교 선행학습을 위한 대비라고도 볼 수 있습니다. 그러나 선행학습 자체가 이러한 비정상적인 수학 교육과정을 대비시키는 것은 아닙니다.

선행에 관해서는 누구의 목소리가 크냐가 중요합니다. 대부분 상위권 엄마들의 목소리가 크다 보니 당연히 선행학습이 필요하고 학교와 학원도 그에 맞춰야 한다는 데 의견이 모아집니다. 그러나 실제 가르쳐보면 그런 아이들은 한 반에 1~2명, 즉 1등급인 학생들 이야기예요. 그러면 나머지 95% 이상의 의견은 사실 무시되는 거죠. 누구에게 맞춰져야 하는 건가요?

선행학습에 관한 의견이 조율이 안 되는 것은 등급에 따른 이해관계가 서로 다르기 때문이에요. 상위권과 상위권을 지향하는 사람들, 그리고 상위권에 있다고 착각하는 사람들이 나머지 대다수의 의견을 압도하는 게 현실입니다.

수면 상태에서 이루어지는 학습 또한 중요하다

아래 그래프에서 보면 중1 때 수학이 어려워져 포기하는 학생이 갑자기 늘어나는 것 같지만, 이것은 초등학교 수학을 피상적으로 이해한 습관의 결과로 볼 수 있어요. 물론 그밖에 늘어난 학습 분량과 교과서 수준을 크게 넘는 학교 시험 문제도 수학을 포기하게 만드는 원인이 되지만요. 어설픈 선행은 오히려 '수포자'를 만들 뿐입니다.

학생들이 가장 초롱초롱하게 눈을 뜨고 참여하는 수업이 있어요. 바로 체육 수업입니다. 체육 시간이 되면 아이들은 마치 갇혀 있던 새장에서 나온 새들처럼 활기를 되찾아요. 이 학생들이 풀린 눈으로 멍하니 수업시간에 앉아 있던 아이들이 맞나 싶을 정도로 아이들은 제 모습을 되찾는 거예요. 그런데 요즘은 이러한 체육 시간에도 졸린 표정으로 앉아 있는 학생들이 있어요. 물어보니 새벽 1~2시까지 학원

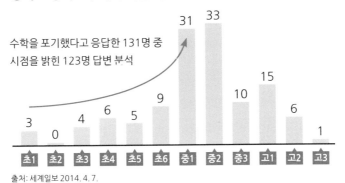

**수포자가 넘쳐나는 고등학교 교실,
초등학교 중학교부터 수학을 싫어하고 포기합니다**

수학을 포기했다고 응답한 131명 중
시점을 밝힌 123명 답변 분석

초1: 3, 초2: 0, 초3: 4, 초4: 6, 초5: 5, 초6: 9, 중1: 31, 중2: 33, 중3: 10, 고1: 15, 고2: 6, 고3: 1

출처: 세계일보 2014. 4. 7.

숙제를 하다가 갔다는 거예요. 물론 매일 그렇게 하는 학생은 거의 없겠죠. 대부분 12시 이전에 학원 숙제를 마쳐요. 그러다가 숙제가 많거나 미적거리다가 시간을 보내고는 새벽까지 학원 숙제를 하는 거예요. 결론부터 말하자면 이건 진짜 미친 짓입니다. 아이가 새벽까지 학원 숙제를 하는 이유는 무서운 부모가 뒤에 서 있기 때문이에요. 아니면 학원 강사가 있든지. 어떤 식으로든 강제하기 때문에 졸린 눈으로 새벽 2시까지 숙제를 하는 거죠.

대체로 초등학생들의 권장 수면 시간을 9시간으로 잡는다면 밤 10시에는 자야 다음 날 학교에 정상적으로 등교할 수 있겠죠. 그러니 이 학생은 자신의 적정 수면 시간보다 4시간이나 늦게 자는 거예요. 단순하게 계산하자면 밤 12시에 자야 할 어른이 직장에서 끝마치지 못한 업무를 집에서 하고 새벽 4시에 자는 것과 같아요. 여기서 끝이 아닙니다. 아침 7시가 되면 학교 갈 준비를 해야 해요. 그리고 하루 종일 힘든 일을 해야 하죠. 그리고 집에 와서 잠깐 쉬고 다시 학원에 가야 해요. 그리고 밤 9~10시에 집에 와서 다시 새벽까지 학원 숙제를 합니다. 이런 학생이 공부를 잘할 수 있다고 생각하세요?

다른 측면에서 살펴볼까요. 공부에는 의식적 학습과 비의식적 학습이 있습니다. 적절한 용어가 없어서 만든 말인데, 의식적 학습은 어떤 것을 인식하면서 의지를 가지고 일부러 하는 공부를 말하는 반면 비의식적 학습은 의식이 없는 상태에서 하는 공부를 말합니다.

은행 업무에 비유해서 설명해볼까요. 은행 영업시간이 오전 9시에서 오후 4시까지죠. 이 시간에 가면 은행 업무를 처리할 수 있고 은행원들이 일하는 모습을 직접 눈으로 볼 수도 있어요. 그러다 오후 4시가 되면 문을 닫죠. 그렇다고 직원들이 바로 퇴근하는 것은 아니죠. 늦으면 밤 9시 10시까지도 일을 마무리하고 퇴근해요. 영업시간 내의 근무를 의식적 근무로 영업시간 외의 근무를 비의식적 근무로 보죠. 은행원들은 오후 4시 이후에 제2의 업무를 합니다. 이때 낮에 임시로 처리한 일들을 제대로 정리하고 입력하고 마무리하는 거죠. 10원이라도 맞지 않으면 그 건을 처리한 은행원이 메워야 해요. 은행원들에게는 오후 4시 이후의 근무도 영업시간의 근무만큼 중요합니다.

학생이 깨어 공부하는 것이 의식적 공부입니다. 공부하는 모습을 직접 볼 수 있죠. 이때 들어온 정보들을 뇌에서는 대략적으로 쌓아놓아요. 그리고 수면에 들어갔을 때 이 정보들을 정리하고 자신의 것으로 만들기 시작하는 거예요. 몸은 자고 있지만 뇌는 본격적인 공부를 하는 거죠. 이것이 제2의 공부, 즉 비의식적 공부입니다. 한마디로 낮에 배운 학습 자료를 쓸모 있게 정리하는 거예요. 다시 비유하자면 세탁기에 빨아놓은 빨래를 꺼내어 종류별로 서랍에 차곡차곡 넣는 일입니다.

제1학습	제2학습
의식적 학습	비의식직 학습
깨이 있는 상태	수면 상태
외부 정보 입력	입력된 정보 체계화 자기화 (장기기억)

우리나라 운동선수들의 은퇴가 빠르다고 해요. 어릴 때부터 승부에 집착해서 무리하게 연습을 시키기 때문이에요. 전국체전에서 우승

한 선수 중에 국가대표가 되는 선수가 별로 없다고 할 정도죠. 이미 지나치게 어린 나이에 전성기를 만들어내기 때문에 막상 최고의 기량을 보여야 할 나이에 몸에서 은퇴 신호를 보내는 거예요. 우리나라 학생들도 입학 전부터 수학 리그에 뛰어들어 혹사당해 결국 빠르게는 초등학교 4학년부터 '수포자'가 됩니다. 점수로는 이 아이들이 중1 혹은 중2 때부터 포기하는 것 같지만 내면의 포기는 그보다 훨씬 전부터 진행되는 거죠. 그러나 부모들은 당장의 '당겨 쓴' 점수만 보고 있어요.

수학은 교과서가 가장 효율적인 교재

교과서는 예습-수업-복습으로 이어지는 기본적인 학습의 대상입니다. 더군다나 수학 공부는 교과서를 기본 교재로 공부하는 것이 정석이에요. 그런데 학부모들과 학생들이 이 교과서의 가치를 잘 모릅니다. 사교육을 많이 받을수록 학교 수업에 크게 의미를 두지 않으니 자연스럽게 교과서의 가치도 모르는 거죠. 거듭 강조하는데 수학 교과서는 수학적 사고력을 기르는 데 가장 효율적인 교재입니다. 물론 교과서가 완벽하다는 것은 아니에요. 여러 가지 문제점이 있음에도 교과서를 무시하지 말아야 할 이유는 교과서만이 거의 유일하게 '수학적 사고력'을 기르는 데 초점을 맞추어 집필되었기 때문입니다. 그래서 많은 문제보다는 개념을 익힐 수 있도록 제작됩니다. 반면 학원 교재나 시중의 문제집은 수학 지식을 전달하는 데 초점이 맞추어져 있습니다. 따라서 학생들이 보기에는 이러한 교재가 훨씬 정리가 잘되어 있다고 느끼게 되고 좋은 교재라는 착각을 하게 되는 것입니다.

반면, 많은 학원들이 과정을 생략하고 결과만을 손쉽게 전달합니다. 단시간에 많은 진도를 나가야 하기 때문이에요. 학생들 입장에서는 원리에 대한 탐구보다는 결과만 쪽 가르치니 오히려 잘 가르친다는 착각을 불러일으키기도 하지요.

흔한 질문 중에 하나가 '과정과 결과 중 어느 것이 더 중요한가?'예요. 보통 윤리적인 판단에서 과정이 계량화될 수 있는 성과를 판단할 때는 과정을 더 중요하게 여깁니다. 수학은 어떨까요? 답이 틀리면 채점자는 과정이 아무리 그럴듯해도 자세히 읽어보지 않거나 그냥 오답으로 간주하고 넘어가요. 그러나 정답이 맞으면 과정을 무시할 수 없어요. 과정을 자세히 보고 평가해야 해요. 수백, 수천 명 이상을 채점할 때는 더욱 그렇죠. 하지만 한편으로는 정답을 보고 과정을 보는 것은 과정이 정답을 논리적으로 유도하기 때문이죠. 수학에서는 과정 없이 결과가 있을 수 없으니까요. 그러니 결과는 과정의 산물일 뿐입니다. 결과는 숫자이지만 과정은 그 숫자를 찾아낸 사람의 수학적 사고 과정이기 때문이죠.

수학에서는 과정이 탄탄할수록 좋은 결과가 필연적으로 나올 수밖에 없어요. 수학은 답을 찾는 연습을 시키는 학문이 아니라 수학적 사고력을 연습시키는 학문이기 때문이에요. 다시 한 번 강조하는데 어릴 때 점수에 초점을 맞추면 아이는 과정을 생략하고 결론에 빨리 이르고 싶어 합니다. 대표적인 현상이 암기로 문제를 풀려는 겁니다. 수학 실력은 연필 끝에서 나와요. 상상력만으로 그림 그리기 연습을 할 수 없듯이 머리로만 수학을 푸는 것은 한계가 금방 드러나게 돼 있어요. 데생에서 선 하나하나가 중요하듯이 수학을 할 때도 과정 하나하나를 전체 수학이라는 그림의 일부로 생각하고 생략해서는 안 됩니다. 이것은 서술형 평가로도 직결됩니다.

그러면 구체적으로 살펴볼게요. 원주율이 무엇인가요? 대부분 학생은 3.14라고 대답해요. 3.14는 원주율이 아니에요. 원의 지름에 대한 원주의 비율이 원주율이죠. 기본적으로 원주율은 원에서 원의 둘레가 지름의 몇 배가 되는지를 나타내는 거죠. 원주율을 정확히 이해하려면 지름, 원주, 비율의 의미를 제대로 알아야겠죠. 그리고 이 단어들을 결합한 원주율에 대한 정의를 이해해야 하고요.

지나치게 빨리 타인 주도로 수학을 가르친다면 아이들은 과정이라는 그림을 놓치게 됩니다. 다시 말해 수학적 사고력을 기르지 못하게 되는 거예요. 여러분이 멋진 관광지 a에서 b지점까지 제한된 시간에 통과하면 보상을 주는 미션을 받았다고 해볼까요. 정신없이 목적지까지 가느라 주변의 아름다운 풍경을 놓치겠죠. 마찬가지로 학생들은 수학을 공부하는 즐거움을 놓치게 되는 거예요. 원칙이 있어요. 오랫동안 생각하게 하고, 그 길을 혼자 가게 해야 해요. 그 길에서 길을 잃거나 완전히 다른 곳으로 빠지는 경험도 유익합니다.

여러분은 소크라테스를 훌륭한 철학자로 기억하겠지만 수학 교사로서도 훌륭했던 인물입니다. 플라톤의 대화편 중 메논에서 노예 소년이 기하학 문제를 푸는 장면이 나와요. 〈질문이 답을 바꾼다〉(앤드루 소벨, 제럴드 파나스, 안진환 옮김, 어크로스, 2012)에서는 정보를 전달하는 대신 사고를 유발하는 질문을 던지라고 말합니다. 또한 단어의 의미를 전제하는 대신, 그 단어의 의미를 물으라고 합니다.

자 그러면 과정을 연습시키기 위해 여러분이 해야 할 것은 무엇인가요? 없어요. 여러분에게 소크라테스가 되라고 요구하는 것은 더더욱 아닙니다. 저는 '엄마표 공부'를 아주 싫어해요. 엄마표는 부모와 자녀 모두 불행하게 만들어요. 예를 들어 세 살부터 시작해 고3까지 엄마표로 명문대에 보내고자 한다면 어떤 일이 벌어질까요? 17년을 아이 공부에 매달려야 해요. 그 과정에서 아빠는 소외됩니다. 자녀가 단지 하나일 때 그렇고 2명 이상이면 추가됩니다. 아빠, 엄마, 자녀 셋에 17년을 곱하면 51년입니다. 한 가족이 단 하나, 자녀의 입시만을 위해 51년을 희생하는 것이 정상입니까? 운이 좋아 그 아이가 서울대에 가고 '사'자 직업을 얻는다고 해도 그것이 남는 장사입니까? 결과, 점수, 경쟁으로 51년을 일희일비하는 것이 정상입니까? 그 극단에 기러기 가족이 있습니다. 기러기 가족 10쌍 중 8쌍 이상이 이혼 직전에 있다고 합니다. 이처럼 위기에 빠진 기러기 가족은 파산 직전의 기업과 그 시스템이 유사합니다.

교과서 중심으로 공부하는 것이 중요합니다. 또 부모가 나서서 하라는 이야기가 아닙니다. 교과서 중심으로 가르치는 곳, 교과서 중심으로 가르치는 교사가 있는 곳이 학교입니다. 학교 수업 열심히 듣도록 독려하는 역할을 하세요. 조금 시간 여유가 있다면 받아쓰기 하듯이 물어보시면 됩니다. 교과서에 무슨 내용이 있는지 그냥 교과서 그대로 물어보고 그대로 기억하는지 확인하면 됩니다. 그 자체가 과정이니까요. 교과서가 완벽하냐고요? 그렇지 않아요. 문제 많습니다. 그러면 문제집, 학원 교재가 답입니까? 그건 그냥 외식입니다. 짜장면 맛있다고 매일 짜장면만 먹어봐요. 건강이 어떻게 될까요?

'공교육의 질을 높여야 공교육에 대한 신뢰가 생겨 사교육 없이 공부를 할 수 있지 않느냐?'는 주장이 있습니다. 표면적으로 봤을 때 그럴듯한 주장입니다. 확실히 공교육이 사교육보다 좋다면 굳이 사교육을 시킬 필요가 없을 것입니다.

그런데 이 부분은 오해가 많은 부분입니다. 사교육의 질이 공교육보다 무조건 높다는 근거가 무엇일까요? 사교육 기관은 생존을 위해 학교에서 하지 않는 많은 교육 서비스를 제공하는 것이 사실입니다. 문자 보내주기, 숙제 점검, 각종 강사가 만든 교재, 학원 자체 프로그램 등등. 그런데 그러한 서비스가 수학을 잘하게 만드는 데 얼마나 도움이 될까요? 그중 많은 부분이 '보여주기식 서비스'로 끝나는 경우가 많습니다. 수학은 그런 식으로 쉽게 잘하도록 만들 수 있는 과목이 아닙니다.

잘못된 믿음이 가져오는 부작용이 훨씬 큽니다. 공교육과 사교육을 모두 10년 넘게 거친 경험으로 말씀드리는데, 공교육에 대한 불신은 과장된 것입니다. 학교를 신뢰하면 이점이 많습니다. 첫째, 학교 수업에 집중할 수 있는 심리적 안정감을 주고, 둘째, 부모가 만들어줘야 하는 로드맵 없이 교육 과정을 따라가면 되며, 셋째, 내신 준비에 충실할 수 있고, 넷째, 수시 중심, 내신 중심의 입시 경향에 유리한 고지를 차지할 수 있습니다.

수학을 공부하는 데에는 한자어에 대한 이해가 필요합니다. 수학 용어는 거의 한자어예요. 한자어를 풀이하는 것 자체가 그 개념을 이해하는 데 기초가 됩니다. 미분은 작을 미微, 나눌 분分, 즉 작게 나눈다는 말입니다(수학 용어는 일상생활에서 잘 쓰이지 않아서 낯설어요. 그래서 한자어에 대한 이해가 필요합니다).

최대공약수를 이해하려면 수-약-공-대-최를 이해해야 합니다. 수는 숫자로 보고, 약은 무엇인가? 약은 '묶는다'는 뜻이에요. 공은 '함께'란 뜻이고요. 그러면 6과 4를 함께 묶어보세요. (2,2,2) (2,2)로 묶을 수 있죠. 그러면 2는 공통적으로 묶은 수입니다. 그러니 2가 공약수인 거예요. 그런데 그중에서 가장 큰 수는 최대이니 최대공약수가 되는 거죠.

지금 미분과 최대공약수로 예를 들었지만 모든 수학 개념이 용어의 한자 풀이만 봐도 그 용어나 단원이 무엇을 하려는 용어이고 단원인지 쉽게 알 수 있어요. 여기에서 출발하는 겁니다.

공식적으로 수학을 배우는 때가 초등학교 1학년입니다. 요즘은 어린이집이나 유치원에서 특별활동으로 수학을 많이 해서 입학하기 전에 이미 2, 3학년 수준의 수학을 공부하고 들어오는 경우도 있어요. 올바른 내신 준비는 학교 수업을 열심히 듣는 일이에요. 저학년 때는 의지가 약하니 수업을 재미있게 들을 수 있게 하는 것이 핵심입니다. 1학년 학생이 '수학은 중요한 과목이니 열심히 공부해야지' 하고 생각할 수는 없겠죠. 재미, 흥미가 핵심입니다.

6학년 학생들에게 수학에 대해 설문해보면 3분의 2 정도가 수학에 관심이 없거나 좋아하지 않아요. 그 학생들이 수학을 싫어하게 된 계기는 여러 가시가 있겠지만, 그중에서 중요한 것이 바로 입학 전 혹은 저학년 때 시작한 '학습지'예요. 부모 입장에서는 가볍게 연산 연습을 시키고자 한 학습지가 수학을 싫어하게 되는 중요한 이유가 된다는 사실을 알아야 합니다.

학습지가 수학에 대한 흥미를 떨어뜨리는 이유는 학습지를 지나치게 어린 나이에 시키기 때문이에요. 한참 뛰어놀고 싶은 나이에 가만히 앉아서 문제를 푸는 것 자체가 고통이 아닐 수 없죠. 그리고 의미 없는 기계적인 연산 학습이 주를 이루기 때문이에요. 학습지의 가장 큰 문제점은 수학에 대한 부정적인 인식을 어린 나이에 심어준다는 거예요. 가볍게 시작한 것치고는 후유증이 너무 큰 거죠. 특히 함께 도와주지는 않고 했는지 안 했는지만 보고 아이를 나무랐을 때 아이의 절망감은 더 클 수밖에 없어요. 아마 지금 뜨끔한 분들 많을 거예요. 제발 저학년 때 학습지는 시키지 않았으면 합니다.

1, 2학년 때 수학을 못하는 아이들은 대부분 수학 자체가 어려워서라기보다 언어 능력이 부족하기 때문이에요. 1학년 수학 교과서를 보면, 특별한 수학 학습이 없어도 자연스럽게 알게 되는 수준의 수학 내용이 많아요. 처음 배우는 수학 내용은 5까지의 수예요. 1학기 끝날 무렵에 50까지의 수를 배우고요. 문제는 수학을 설명하는 교과서의 문장, 학교 선생님의 설명이 더 어려울 수 있다는 거예요. 이렇게 되면 수학 수업에 흥미를 잃게 돼요. 입학 전 사교육과 학습지로 수학 점수는 나오겠지만 장기간을 놓고 봤을 때 수학과 멀어지게 될 가능성이 높은 겁니다.

올바른 수학의 첫 단추 끼우기

1. 초등 입학 전 사교육 자제해주세요.

입학 전에는 아이의 발달 단계상 추상적인 사고가 힘들어요. 연산을 해도 수학적인 사고를 하는 것이 아니죠. 나중에는 짧은 시간에 이해할 수 있는 수학 내용도 이 시기에는 많은 노력이 들어요. 대신 아이의 스트레스는 짐작하는 것보다 훨씬 커요. 조금 기다려주세요. 1학년 수학을 대비할 필요도 없어요. 1학년 수학 내용은 일상생활에서 사용하는 정도의 수준이에요. 대다수의 아이는 큰 어려움 없이 학습할 수 있습니다. 특히 억지로 시키는 학습지는 득보다 실이 많아요. 가장 큰 문제는 수학에 대한 거부감이 생긴다는 것이죠. 또한 조기 수학 교육이 아이들로 하여금 수학을 일찍 포기하게 만들어요. 그래서 수포자의 연령이 낮아지고 있죠.

2. 아이의 수준에 맞는 독서 습관을 길러주세요.

1, 2학년 수학이 어려운 것은 수학 자체보다 교과서의 구조적인 문제 때문입니다. 아이의 문제가 아니에요. 다른 아이들은 잘 따라가는데 우리 아이만 힘들어한다고 생각하면 조급해져요. 수학보다는 그 수학을 전달하는 국어가 더 어려워요. 1학년 수학의 관건은 언어 능력입니다. 대표적으로 스토리텔링 수학도 결국 언어 이해력의 문제예요. 책 읽기를 좋아하는 아이라면 훨씬 수월하게 이 시기를 보낼 수 있어요.

3. 흥미 있는 수학 동화가 도움이 될 수 있어요.

아이가 흥미를 느끼는 수준에서 수학 동화를 읽어주는 것도 좋습니다. 다만, 동화 내용이 부실하거나 수학 개념을 스토리에 억지로 끼워 넣은 동화는 아이들이 거부감을 느끼니 좋은 수학 동화책을 선별해서 권해야 해요. 아이의 수준에 비해 지나치게 복잡한 개념을 담고 있거나 숫자가 많이 나오는 동화책은 피하는 게 좋겠습니다.

4. 놀이와 게임 위주의 체험으로 수학에 대한 즐거운 인상을 심어주세요.

아이들은 본능적으로 놀이나 게임을 좋아해요. 예를 들면 5 안에서의 더하기를 그림으로 할 수 있는 '할리갈리' 같은 게임을 통해 간단한 덧셈 계산을 흥미 있게 할 수 있어요. 블록으로 도형 감각을 익히거나 솔방울, 나뭇잎 등의 자연물을 통해 기하학적인 무늬를 관찰할 수도 있어요.

5. 선행학습은 대부분의 아이들에게 백해무익입니다.

우리 아이는 영재가 아니에요. 나이에 맞게 차근차근 공부하는 자세가 필요합니다. 이시형 박사의 말에 의하면 선행학습이 가능한 아이는 3만 명 중 1명뿐이라고 해요. 무분별한 선행학습으로 소아정신과를 찾는 아이로 만들지 말라고 해요.

수학 실력을 쑥 올려주는 10가지 핵심

1. 학교 수업 중심의 예습-학교 수업-복습의 순환구조를 활용하라.

자기 주도적 학습 태도를 만들려면 어떻게 해야 할까요? 계획을 세우고 실천하며 스스로 공부하게 하려면 어떻게 해야 할까요? 학교 성적을 잘 받으려면 어떻게 해야 할까요? 이 모두가 학교 수업 중심의 학습 구조를 만들어 활용할 때 가장 효율적입니다. 반대로, 사교육 중심의 로드맵을 세우게 되면 많은 것들이 뒤죽박죽되어 그 모든 부담이 학생과 학부모의 몫이 됩니다.

2. 마스터 교재를 활용하라.

많은 사람들이 많은 문제를 푸는 것이 수학 학습의 정도라고 오해하고 있습니다. 그러나 많은 문제집보다 한 권의 문제집을 완벽히 소화하는 것이 훨씬 효과가 있습니다. 마스터 교재는 한 권의 주된 학습 교재를 말합니다. 많은 아이들이 여러 권의 문제집을 풀지만 정작 뒷부분의 난이도 높은 문제들은 그냥 두고 넘어갑니다. 그래서는 실력을 쌓을 수 없고 공부를 해도 성적은 오르지 않게 됩니다. 초등학교 때는 교과서나 익힘책을 마스터 교재로 활용하고, 중·고등학교 때는 자신에게 맞는 교재를 마스터 교재로 정하면 됩니다. 즉 다섯 권을 한 번 푸는 것보다 한 권을 다섯 번 푸는 것이 핵심입니다. 이보다 더 성과를 가져다준 수학 방법을 보지 못했습니다.

3. 문제는 손으로 풀어야 한다.

수학 실력은 결국 내 손으로 얼마나 많은 문제를 풀었느냐에 따라 결정됩니다. 사실 암산으로 수학 문제를 푸는 학생은 머리가 좋은 것이 아니라 게으른 것입니다. 이런 학생들은 학년이 올라갈수록 성적이 반드시 떨어집니다. 필기 자체가 수학 문제를 논리적으로 설명하는 능력입니다. 따라서 문제를 정확히 이해하지 못하거나 개념 이해가 부족하면 풀이 과정을 쓸 수 없습니다.

4. 1×3원리를 활용할 수 있어야 한다.

본문에서도 설명했지만 최상위권 학생들은 대체로 공교육이든 사교육이든 듣는 시간의 3배 이상의 자기주도학습 시간을 확보하고 있습니다. 물론 처음부터 이렇게 할 수는 없습니다. 차츰 자기주도학습 시간을 늘려나가야 합니다. 결국 결승전까지 웃으며 갈 수 있는 학생은 혼자서 문제와 씨름할 수 있는 지구력을 가진 학생입니다.

5. 기억하라, 수학 비법은 없다.

어떤 과목보다 학생의 자기 주도적인 학습 의지가 중요한 과목이 수학입니다. 다양한 방법으로 도움을 받을 수 있겠지만 이 모든 도움이 자기 주도적인 학습 습관이 형성되어 있지 않고는 별 도움이 되지 않습니다. 정보를 찾아다니며 시간과 돈을 낭비하지 마세요. 사교육을 받더라도 자기 주도적 습관이 형성되어 있는 아이와 그렇지 않은 아이는 확연히 차이가 납니다. 주도적인 학생은 사교육을 활용하지만 공부를 하지 않아 사교육을 이용하는 학생은 사교육에 끌려가게 됩니다. 이것이 상위권과 하위권이 사교육을 대하는 방식의 차이입니다.

6. 집안일을 맡겨라.

자기주도학습도 결국은 일종의 책임감이며 자기 관리입니다. 어떻게 하면 이러한 태도, 인성을 만들 수 있을까요? 가정에서 집안일을 맡기세요. 가족의 구성원으로서 집안일을 해야 책임감 있는 아이가 됩니다. 예컨대, 스스로 물건을 정리하고 청소하는 습관은 대상을 분류, 분석하는 사고력으로 이어집니다. 이런 학생들이 노트 정리도 꼼꼼히 해요.

7. 모든 공부의 기본은 독서다.

모든 공부는 결국 언어 능력에 따라 이해의 수준이 결정됩니다. 그리고 언어 능력에 가장 큰 영향을 미치는 것이 바로 독서입니다. 많은 사람들이 독서가 중요하다는 것을 피상적으로 알지 실제로 실천하지 못하고 있습니다. 학년이 올라갈수록 독서가 줄어드는 것이 그 증거입니다. 특히 초등학교 고학년부터 스마트폰 사용량이 급증하면서 인생에서 독서와 영원한 작별을 고합니다. 중3까지는 질적으로 수준 있는 책을 선정해 꾸준히 독서를 해야 합니다.

8. 학교 수학 수업은 잃어버린 금맥이다.

사교육 중심의 로드맵을 선택하는 순간부터 수렁에 빠집니다. 국가에서 만들어놓은 교육과정을 포기하고 모든 것을 가정에서 스스로 해결해야 합니다. 학교 수업만 제대로 활용하면 수학과 관련된 걱정의 90%는 해결됩니다. 학교 수학 수업을 무시하지 말고 수학 시간에 깨어 있어야 합니다.

9. 아침밥을 반드시 먹여서 보내야 한다.

정말 많은 학생들이 여러 가지 이유로 아침밥을 먹지 못하고 학교에 가서 수업을 듣습니다. 쉬는 시간에 매점으로 달려가 영양가 없는 군것질로 허기만을 달랩니다. 뇌는 엄청난 대식가입니다. 즉 뇌는 체중의 2%에 불과하지만 에너지 소비는 전체 소비 에너지의 20%가 넘습니다. 뇌도 밥을 먹어야 공부를 할 수 있다는 말입니다. 아침밥을 먹지 않고 학교에 가는 것은 총알 없는 빈총을 들고 나가는 것과 같습니다.

10. 아이들의 공부를 가장 방해하는 사람은 부모다.

부모들은 자녀의 공부를 도와준다고 하지만 사실 방해하는 경우도 많습니다. 집에 오면 텔레비전을 틀어놓거나 시끄럽게 통화를 하는 등의 모습은 자녀의 공부 의지를 꺾어놓기에 충분합니다. 상위권에 속하는 학생들을 조사해보면 대체로 가정에서도 공부에 집중할 수 있는 환경이었다고 합니다. 부모가 집에서 편안히 있고 싶어 자녀를 도서실에 보내서는 원하는 결과를 얻을 수 없습니다.

4장

하루 30분 수학, 착한 수학

최수일 수학사교육포럼 대표

시사IN 윤무영

누구나 수학을 공부할 수 있다

제3강에서 양영기 선생님이 "아이의 내적인 역량이 중요하다"고 강조하신 부분을 들으면서 제가 강의 노트에 이런 질문을 써놨습니다.

- 선천적으로 타고나는가?
- 노력으로 불가능한가?
- 개천에서 용이 나지 않는가?

저는 양 선생님이 '아이의 내적인 역량이 중요하다', '아무나 선행학습하는 게 아니다', 또 '아무나 수학을 잘할 수 있는 게 아니다', 이런 말씀을 하셔서 마음에 걸렸거든요. 그럼 수학을 잘하는 능력은 타고나는 것인가? 노력으로 넘을 수 없는 벽이 있는 것인가? 개천에서는 정말 용이 나지 않는 것인가? 옛날에는 용이 났지만 지금은 아니라는 말씀들을 많이 하시는데, 저는 믿지 않습니다.

우리나라에서 수학을 가장 잘하는 아이들은 국제수학올림피아드 대표선수입니다. 1년에 여섯 명이 뽑힙니다. 13명의 예비 후보 가운데서 뽑습니다. 최종 엔트리로 여섯 명이 선발되면 7월에 국제대회에 나갑니다. 여러 시험을 거쳐 거의 1년 전부터 상당수의 후보군을 뽑아 겨울방학에 서울대나 카이스트에서 합숙훈련을 합니다. 합숙훈련 성적을 가지고 예비 후보 및 국가대표를 뽑는 겁니다. 이렇게 뽑힌 국가대표 여섯 명은 타고났다고 볼 수 있습니다. 합숙훈련 대상자만 해도 한 학년 50만 명 중 0.01%도 안 되죠. 그 정도라면 정말 영재라고 볼 수 있습니다.

그러나 꼭 올림피아드에 나가지 않더라도 방정식, 함수, 확률 등 우리나라 초·중·고 교육과정에 나와 있는 수학 내용은 누구나 공부할 수 있습니다. 수학 장애 역시 타고나는데 대개 전체 학생 중 5%에 해당하는 학생이 수학 장애를 갖고 있다고 봅니다. 따라서 나머지 95% 아이들은 완전학습을 할 수 있다는 것이 제 판단이고, 만일 그러지 못한다면 외부 요인 탓이라고 봅니다. 외부 요인으로는 부모님, 교육 환경, 교과서, 시험 제도 등이 있죠. 이런 요인이 성상적으로 가동되면 누구나 수학을 제대로 배울 수 있다는 것이 오늘 제 강의의 핵심 내용입니다.

수학을 좋아해야 잘할 수 있다

내적인 역량이 중요하다는 점에서 양 선생님은 "가장 큰 변수는 공부에 집중할 수 있는 자신의 공부 그릇이지 좋은 환경이 아니다", "저학년일수록 점수보다 실력을 쌓아야 한다"고 강조하셨죠. 기억나시죠? 저는 이 말씀에는 전적으로 동의합니다. 제가 드릴 말씀은 초등학교 수학입니다. 초등학교에서 현재 점수가 잘 나오는 아이가 있고, 잘 나오지 않는 아이가 있습니다. 잘 나오는 아이는 그냥 두면 되겠죠. 문제는 잘 나오지 않는 아이인데, 이유는 여러 가지가 있겠지만, 현재 점수가 나오지 않는 것을 만회하려고 하지 말라는 겁니다.

점수가 계속 낮으면 아이의 자존감이 떨어지는 문제는 있습니다. 가능하다면 부모님과 아이가 합의해서 점수에 대한 미련을 버리도록 해야 합니다. 지금 점수를 억지로 올려서 당장 아이의 자존감을 좀 높여줄 수는 있지만, 그것이 자칫 아이에게 악영향을 줄 수도 있습니다.

부모님이 점수에 민감하면 아이들이 집중력 있는 공부 습관을 키울 수 없습니다. 기다리고 오래 참아줘야 합니다. 부모님이 점수에 민감하다 싶으면 아이는 더 예민해집니다. 아이는 스스로 자제하는 능력이 부족해 나쁜 영향을 받을 수 있습니다. 부모님께서 개념을 얼마나 깊이 있게 이해하느냐에 관심을 가져야 아이도 집중력을 발휘할 수 있습니다. 점수도 잘 나오면서 개념도 깊이 이해한다면 좋겠지만 두 가지가 동시에 이루어지기는 어렵다는 거죠.

'내공을 쌓아야 한다', 이 부분이 저는 계속 걸리는데요. 마지막 질문부터 답한다면, 수학 싫어하는 아이는 없다고 저는 판단합니다. 꼴찌 하는 아이도, 처음부터 수학을 싫어했다든가 안 하려고 하지는 않았으리라고 생각합니다. 하고 싶은데 안 되는 거죠. 하고 싶다는 그 하나만으로도 충분하다고 봅니다. 내공은 좋아해야 쌓입니다. 어떻게 하면 좋아할 수 있을까요? 그게 오늘 강의의 핵심 내용입니다. 수학을 좋아하는 아이가 어떤 아이일까요? 어떻게 하면 아이가 수학을 좋아하게 할까요?

초등학교 부모님 가운데 연산이 중요하다는 말씀을 하시는 분은 대부분 점수에 연연하실 가능성이 높습니다. 연산이 느리면 시간 안에 문제를 못 풀어 당연히 점수가 깎이겠죠. 초등학교 수학은 연산이 50퍼센트이기 때문에 시험 봤다 하면 연산이 중요합니다. 두 번 중 한

번은 연산 시험이라고 보면 맞죠. 특히 학원에 잘못 걸리면 연산에서 빠져나오기가 쉽지 않습니다. 그만두려고 하면 '큰일 난다'면서 잔뜩 겁을 주잖아요. 큰일 나지 않습니다. 나중에 아이가 수능시험 보면 몇 문제씩 못 푼다고 부모님을 협박하는데, 수능은 연산으로 풀지 않습니다.

양 선생님이 말씀하신 '학습지' 얘기, 게시판에도 올라와 있는데, 학습지가 아이한테 주는 악영향, 그리고 점수 부담, 무시할 수 없죠. 저는 '조금 느려도 괜찮다'는 말씀을 드리고 싶어요.

양 선생님이 복습을 강조하셨죠. 예습보다 복습을 세 배 더 하라고 하셨죠. 게시판에서 그 '세 배'에 반론을 강하게 제기하신 분이 있었는데, 복습을 스스로 이끌어갈 힘이 없는 아이는 어떻게 하냐는 얘기지요. 제가 최근 상담한 학생은 고2인데, 고1 수학을 거의 몰라요. 고2 수학을 열심히 공부했지만 워낙 기초가 달려서 이번 중간고사에서 목표를 이루지는 못했어요. 70점 정도 받았다는데, 본인의 목표는 100점이었다고 해서 깜짝 놀랐어요. 기초가 없으면 100점 받을 수 없어요. 그런데 그 학생도 스스로 복습할 능력이 떨어져요. 몇 달을 지켜봤는데, 결국 잘 안 되더라고요. 약간의 극약처방을 내릴 수밖에 없었어요. '누군가 옆에서 도와주어야 할 학생도 있다'는 겁니다.

제 자식이라면 아이 스스로 하도록 만들 수 있습니다. 수학 전공이고 수학 교사를 오래해서 아이가 스스로 할 수 있는 게 뭔지 알고 있으니까요(학습 방법을 돕는 거지 수학 공부를 도와주는 건 아닙니다). 하지만 질문하신 부모님 경우는 저와 차이가 있으므로 누군가 옆에서 도와줄 수도 있다는 말씀에 동의합니다. 또 이분은 "현재 정기적으로 치러지는 평가에서 만족할 만한 점수를 얻지 못하는 학생의 경우 더 열심히 해서 다음에는 원하는 만큼 점수를 받을 수 있다는 희망을 갖기에는 학생을 둘러싼 환경이 열악하다"고 하시면서 그 배경을 몇 가지 말씀해주셨어요. '수학 문제가 학생 수준에 비해서 어렵고, 너무 추상적'이어서 실패 경험만 누적될 뿐 아이가 이해하기 힘들다고 하셨어요. 사실 고학년으로 올라갈수록 또는 중학생이 되면 이런 학생이 늘어납니다.

저는 일시적인 도움은 가능하다고 봅니다. 그 도움이 과외일 수도 있고, 학원일 수도 있고, 또는 인터넷 강의도 가능하겠죠. 부모님이 끼어들어 도와줄 수도 있습니다. 그런데 말 그대로 일시적이어야 합니다. 평상시 수업 부담이 없는 방학 때 집중해서 하는 것이 좋습니다. 고시 공부하러 절에 들어가는 식으로 말입니다.

그런데 이 정도도 스스로 할 힘이 없는 아이라면 도와주는 게 가능할는지 저는 의문입니다. 저라면 차라리 아이가 '나는 꼴찌다', '나는 느리다'를 인정하게 하고 시기를 더 길게 잡겠습니다. 고등학생에게는 재수를 권합니다. 딱 봐서 안 되겠으면 '재수하려고 맘먹지 않으면 수학을 할 수가 없다'고 얘기합니다. 지금 고2면 1년밖에 안 남았어요. 그런데 고1 수학도 모른다면 1년 남은 기간에 3년의 수학을 무슨 수로 공부하겠어요? 지금부터 시작해서 3년을 잡는 거죠. 그렇게 마음을 먹어야 제대로 공부할 수 있어요.

1년에 3년 과정을 공부하려면 진도만 맞추게 돼요. 일주일에 한 단원씩 떼면 끝낼 수 있습니다. 학원에서는 '37주 강의'라고 해요. 고3 3월 초부터 11월 초 수능 때까지가 딱 37주예요. 한 주에 한 단원씩 나갑니다. 이과의 경우죠. 학교에서는 한 달이나 보름 이상 걸리는 분량입니다. 아이가 배우면서 소화할 수 있는 시간이에요. 실력이 좋은 아이에게는 정리라든가 복습의 의미가 있지만 실력도 안 되는 아이에게는 고문입니다.

현재 고2인데 수학 공부가 전혀 안 돼 있다면 방법이 없어요. 시간을 늘려 잡는 수밖에 없습니다. 3년, 4년, 또는 더 늦어도 좋다고 생각하고 천천히 가는 겁니다. 그렇지 않으면 회복이 불가능해요.

여기까지 양 선생님 강의를 조금 돌아봤고요, 지금부터는 제 강의입니다.

논리적으로 설명해낼 때 느끼는 성취감

수학을 싫어하는 이유가 뭘까? '내적인 동기 없이 무의미한 작업을 반복한다'는 걸 우선 꼽을 수 있어요. 대표적인 예가 학습지예요. 좋아하는 아이도 있더라고요. 그럴 수 있습니다. 계산을 좋아하고 연산도 잘하고, 학습지도 즐겁게 푸는 아이라면 아무 문제 없겠죠. 학습지를 싫어하고 학습지 때문에 수학이 싫어지는 아이들이 문제입니다. 확실히 요즘 아이들은 수체성이 있어요. 자신의 정체성을 확실히 알고, 희망하는 직업도 분명하고, 욕심도 많고… 그런데 반복적으로 지루하게 연산만 가르치니 '왜 필요한지' 모르게 되는 거죠. 계속하면 반항심이 쌓입니다.

둘째는, '논리적으로 이해할 기회가 부족하다'. 논리는 수학의 아주

174

중요한 특성입니다. 수학을 논리적으로 배우지 못하면 싫어하게 돼 있어요. 다른 과목과 달리 추상과 기호에 부담을 느끼게 되는데 그나마 내용이나 말도 논리적이지 않으면 해야 할 이유를 못 찾는 거죠.

장애가 있다든지 또는 학습 속도가 느린 아이가 있을 수 있습니다. 지적인 장애를 말하는 게 아닙니다. 연산 장애도 있고, 도형 장애를 가진 아이도 있습니다. 특정 분야의 발달에 문제가 있을 경우 '본인의 이해 속도를 초월'해서 설명하면 수학을 싫어하게 됩니다. 교사들의 수업이 천편일률이잖아요? 선생님들은 두 번 설명하는 걸 싫어합니다. 귀찮잖아요. 그럴 때 아이가 "선생님 모르겠어요" 하면 화를 내기도 합니다. 그런 일을 몇 번 겪으면 아이는 다시는 질문하지 않고 포기하게 되죠. 혁신학교에서 최대한 학생들의 속도에 맞추어 수업을 진행하는 것도 바로 이 때문이에요. 수학을 싫어하게 만드는 원인을 제거하려는 겁니다.

저는 논리적으로 설명할 기회를 통해서 내적인 동기가 향상된다고 봅니다. 예를 몇 가지 들겠습니다. 아이가 어떤 수학적인 개념을 부모나 친구나 선생님에게 설명했는데 딱 맞아떨어졌을 때, 그 설명이 논리적일 때 아이가 느끼는 만족감은 무척 큽니다. 그럴 때 아이들은 자기도 모르게 소리를 지릅니다. "야, 내가 이걸 설명해냈다!" "선생님 오늘 기분 너무 좋아요!" 수업 끝나고 악수하자는 녀석도 있어요. (웃음) 왜냐하면 자기가 설명을 멋지게 했다는 생각이 드는 거예요. 아이한테 수학을 좋아할 만한 계기가 찾아온 거지요.

그런데 그런 기회가 교실에서나 집에서나 잘 찾아오지 않습니다. 아이들이 골방에 갇혀 혼자 공부하기 때문입니다. 상위 10%라면 모를까 나머지 90%는 골방에 들어가면 안 돼요. 독서실이나 야간 자율학습실의 칸막이 환경은 수학 공부에 큰 도움이 안 됩니다. EBS 프로그램에서 여러 번 실험해봤어요. 학교에서 독서실도 만들어주고 전문가를 6개월간 투입해봤지만, 학생들의 성적은 오르지 않았죠. 독서실이기 때문이에요. 90%의 학생에게는 독서실이라는 환경이 공부에 도움이 되지 않습니다. 논리적으로 설명할 기회를 많이 만들어줘야 합니다.

작년에 이 강의가 끝나고 50명 규모의 밴드가 만들어져 매달 10~15명이 오프라인 모임을 가졌습니다. 그중 한 학생이 운동선수여서 밤늦게까지 운동을 하느라 잠이 부족한데 과외까지 받는 거예요. 제가 볼 때마다 과외 받는 거 그만두라고 했는데 성적이 떨어지고 나서야 결국 그만두었어요. 과외를 받을 이유가 없어요. 특정 부분에 대한 도움과 집중을 요할 때는 괜찮지만 목적이 명확하지 않으면 과외는 아무 소용이 없습니다. 다른 과목은 엄마가 많이 챙겨서 거의 다 90점을 넘겼는데 수학만 점수가 잘 안 나오는 학생이었어요. 엄마가 운동과 공부, 둘 다 욕심을 버릴 수 없었던 거죠. 겨울방학에 한두 번 상담을 해보니까 역시 이 학생 또한 설명할 기회를 갖지 못했더군요.

그 학생이 겨울방학 때 저한테 중2 수학책을 가지고 왔어요. 첫 단원이 순환소수였어요. 미리 읽어보았던 모양이에요. 이해가 안 되는 부분을 저한테 묻더라고요. 그럴 경우 저는 가르치지 않고 질문을 합니다. 학생의 질문을 질문으로 받아요. 이 상태를 뛰어넘으려면 어떤 생각을 해야 하는가, 그걸 말하게 하는 거예요. 학생이 말하면서 어느 순간 느낀 거예요. '아, 내 생각이 타당하구나.' 교과서에서 발견 못한 설명을 하게 되면서 저한테 "선생님, 수학이 너무 재밌어요"라고 말하는 거예요. 엄마도 저도 깜짝 놀랐어요. 자신이 알게 된 걸 설명하는 재미, 좋아하는 느낌, 그것입니다. 아이들이 논리적인 설명을 해내면 성취감이 생겨요. 그것이 내공을 쌓는 가장 좋은 방법이라고 생각합니다.

운동선수도 빠져드는 수학의 매력

유리수의 소수표현	❶ 분모에 2나 5 이외의 소인수가 있는 기약분수는 순환소수로 나타낼 수 있다. ❷ 유리수는 유한소수 또는 순환소수로 나타낼 수 있다.

그 학생이 제게 물었던 게 바로 이 부분이었어요. 그 친구가 미리 공부해왔어요. 중2 첫 시간에 배우는 유리수와 순환소수의 마지막 결론입니다. 이 말이 이해가 안 갔던 거예요. '왜 유리수는 순환소수가 되느냐?' 유한소수는 이해하더라고요. 딱 떨어지니까. '그런데 왜 유한소수가 아닌 것은 다 순환하느냐, 왜 순환할 수밖에 없느냐, 순환하지 않는 것도 있지 않느냐?'는 거죠.

한번 볼까요? 제가 학생들에게 많이 묻는 질문 가운데, '$\frac{1}{17}$은 순환소수인가요?'라는 질문이 있습니다. 앞의 지문에서 유리수란 분수를 말해요. $\frac{1}{17}$은 유리수입니다. 그럼 '유한소수 또는 순환소수'는 둘 중

하나를 말하죠? 그런데 앞의 지문을 다시 보면 '분모에 2나 5 이외에 다른 것이 있으면 순환한다'고 그랬어요. 반대로, '분모에 2나 5만 있으면 유한'이라는 얘기죠. 그럼 $\frac{1}{17}$은 분모에 뭐가 있나요? 17이 있죠. 2나 5로 고쳐지나요? 안 고쳐지기 때문에 $\frac{1}{17}$은 '순환한다', 이게 답이에요. 이 문구만 정확히 이해해도 답을 알아낼 수가 있어요. 저는 중학교 2학년 학생들한테 강의할 때 이 문제를 냅니다. 문제 내면 학생들이 뭐하는지 아세요? 다짜고짜 연필을 잡아요. 연필 잡고 뭐하겠어요? 나누고 있는 겁니다. 제가 나눌 줄 알고 낸 거죠.

어떤 녀석이 열다섯 번을 나누더라고요. 0.058823529411764(15자리). 나눗셈을 제일 오래한 녀석이에요. 자, 이 소수가 순환을 해요 안 해요? 소숫점 아래 반복되는 게 있습니까 없습니까? 없어요. 녀석이 마지막으로 연필을 놓길래 제가 물었더니, 순환소수가 아니라는 거예요. 열다섯 번 해봤다는 거죠. 사실 두 번만 더 하면 0.05882352941176470588235823이 돼서 058823이 반복된다는 걸 알 수 있거든요. 제가 좀 쉬운 예를 들었으면 성공했을 텐데… $\frac{1}{7}$ 정도 되면 여섯 번 하면 142857이 반복되니까요. 그런데 그런 문제를 내면 진실을 파악할 수 없어요. 학생이 개념을 이해한 건지 노동을 해서 답을 낸 건지 알 수 없기 때문이죠.

노동으로 해결 못할 때부터가 수학이에요. 노동은 수학이 아니죠. 수학은 추상화된 상태에서 추측을 해야 하거든요. 제대로 된 수학은 안 해보고도 아는 것이고 그게 바로 수학을 공부할 때 느끼는 기쁨이죠. 죽어라고 땅을 파보기보다는 '안 파보고도 알아', 이래야 도가 튼 사람이잖아요. 누가 열심히 파보고 '야 진짜네' 하고 놀라면 땅을 파보

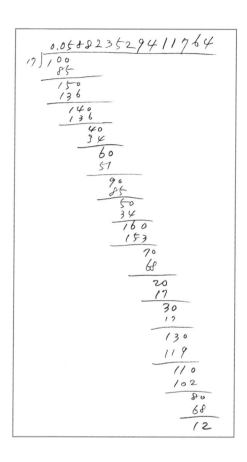

지 않고도 안 사람은 기쁘기 이를 데 없겠죠.

앞의 나눗셈을 보면 0을 두 개 붙인 다음에야 5를 곱해서 15가 나왔고 또 0 붙인 다음에 8을 곱해서 14가 나왔고, 이런 식으로 15, 14, 4, 6, 9, 5, 16, 7, 2, 3, 13, 11, 8, 1 까지 이어졌죠. 그런데 왜 순환한다고 한 걸까요? 이 학생은 '왜 순환하는지' 이해하지 못한 거예요. 그러면 백날 외워봤자 소용이 없어요. 만약에 시험문제가 '유리수는 유한소수 또는 순환소수로 나타낼 수 있다. 참이냐 거짓이냐?'라고 물었으면 답을 썼을 거예요. 외웠으니까. 그런데 그걸 이렇게 돌려서 '$\frac{1}{17}$은 순환소수냐?' 하고 물으니까 답을 못 쓰는 거예요. 이해하지 못했다는 거죠. 질문을 잘못하면 이해하지 못하고 외운 것을 포착하지 못하고 넘어갈 우려가 있어요. 개념을 이해했는지 판단하기 위해서는 질문을 잘해야 합니다. 정곡을 찔러야지요.

'$\frac{1}{17}$' 정도는 돼야 이 개념을 완벽하게 이해했는지 판단할 수 있는 문제가 됩니다. 왜냐하면 $\frac{1}{17}$은 외울 수가 없거든요. 이제 왜 순환하는지 아시겠어요? 여기 나온 숫자들의 공통점이 뭡니까? 수학의 개념은 공통점을 찾는 거예요. '순환한다'는 것은 그 공통점 속에서 나온 결론이죠. 공통점이 뭐예요? "17보다 작은 수들만 나왔다."(청중 답변) 맞습니까? 17보다 큰 수는 없죠. "아직까지는 어떤 숫자도 반복되지 않았네요."(청중 답변) 지금은 그렇죠? 안 나온 수가 두 개 있어요. 1하고 10. 그러니까 두 번 더 했다면 이 숫자들이 나올 수밖에 없는 거예요. 만약 1하고 10이 나왔다면 어떤 일이 벌어지겠어요? 1하고 10 나오면 그다음에는 앞에 나온 숫자 중에서 하나가 다시 나오면서 이어진다는 거겠죠. 만약 1하고 10 나온 다음에 15가 나왔다면, 다음에는 14가 나오는 식으로요. 순환은 왜 하는 겁니까? 순환하는 이유가 뭘까요? 아까 '17보다 작은 수'라고 말씀하셨는데 뭐가 그렇다는 거죠? 나머지죠. 17로 나눴으니까, 17보다 작은 수가 나머지 아니겠어요? 17보다 작은 수는 열여섯 개밖에 없으니까 열일곱 번째에 가면 다시 그 숫자들 중 하나가 나올 수밖에 없죠.

수학 교과서에서는 안 다루지만 이것을 '비둘기집 원리'라고 합니다. 그렇다고 대단히 어려운 수학도 아니에요. '비둘기가 비둘기집에 몇 마리 들었느냐?' 이런 겁니다.

중2 학생이 3월 말, 4월 초 정도에 학교에서 배운 것을 제대로 이해했는지 논리적으로 설명할 기회를 어떻게 줄 것인가? 예를 보여드릴게요. 교과서에는 항상 이런 개념 정리가 있어요. 교과서입니다.

유리수의 소수표현	❶ 분모에 2나 5 이외의 소인수가 있는 기약분수는 순환소수로 나타낼 수 있다.
	❷ 유리수는 유한소수 또는 순환소수로 나타낼 수 있다.

아이한테 "오늘 배운 게 뭐야?"라고 물으면 이걸 말하겠죠. 또박또박 얘기한다고 이해한 것은 아니에요. 부모님이 하실 일은 정말 이것을 제대로 이해했는지 논리적으로 설명할 수 있도록 질문을 던지는 겁니다. 간단합니다. "왜 그래?" 이 한마디면 됩니다. 아이들 반응은 제각각이겠죠? '그냥 외웠어', 그럴 수도 있고요. 적어도 이유를 설명해야 해요. 교과서를 보니까 182쪽 박스처럼 설명돼 있더라고요.

대부분 교과서가 $\frac{1}{7}$이나 $\frac{2}{7}$ 가지고 설명합니다. 예를 들어 '많아야 여섯 번째 나눗셈 하면 나머지가 앞쪽에서 나누어지는 수와 같게 나온다' 이 말입니다. 앞에서 우리는 열네 개의 나머지를 봤죠? 17로 나눴으니까 나머지가 열여섯 갠데, 그중 열네 개를 본 거예요. 앞으로 열다섯 번째, 열여섯 번째, 그다음 열일곱 번째에 가면 분명히 반복된다는 거죠.

예를 들어, $\dfrac{2}{7}$를 소수로 나타내기 위하여 나눗셈 2÷7을 계산하는 과정은 다음과 같다.

이때, 나눗셈을 하는 과정에서 7로 계속하여 나눌 때마다 나머지는 7보다 작은 수인 1, 2, 3, 4, 5, 6 중 하나로 나타난다. 그러므로 많아야 6번째의 나눗셈 계산에서 나머지가 앞쪽의 나누어지는 수와 같게 나온다. 실제로 6번째 나눗셈에서 나머지는 처음의 나누어지는 수 2와 같게 나오므로 그 후의 나눗셈 과정은 앞의 과정이 반복된다.

```
          0. 2 8 5 7 1 4
      7 ) ②
          1 4
          ❻ 0
          5 6
            ❹ 0
            3 5
              ❺ 0
              4 9
                ❶ 0
                  7
                  ❸ 0
                  2 8
                    ❷
```

아까 그 운동하던 학생이 한 말이 바로 이거였어요. 자기도 놀란 거죠. "아하, 그래서 이게 순환하는구나." 이 말을 하기까지 두 시간이 걸렸어요. 자기 생애에 수학책을 놓고 두 시간을 얘기해본 게 처음이래요. 저도 시간이 없었지만 학생이 빠져드니까 저도 빠져들어서 두 시간이 간 거예요. 저도 학생도 기분이 무척 좋았죠. 그때부터 이 친구가 말로 설명하는 게 뭔지, 그 기쁨을 알게 된 거예요. 그게 지난 2월이에요. 그리고 3월, 4월… 중간고사를 봤죠. 시험 보고 바로 저한테 전화했어요. 전화 목소리 듣자마자 짐작하겠더군요. 서술형은 다 풀었고, 서술형 풀다 보니 시간이 부족해서 선다형 문제 두 개를 못 풀어서 8점이 깎였다는 거예요. 중간고사 점수가 나오고는 또 전화가 왔어요. 88점 맞았다고. 예상보다 하나 더 틀린 거죠. 원래 운동선수가 꿈이었는데 바뀌었어요. "선생님, 저 수학 선생님 될래요." (웃음) 논리적으로 설명하는 경험을 통해 말하는 것의 매력에 빠진 거예요.

수학의 개념 학습은 어떻게 해야 하는가

'수학 공부에서는 개념이나 원리를 이해하는 것이 중요하다'고 말하는데, 이건 너무 흔한 말이에요. 그래서 제가 두 가지 사항을 덧붙였습니다. '충분히 이해하는 것이 중요하다'와 '반드시 문제를 풀기 전에' 이해해야 한다. 우리나라 교실에서는 이 두 가지가 모두 안 돼요. 이 두 가지를 못 하면 수학은 힘들어집니다.

거듭 강조해도 마음이 급하면 문제부터 풀게 돼요. 개념에 지나치게 집착하는 아이들이 있어요. 그러면 부모들은 상당히 불안해합니다. 자꾸 문제풀이 공부에 몰아넣고, 심지어 혼내기도 해요. 문제를 풀면 개념 이해가 깊어지지 않아요. 사람들은 어려운 문제를 풀면 개념도 깨친다고 생각하죠. 수학자들도 그렇게 얘기합니다. 저는 아니라고 봅니다. 문제를 풀어서 얻는 것은 문제를 빨리 푸는 요령이에요. 사고력을 키워준다고 학원에 보내는데, 거기서 어려운 문제를 풉니다. 하지만 문제를 푼다고 사고력이 생기지 않아요. 사고력은 본인이 키워야 해요. 사고력은 문제 풀이가 아니라 개념의 힘으로 키우는 겁니다.

그래서 '문제를 풀기 전에'가 중요해요, 특히 '충분히'는요 '무한' 강조할 수밖에 없어요. 정말 충분해? 진짜 충분해? 정말 자신 있어? 정말 개념을 다 이해했어? 개념은 목에 칼이 들어와도 다 이해했다고 말할 수 있어야 해요. 아이마다 개념 이해 정도는 다 다릅니다. '충분히' 했다고 자신 있게 말하기 쉽지 않아요. 초등학교 1학년 때 배운 것부터 지금 배우는 것까지 다 안다, 이렇게 말하면 개념을 충분히 이해했다고 볼 수 있어요. 그런데도 문제가 안 풀린다면, 문제가 잘못된 겁니다. 다시 말하면 교육과정 외의 부분을 배워야 풀 수 있는 문제라는 거죠.

개념 학습을 충분히 하려면 어떻게 해야 하는가? 이 문제를 최근 1년간 밴드에 있는 동호회 분들하고 논의했어요. 특히 중학생 자녀들의 중간·기말·중간·기말, 네 번의 시험을 체크하면서 정리해봤어요.

3단계예요. 수업시간에 먼저 정의를 배웁니다. '유한소수는 이거다, 무한소수는 이거다, 순환소수는 이거다.' 그다음이 이차적인 개념 학습이에요. 아까 '유리수는 유한소수와 순환소수로 나타낼 수 있다', '순환하지 않으면 유한으로 끝난다', 둘 중 하나로 정리된다는 것을 발견했잖아요. 그런 건 성질입니다. 특별한 성질은 '유도'도 되지만 아까처럼 '이해'할 수 있죠. 교과서를 충분히 공부하면 이차적인 개념 학습까지는 됩니다.

그런데 그거 가지고는 심화가 안 돼요. 심화 문제는 삼차적인 개념 확장이 이루어져야 풀 수 있어요. 이전에 배운 개념에서 오늘 새로 배운 개념과 관련된 것을 다 훑어야 해요. 그걸 '연결'한다고 말하죠. 이 연결이 다 이루어지면 심화 학습이 되는 겁니다. 삼차 확장의 정도는 아이마다 다를 수 있어요. 그 학년의 교과서를 충실히 공부한 학생들이라면 일·이차 심화는 모두 가능하죠. 그런데 삼차는 이전 학년과 관련돼 있어요. 학생마다 이전에 학습한, 개념을 이해한 정도가 다르기 때문에 깊이도 각양각색이죠. 가령 중2 학생이 초등학교 5학년 수학까지는 연결하는데 4학년이나 3학년은 안 된다든지 하는 식으로 연결하는 정도의 차이가 삼차 개념 확장의 차이, 심화의 차이를 부르는 겁니다.

EBS 다큐멘터리 교육대기획 10부작 〈학교란 무엇인가〉 중 '0.1%의 비밀'이라는 프로그램이 있었지요. 상위 0.1%의 고등학생 10명을 6개월 정도 추적해 만든 다큐멘터리죠. 거기서 한 여학생이 "엄마한테 설명한 부분이 시험 볼 때 가끔 기억난다"고 말하는데, 가끔이 아닐 거예요. 완전히 머릿속에 집어넣고 설명한 것은 신기하게도 끝까지 다 기억나요. 설명한 내용 가운데 찜찜했던 부분은 나중에 스스로 발견해서 고칩니다. '엄마, 어제 내가 설명한 거 잘못했더라. 해보니까 착각했더라'고 말하는 겁니다. 그럼 개념 이해든, 시험이든 걱정할 게 없죠.

2014년 1월에 방영한 〈왜 우리는 대학에 가는가〉(EBS 교육대기획 6부작)라는 다큐멘터리에서도 '설명'을 자세하게 다뤘습니다. 5부에서 대학생 16명을 데리고 세 시간 동안 실험을 합니다. 독서실 칸막이 안에서 혼자 공부한 그룹과 개방된 공간에서 떠들고 대화하면서 반드시 설명하도록 한 그룹의 차이를 알아보는 실험이었죠. 설명하며 떠들면서 공부한 그룹이 조용히 공부한 그룹보다 두 배 가까이 성적이 좋았어요. 단 세 시간만으로도 그런 차이가 난 겁니다.

정리해볼까요. 개념 학습을 어떻게 할 것인가? 설명하는 방식을 취해야 한다. 입을 열게 만들어야 한다. 그런데 입을 열 기회가 아이들한테 얼마나 있습니까? 우리 애가 오늘 배운 수학을 친구나 부모님에게 설명할 기회가 있나요? 거의 없다고 봐요. 배운 것을 체화하려면 설명을 해야 하는데 불행히도 그럴 기회가 없는 것이 우리 현실이죠. 학교에서 주입식으로 듣기만 하고, 또 집에 와서 자기 방에 혼자 틀어박혀 문제를 풉니다. 그런 상태로 지식이 대부분 머릿속에만 머무릅니다. 이것을 작업기억이라고 해요(작업기억에 대해서는, 5장에서 임홍덕 선생님이 구체적으로 말씀하실 겁니다).

선행학습 얘기를 잠깐 하고 학습법으로 들어가겠습니다. 2013년에 〈동아일보〉 기사를 스크랩해놓은 게 있더라고요. 지금도 인터넷에서 읽을 수 있습니다("자녀 선행학습 시키는 교사의 고백").

이 글을 쓰신 분은 경기 지역에 사시는 초등학교 교사로 2013년 현재 중2 딸을 둔 워킹맘이고요. 집안에 교사가 많아서 사교육을 시키지 않고 다 관리가 가능했대요. 그런데 딸이 중학교 1학년 1학기 중간고사를 망친 거예요. 가족회의가 열렸습니다. 회의 내용이 뭐였겠습니까? 뻔하죠. 학원에 보낼까 말까. 한 번 더 참기로 하고 기말고사까지 두고 봤는데, 수학 시험에서 연거푸 실패합니다. 드디어 1학년 2학기에 학원에 보냅니다. 성적이 올랐죠. 놀랍도록 올라서 아이가 기가 막 살았어요.

거기까지는 좋았는데, 1년이 지나서 보니 아이가 학원에 너무 빠져버린 거예요. 무슨 말이냐면 엄마가 어느 날 "이거 뭔지 엄마한테 한번 설명해봐" 하고 물었대요. 중2니까 이를테면 "순환소수가 뭐야?" 하고 물었겠죠? 애가 뭐라고 했는지 아세요? "엄마가 뭔데? 엄마가 수학 알아? 엄마는 전공도 안 했잖아." 설명을 거부하더라는 겁니다.

엄마는 딸의 말에 충격을 받았어요. 아이의 불만은 엄마는 왜 자꾸 이유를 묻느냐는 거죠. 학원 선생님은 문제 풀 때 공식을 콕콕 찍어줘서 그것만 외우면 그 문제가 싹 풀린다는 거예요. 그렇게 쉽게 공부시키는데 엄마는 이유를 묻고 귀찮게 한다, 엄마 공부법은 틀렸다. 그 말 듣고 더 열이 나는 거죠. 과연 딸을 학원에 계속 보내야 할지 고민하면서 이 글을 쓰셨습니다.

여러분이라면 어떻게 하실래요? 성적은 올랐어요. 아이가 자신감도 생겼어요. 중학교 때 아이들이 오히려 학원에 보내달라고 난리입니다. 우리 밴드에서도 다 그랬어요. 엄마들은 사교육 안 하겠다고, 충분하다고, 제 강의를 듣고 설명식 학습을 하려고 했는데, 아이가 싫어, 엄마랑은 싫어, 학원 갈래. 친구들은 학원에서 진도를 얼마나 빨리 나가는데 집에서 엄마랑 이러고 있느냐는 거예요. 아이들하고의 경쟁, 학원이 주는 편리함, 이런 것 때문에 1학기 3, 4월 내내 싸우더라고요. 우리 밴드에 모인 분 자녀들 대부분이 1학기 중간고사를 망쳤어요. 그래도 부모님들이 거듭 설득해서 5월부터 설명을 꼭 해야 하는 것을 비로소 느끼고 1학기 기말고사에서 몇몇 친구가 만회를 했습니다. 2학기엔 갈수록 좋아지고요. 설명을 할수록 좋아지는 걸 느끼는 거예요. 1학기 기말고사에서 90점 넘게 받은 아이들은 엄마도 집안도 다 만족하는데, 여전히 점수가 낮은 아이들은 계속 고민하죠.

멘토-멘티를 활용한 학습법

자, 그럼 개념 학습을 어떻게 할 것인지 조금 더 구체적으로 설명하자면 이렇습니다. 우선 매일매일 해야 합니다. 아이가 학습에 결손이 있다면 심각한 문제죠. 그렇다 하더라도 결손은 과거입니다. 아무리 수학이 과거에서부터 죽 이어진다고 해도 그날 배운 것이 중요합니다. 다시 말하면, 과거의 영향을 받는 부분만 조금 문제 될 뿐, 대부분 충분히 학습할 수 있어요. 과거랑 무관한 부분도 많습니다. 매일매일 충실하면, 두 달 정도 이어진 내용으로 보는 중간·기말고사에 큰 지장이 없을 겁니다. 우리 밴드에서도 많은 부모님이 경험했습니다. 3·4월 시험을 망치면 기초 부분으로 뛰어 내려가려고 하는데 제가 말렸어요. 안 됩니다. 미련을 버리세요. 5월이면 5월, 6월이년 6월, 매 시기에 충실하면 7월 시험을 그나마 볼 수 있어요. 7월 점수가 좀 올라가야지, 3·4월치 하다가 5·6월도 망치고 3·4월도 잘 안 되면 죽도 밥도 아닙니다. 항상 그날그날 배운 것에 집중하도록 하세요. 그리고 3·4월 공부는 언제 하느냐? 방학 때 하면 됩니다.

수업시간이 3교시일 수도 있고 5교시일 수도 있고, 오전일 수도 있고 오후일 수도 있죠. 아이가 수업을 마치고 책을 놓은 지 서너 시간이 됐을 때 아이가 제대로 이해했는지 파악할 수 있어요. 어떤 아이는 집에 가기 직전에 외워서 엄마한테 줄줄 읊는데, 그런 것에 현혹되면 안 됩니다. 아이한테 부담 주니까 그러는 거예요. 혼내면, 실패합니다. 철저히 혼내지 않고, 점수에 미련 두지 않고, 그날 학습 상태에 대해서 책임을 묻지 않아야 합니다. 스스로 해낼 때까지 참아야 합니다.

부모님이 책을 들고 있고 아이가 학교에서 이해한 것을 설명하도록 합니다. 처음에는 애들이 뭘 할지 몰라요. 두 번 정도 해서 관계가 부드러워지면, 아이들이 무슨 말을 해야 하는지, 어떻게 해야 하는지 알아요. 그 뒤로는 원활하게 이루어지는데, 문제는 시간입니다. 부모님이 그럴 시간이 없어요.

우리 밴드에 원래 공부를 잘했던 아이가 있었습니다. 6학년 때 만났는데 그사이 벌써 중2가 됐어요. 얘는 실습에도 왔었는데, 실습 때 제가 "원주율이 뭐야?" 하고 물었더니 얼굴이 빨개졌어요. 자기가 공부를 무척 잘한다고 생각했는데, 원주율이 뭔지 설명을 못하겠는 거예요. "3.14요?" 이러다가 끝났죠. 자기가 우물 안 개구리라는 걸 깨닫고 집에 가서 엄마한테 칠판을 사달라고 해서 설명을 시작했어요. 문제는 엄마한테 있었어요. 엄마가 직장도 다니고 바빠요. 엄마를 방에 데려와 소수가 뭐다, 소인수분해가 뭐다, 약수가 뭐다 설명을 하는데, 엄마가 어땠겠어요? 졸리죠. 벌써는 거죠. 수학 얘기 나오면 엄마가 대부분 졸아요. 그래서 엄마에게 화가 났죠. 엄마 올 때까지 기다리다가 마침내 설명하려는데 엄마는 관심도 없이 졸기만 하니까. 엄마를 쫓아내고 강아지를 데리고 들어왔어요. (웃음). "선생님, 강아지도 괜찮다고 얘기해주세요. 엄마보다 나아요." 그러더라고요. (웃음) 왜 엄마보다 나을까요? 잔소리를 안 하잖아요.

이걸 보고 '아하, 부모님이 굳이 앉아 있을 필요는 없구나' 생각했어요. 매일 30분씩 이렇게 해야 한다면 여러분도 부담되시겠죠? 제가 〈하루 30분 수학: '수포자'를 웃게 하는 하루 30분의 기적〉(비아북, 2014)을 쓸 때는 이 방법을 미처 생각하지 못했어요. '꼭 부모가 들어줘라' 했는데, 집에 가면 형제도 있고 옆집 친구도 있잖아요. 강아지가 없으면 인형도 괜찮아요. 우리 밴드에는 인형으로 하신 분도 있습니다. 형제는 어떨까요? 중2 형이 초등학교 5학년 동생을 앉혀놓고 설명하면 어떨까요? 이해는 못 하겠죠? 이게 5학년한테 득이 될까요 안 될까요? 사실 득이 되지는 않을 겁니다. 이해가 안 될 테니까요. 다만 그 초등학교 5학년생이 집중해서 듣는다면 과정은 몰라도 결과는 알 수 있어요. 우리 학생들이 공식에 강하거든요. 5학년 때 배우는 약수가 있고 중학교 때 배우는 약수가 있는데, 중학교 방법이 좀 쉽거든요. '아, 저 방법으로 하면 되겠다' 해서 요령은 빨리 익힐 수 있겠죠. 공식을 제때 안 배우고 미리 당겨서 살짝 해보는 건 유익합니다. 반대로 5학년 동생이 중2 형한테 설명한다면, 중2는 이해하겠죠? 뻔히 다 알겠죠? 도움이 되겠습니까, 시간낭비겠습니까? 형이 도움이 더 돼요. 왜냐하면 복습이니까요. 개념의 연결성까지 보는 겁니다. '아, 내가 5학년 때 저거 배웠구나.' 지금 중학교 2학년 수학이랑 연결이 되는 거예요. 동생의 설명을 들으면서 자기 개념이 강해지는 겁니다. 둘 다 도움이 되는데 형이 동생보다 더 득이 된다고 정리할 수 있어요.

저는 학교에서도 이런 걸 많이 권합니다. '멘토-멘티' 개념, 이런 동아리가 요새 학교에서도 많이 생기고 있어요. 순창고에 가봤어요. 순창 하면 뭐가 생각나세요? 고추장. 순창이 왜 고추장으로 유명한지 아세요? 해발 고도가 800미터예요. 산속입니다. 습도가 높아서 곰팡이가 많대요. 발효가 잘돼 고추장이 맛있는 거예요. 문제는 교육에 관심 있고 형편이 되는 사람은 인근 전주나 익산, 군산으로 다 이사가버리는 거예요. 순창고등학교는 작아요. 다섯 반밖에 없어요. 고추장집 아들들이죠. 그런데 순창고 선생님들이 일찌감치 '멘토-멘티'를 시작했어요. 성적이 중위권 이상인 고2 학생 중 먼저 자원 멘토들을 20, 30명 모집해서 고2의 하위권과 고1 하위권을 두 명 또는 세 명씩 맡겨요. 이런 시스템을 1년 이상 실시하니까 학생들 성적이 부쩍 올랐어요. 서울 일반 인문계보다 훨씬 더 좋은 진학 성적을 냅니다. 선발 효과가 없는 곳에서 높은 성과를 거둔 거죠.

수원의 산남중학교는 수학 특화 학교라고 소문이 나서 수원 인근의 수학 잘하는 학생들이 다 그 학교로 몰려요. 그런 학생들이 50명도 넘는 것 같아요. 그 학생들에게는 반드시 멘토를 해야 한다는 의무가 있습니다. 자기 학년의 하반 학생들을 일대일로 공부를 시켜서 빨리 그 반에서 탈출시켜야 해요. 공부 못하는 학생들을 위한 거라기보다는 잘하는 학생들을 위한 거예요. 잘하는 학생들이 훨씬 더 잘할 수 있도록 만들어주는 효과가 큽니다. 대안학교 중에서도 수학 동아리를 잘 활용하는 곳들이 있습니다. 자선단체 휴먼인러브에서도 동아리 활동을 열심히 하는데 저도 가끔 가서 돕습니다. 예전에는 대학생들을 모집해서 고등학생들을 지도하게 했어요. 올해부터는 고등학생을 모집해서 중학생 멘토를 시킵니다. 서울 지역 고등학생 200명이 중학생을 두세 명씩 맡아서 멘토를 하고 있어요. 그런 식으로 요즘 '멘토-멘티'가 좋은 학습법으로 활용됩니다.

중학생을 둔 부모님들은 우리 애를 어느 고등학교로 보내야 할지 고민이실 겁니다. '멘토가 될 수 있는 학교로 가라', 이게 제 답변이에요. 지난번 강의에서 '선발 효과' 얘기를 했는데 애초에 성적이 뛰어난 학생들을 뽑아서 높은 성적 내는 학교에 갈 필요는 없다고 생각해요.

과연 자사고나 특목고가 이해득실에서 유리할까요? 학습 분위기, 교사, 시설, 이런 것 1장에서 얘기했죠. 저는 투입 대비 산출을 봐야 한다고 생각해요. 속된 말로 'SKY 진학률'로 따지자면, 과연 그 정도 가지고 잘했다고 할 수 있을까요? 지방 과학고에는 4년제 대학에 못

가는 학생들도 있습니다. 물론 지방대 가기 싫어서 그런 거겠지만 '인 서울' 못 하는 학생들도 많아요. 20% 정도 된다고 합니다. 놀랍죠. 중학교 때는 거의 1등급이었던 학생들이 과학고 가서 실패하는 이유는, 과학고에서는 멘토를 할 수 없기 때문이에요. 과학고에서 중위권 이하가 되면 움츠러들게 마련이에요.

중하위권 학생들은 심리적으로 상당히 불안합니다. 제가 있던 과학고에서도 양호실 냉장고에 약이 산더미처럼 쌓여 있었어요. 양호 선생님이 계속 심리상담사를 불러야 합니다. 스트레스가 말로 다 할 수 없어요. 일반 학교에는 없는 겁니다. 상위권은 심리적 갈등이 덜하겠죠. 우리 아이가 상위권이어서 이런 학교 가더라도 다른 아이들이 물어보고, 멘토가 될 가능성이 있다면 괜찮아요. 그런데 우리 아이가 멘티가 된다면, 불행한 겁니다. 고등학교 선택에는 그런 점을 고려해야 합니다.

더더욱 영재고나 특목고는 수학 내신이 수능보다도 더 중요합니다. 과학 계통의 학교들은 실제로 수능을 거의 보지 않습니다. 대학에서 학교 내신으로 뽑아가기 때문이죠. 내신 중하위권이 되면 대학 가는 게 오히려 더 어렵습니다. 중위권이 될 것 같으면 안 가는 게 낫다는 거죠. 대학에서 그 학교에서 열 명 왔으면 5등까지만 뽑고 나머지는 떨어뜨립니다. 일반 학교 내신은 안 믿는데, 그 학교 내신은 믿어요.

자기 주도 수학 학습법, 개념을 이해하자

문제집은 한두 권 정해서 집중적으로 푸는 것이 좋습니다. 아이들은 맞은 문제는 막 넘어가요. 답을 맞힌 것과 제대로 이해한 것은 달라요. 아이들이 틀린 문제에 너무 집착하는데, 저는 그러지 않기를 바랍니다. 왜 틀렸을까요? 그 문제를 풀 능력이 없는 거죠. 그 능력은 순식간에 갖춰지나요? 안 갖춰져요. 배경지식도 부족하고 개념이 충분히 이해되지 않아서 그래요. 오히려 맞힌 문제에 집착하라고 말씀드리고 싶어요.

수학 문제를 푸는 방법에는 두 가지가 있습니다. 공식을 이용하면 문제가 풀립니다. 또 하나는, 10% 내외 되는 특수한 아이들의 경우인데, 개념을 이용해 문제를 풉니다. 공식을 이용하는 걸 거부하는 아이들이 있어요. 저는 그렇게까지는 원하지 않지만, 어쨌든 개념이 뭔지는 알고 문제를 풀어야 합니다. 대부분의 아이들은 시간을 재며 문제를 풉니다. 빨리 풀고 답을 내는 데 기쁨을 느끼죠. 그렇게 문제를 풀자면 공식을 이용할 수밖에 없어요. 문제 푼 효과는 하나도 없는 겁니다. 이 문제는 이 공식, 저 문제는 저 공식, 이렇게 하루 종일 공부를 해봐야, 수학적 사고를 한 게 아니기 때문에 실력은 전혀 늘지 않습니다. 문제집을 열 권 풀어도 실제로 수학 실력이 좋아지지 않아요.

그럼 언제 실력이 좋아지는가? 바둑과 똑같아요. 바둑 두는 사람은 나중에 반드시 복기復棋하죠? 하나씩 하나씩 되돌아보는 겁니다. 수학 문제 푸는 것하고 똑같아요. 막 급하게 풉니다. 생각 깊이 못할 수밖에 없어요. 우리 아이들은 문제집을 푼 다음에 채점을 합니다. 중고등학생들은, 엄마들 간섭에서 좀 벗어났기 때문에, 본인 스스로 채점을 해요. 빨간색으로 채점해서 맞았다고 좋아하는데, 되돌아보지 않는 거죠. 선생님들도 오답 노트를 쓰게 하는데, 지나치게 틀린 문제에만 집착합니다.

오히려 맞은 문제를 제대로 풀었나, 부모님이 점검해주셔야 합니다. 어떻게 점검할까요? 자기가 문제를 정말 소화했는지 확인하려면 책을 덮고 문제만 칠판에 쓴 상태에서 다시 풀어야 해요. 맨손으로 풀어야 합니다. 부모님들이 하실 일은 한 줄 한 줄 풀 때마다 묻는 겁니다. "잠깐, 왜 그렇게 풀었어?" "첫 줄에서 둘째 줄로 왜 그렇게 넘어갔어?" 왜냐고 자꾸 물어야 아이가 '내가 왜 했지?' 스스로 생각하게 됩니다. 그게 공부거든요. 내가 왜 이렇게 했지? 우리나라 문제집은 여러 가지 요령을 알려줘요. '요런 말이 나오면 요렇게 해라, 저렇게 해라', 이런 것을 아이들이 그대로 따라 하는 거죠. 부모님들은 아이들이 한 줄 한 줄 그 이유를 설명하도록 유도해야 해요.

그럼, 틀린 문제는 어떻게 해결할까요? 지금까지는 오답 노트를 많이 썼죠. 저도 오답 노트의 필요성을 부인하지는 않겠습니다. 하지만 이제는 틀린 문제를 바로 풀어보고 정리하는 직접적인 방법보다 간접적인 학습법이 더 중요하다고 생각합니다. 간접 풀이가 뭐냐면, 틀린 문제를 일단 포기하고 맞힌 문제를 개념적으로 충분히 설명하게 만드는 거예요. 부모님이 아이를 봐줄 때는, 못 푼 문제는 다음에 다시 풀도록 놔두시고 풀었다고 주장하는 문제, 맞았다고 동그라미 친 문제 중에서 몇 개를 골라서 시간이 허락하는 범위에서 설명을 시키는 겁니다. 예를 들어서, 1, 3, 5번을 풀었고 2, 4번을 틀렸어요. 2, 4번은 놔둬요. 1, 3, 5번 풀었구나. 1번은 어떻게 풀었니? 그럼 아이가 1번을 설명합니다. 설명할 때 부모님이 제동을 거는 겁니다. "잠깐, 왜 그렇게 했어?" 이렇게만 물으면 아이가 문제 풀 때는 생각하지 못한 이유를 비로소 처음으로 생각하는, 복기 작업을 하게 되죠. 답은 맞았는데 이유를 모르는 아이가 있어요. 그건 모르는 겁니다. 다음에 그 문제를 조금만 바꿔놓으면 못 풀어요. 응용력이 없는 게 아니라 개념이 없어서 그러는 겁니다.

어느 날 아이가 1번을 설명하고 있었어요. 한두 줄 설명하다가 "엄마, 잠깐만, 저 2번 풀 줄 알아요" 하는 거예요. 2번을 못 풀어서 그냥 놔뒀는데 1번을 설명하다가 중간에 2번을 풀겠다고 하는 거예요. 왜 그러겠습니까? 1번과 2번은 같은 공식을 쓰지 않기 때문에 1번 공식으로 2번은 풀리지 않아요. 그렇지만 1번과 2번은 같은 개념으로 연결되는 거예요. 공식만 생각할 때는 2번을 풀 수 없었는데, 1번 공식 밑에 깔린 개념을 설명하다 보니까 논리가 연결되는 거예요. 그래서 2번을 풀 수 있는 아이디어를 얻은 거죠. 이게 개념의 힘입니다. 저는 이것을 간접 해결법이라고 부릅니다.

이를테면 나무의 뿌리는 개념이고 위에 올라온 줄기는 문제입니다. 가지는 제각각 달라 보이지만, 뿌리로 다 연결되는 겁니다. 이쪽이 잘 안 풀릴 때 저쪽으로 들어가면 해결할 길을 찾을 수 있습니다. 요즘 인터넷에 모죽毛竹이라는 대나무 얘기가 많이 나옵니다. 모죽은 대나무 중에서 가장 큰 종인데, 하루에 1미터씩 자라서 한 달이면 30미터에 달합니다. 처음 심고 나서 5년 동안은 죽순을 내밀지 않고 땅속에만 있는다고 해요. 그러다 갑자기 죽순이 나오는가 싶더니 그날부터 매일 1미터씩 자라 한 달 만에 그렇게 커버린다는 거예요. 그런 식으로 성장하는 이유가 뭘까요? 5년 동안 뭐 했을까요? 뿌리를 강하고 넓게 뻗은 거예요. 그 기반이 있기 때문에 그런 속도로 높이 자라는 걸 지탱

하는 것이죠. 뿌리가 약하면 못 올라가죠.

수학 공부는 모죽에게 배워야 합니다. 진정한 수학 공부 기간은 5년이라고 봅니다. 중1에서부터 고2까지. 이 기간에 뿌리를 깊게 내리지 않으면 고3 때 못 올라가요. 올라가도 힘이 없죠. 너무 빨리 꽃 피는 것, 너무 빨리 성적이 오르는 것, 바라지 마시고 모죽처럼 개념을 깊이 있게 갖추는 아이로 만들었으면 좋겠습니다.

개념을 연결하고 확장하기

지금부터 조금 다른 얘기를 해볼게요.

• 분수 → 비와 비율 → 닮음 → 삼각비 → 삼각함수, 미분계수

개념을 어떻게 연결하고 확장할 것인가? 예를 들어, 3학년 때 배운 분수가 5학년 때는 비와 비율로 연결되고, 중2에 닮음, 중3에 삼각비, 고등학교에 삼각함수, 미분계수로 연결이 됩니다. 학생들이 고등학교에 올라가서 삼각함수와 미분을 배울 때 '아 이게 분수로구나', '아 이게 비율이구나', '이게 닮음에서 왔구나' 하고 느끼지 못하면 개념이 없는 겁니다. 개념이 깊어지지 않은 거예요. 반대로 고등학교에서 삼각함수를 배울 때 '아, 이거 중학교의 삼각비야', '아 이거 중2 때 배운 닮음이야', '이건 5학년 때 배운 비율이야', '3학년 때 배운 분수야', 이렇게 연결해야 해요. 그래야 삼각함수에 관한 어려운 문제, 사고력이 필요한 문제를 해결할 수 있어요. 사고력이 필요한 삼각함수 문제는 분

수가 뭔지 모르면 풀 수 없고, 비율이 뭔지 모르면 풀 수 없어요. 삼각함수 공식만 외운다고 해결되지 않아요.

• 분수 → 비와 비율 → 확률

마찬가지로 또 분수는 나중에 확률로 연결됩니다. 제가 가르치는 학생들이 확률을 너무 못해요. 주사위를 두 개만 던지면 틀려요. 하나까지는 맞는데 두 개는 힘들어해요. 6×6은 36, 여섯 가지가 여섯 가지씩 나오면 서른여섯 가지, 거기까진 다 알아요. 그다음으로 못 넘어갑니다. 그다음부터 분수 개념이 필요해요. 분수를 배운 지 오래된 데다, 그나마도 초등학교 3학년 때 배운 분수 개념이라는 게 그냥 몇 분의 몇이었죠. 분수를 정확하게 배워야 해요.

분수란 어떤 한 물건을 똑같이 쪼갤 때 그중 하나를 말하는 거예요. 3분의 1은 셋 중 하나가 아니고, 어떤 물건을 똑같이 셋으로 나눈 것 중 하나라는 거죠. '똑같이'란 말이 확률의 정의입니다. 학생들이 분수를 확률에 정확히 연결하면 확률 문제에서 주사위 두 개 던지면 서른여섯 가지의 경우가 나올 수 있다는 의미를 이해할 텐데, 90%가 연결을 못 시켜요.

우리나라 고등학생 가운데 주사위 두 개짜리 확률 문제를 풀 수 있는 능력을 가진 학생이 놀랍게도 10%밖에 안 돼요. 그렇게 공부를 많이 시키는 데도 현실은 이렇습니다. 확률 배울 때 이게 초등학교 3학년 때 배운 분수구나 하고 이해하는 학생만 풀 수 있는 거예요. 그렇지 못하면 무조건 못 풀어요. 제 말 집에 가서 확인해보시면 압니다.

• 분수(단위분수) → 분수의 크기 비교 → 분수의 사칙연산

분수가 중요해요. 초등학교 3학년 때 배우는 $\frac{1}{2}$, $\frac{1}{3}$ 같은 분수를 단위분수라고 해요. 단위분수의 단위 개념 가지고 크기도 비교하고 사칙연산도 해야 하는데, 교과서는 이걸 다 합니다. 교과서 마지막 부분에 박스를 치고 정리하는 게 있어요. 저는 그걸 다 지워버려야 한다고 생각해요. 그 정리가 '공식'이에요. 분수에 대한 초등학생들의 생각은 이렇습니다. '분수는 공식이 너무 많아요.'

사실은 그렇지 않아요. 분수는 개념이 하나밖에 없어요. 단위분수입니다. 단위분수라는 한 가지 개념으로 모든 걸 해결해야 하는데 그때그때 편리한 공식을 만들어내요. 예를 들면 '두 개의 분수의 크기를 비교할 때는 분모가 같으면 분자끼리 비교하라'는 말 굳이 할 필요가 없어요. 단위분수의 개수로 파악하면 되니까요. 단위분수가 많으면 큰 겁니다. $\frac{1}{3}$과 $\frac{2}{3}$는 $\frac{2}{3}$가 두 개니까 큰 거예요. 그런데 3이 똑같으니까 1과 2를 비교해서 2가 크므로 $\frac{2}{3}$가 크다, 이렇게 말하면 또 다른 공식을 만들어야 해요. '두 분수를 더할 때는 분모가 같으면 분자끼리 더하라'는 말도 필요 없어요. '$\frac{2}{5}$ + $\frac{3}{5}$'은 각각 $\frac{1}{5}$이 두 개, $\frac{1}{5}$이 세 개니까 더하면 $\frac{1}{5}$이 다섯 개, 그래서 $\frac{5}{5}$가 되는 거지 분자끼리 더해서 $\frac{5}{5}$가 되는 게 아니라는 겁니다. 단위분수라는 개념을 계속 끌고 가야 해요. 그게 개념이에요. 나머지는 다 공식이에요. 개념이 사라지면 안 돼요.

'곱할 때는 분모는 분모끼리, 분자는 분자끼리 각각 곱하라', '더할 때는 분모는 건드리지 마라' 이런 공식을 학생들이 나중에는 이해하지 못해요. 몇 시간을 가르쳐도 결론적으로 마지막 박스 부분만 외워

서 계속 연산 훈련만 반복하기 때문에 개념은 사라지고 연산만 남는 거예요. 연산의 결과는 뭘까요? 답을 내는 겁니다. 답만 내는 학습을 하기 때문에 안 되는 거예요.

• 덧셈 → 동수누가同數累加 → 곱셈 → 경우의 수(합의 법칙과 곱의 법칙)

초등학교 1학년 때 덧셈을 공부합니다. 2학년 때는 같은 걸 거듭 더하는 것을 통해서 곱셈을 배우죠. 이 과정이 대단히 중요한데, 구구단을 외우게 만드는 순간부터 곱셈의 개념이 사라져요. 구구단은 외우지 않을 수 없습니다. 그런데 구구단을 외우면 곱셈 개념이 사라진다는 것도 알아야 해요. 두 가지가 동시에 살아 있게 해야 곱셈으로 이루어지는 연산 문제도 풀 수 있고, 곱셈의 개념도 가질 수 있습니다.

그래야 고등학교에 올라가서 합의 법칙과 곱의 법칙을 익힐 수 있습니다. 이 두 법칙을 모르면 경우의 수를 못 셉니다. 경우의 수는 확률만큼 어려워요. 그런데 경우의 수를 푸는 일관된 방법은 더하고 곱하는 것밖에 없어요. 머릿속에는 순열, 조합을 비롯해 여러 가지 공식이 있겠지만, 그런 거 하나도 필요 없어요. 더하고 곱하는 것만 알면 됩니다. 그게 개념이기 때문이에요. 나머지는 다 두 가지로 만들어지는 공식이죠. 초등학교 1·2학년에 배운 개념이 전부입니다. 제가 고3 학생들에게 문제를 내면 덧셈·곱셈 개념 쓰는 녀석은 문제를 푸는 데 1분도 안 걸리지만, 개념을 못 쓰는 녀석은 세 시간을 줘도 못 풀고 답도 틀려요. 더하고 곱한 녀석만 맞아요. 더하고 곱하는 방법 말고 다른 방법은 쓰지 말아야 해요. 원래 시작이 그거였기 때문입니다. 이게 개념이에요. 이렇게 개념이 다 연결되는 겁니다.

• 곱셈 → 나눗셈 → 약수와 배수 → 소수素數

마지막으로 곱셈, 나눗셈의 역산逆算이죠. 이걸 통해서 약수, 배수, 중1 때 배우는 소수로 연결됩니다.

심화 학습이란?

심화 학습이 뭔가요? 어려운 문제 푸는 것, 심화 문제집 푸는 것, 심화 학원에 다니는 것, 셋 중 하나일 겁니다. 우리 아이들이 '심화'한다고 하면 사고력 학원에 보내거나 심화 문제집 풀거나 어려운 문제 풀어야 하는 거죠. 이게 보편적으로 나타나는 현상이고, 저도 부정하지 않습니다. 그러나 이렇게 하는 것은 효율적이지 않아요. 더 쉬운 방법이 있어요. 심화 문제는 여러 개념과 사고가 얽혀 있어요. 단순한 문제가 아닙니다. 그걸 푸는 법을 익히기보다 그걸 풀기 위한 힘을 갖춰야 해요. 그게 바로 제가 지금까지 설명한 '연결'입니다.

심화 학습에서 문제를 못 푼다면 개념을 연결 못한 거죠. 개념을 연결해야 풀 수 있습니다. 제가 지금부터 설명하는 문제 해결 전략과 수학적 사고를 익히면 모두가 심화 학습을 할 수 있습니다. 교과서에 없기 때문에, 제가 앞으로 책을 쓴다면 이 부분을 쓰려고 합니다. 교육 과정에 넣어달라고 요구하는데, 연구가 돼 있지 않다고 이번에도 넣지 않을 것 같습니다.

학원의 문제점은 이런 겁니다. 학원에 보내놓고 점수 오르기 기대하지 않는 분 없고, 학원에서도 그것이 부담되니까 실적을 생각해서 아이를 들볶을 수밖에 없어요. 그럼 아이의 공부 속도나 학습 수준에 맞추기 어렵다는 거죠. 그러면 아이가 스스로 이해하기보다 막 암기해 버리는 사태가 벌어지는 겁니다. 암기는 결코 실력이 아닙니다.

초등학교와 중학교 수학의 차이

초등학교와 중학교 수학의 가장 큰 차이가 초등학교의 세모, 네모가 x, y로 바뀌는 겁니다. x, y가 △, □에 대응하는 것인데, 이 정도 바뀐다고 어려울까 싶겠지만 그렇게 단순하지 않습니다. 그다음, 초등학교의 연산이 중학교에서는 사라지고 함수로 바뀝니다. 연산이 관계로 바뀌는 거예요. 사실 연산도 관계입니다. 왜 그러냐면, 2+3=5죠. 2와 3이 덧셈(+)이라는 것 때문에 5로 바뀌는 거잖아요. 이것을 중학교에선 함수라고 하는 거예요. 그런데 이 함수라는 연산이 의미로 이해되지 않고 그냥 암기해야 하는 것이 되면 어려워지는 겁니다.

함수는 결과가 아니고 관계입니다. 답이 아니고, 관계를 보는 거예요. 이 관계는 분명히 두 개 이상의 대상이 있어야 하는 겁니다. 초등학교에서는 이 최초의 경험이 '분수'입니다. 분자, 분모가 두 개의 숫자예요. $\frac{1}{3}$이란 하나를 세 개로 똑같이 쪼갠 것 중 하나라고 말씀드렸죠. '쪼갠 것'이라는 것과 '그중 하나'라는 것이 둘 사이의 관계니까, 분수가 최초로 관계를 말하는 경험이에요. 그래서 분수 개념은 중고등학교에 올라가면서 계속 문제가 되는 겁니다. 5학년에 배우는 비율도, 몇 대 몇은 두 개입니다. 그것도 분수죠. 그다음, 변화율이라는 것은 중·고등학교에서는 함수나 기울기, 또는 미분에 다 나타나는 겁니다. 확률도 분수죠. 미분계수도 분수죠. 이 사이에는 5·6학년에 비율이라는 게 끼어 있어요. 비례식이죠.

비율을 문제 푸는 식으로 이용해버리면, 학생들은 '외항의 곱은 내항의 곱과 같다'라는 공식을 철저하게 쓰는데, 그 공식은 비율 개념이 사라진 겁니다. 비율은 몇 대 몇, 두 개가 남아 있어야 하는데, 외항과 내항을 곱해버리면 숫자가 하나로 변해요. 그럼 비율이 사라집니다. 그럼 비의 개념이 사라져요. 그래서 가급적 그런 공식을 쓰지 않아야 하는데, 우리나라가 이 비례식의 성질을 가르치고 그것을 이용하는 문제를 많이 풀게 하고 있어서 걱정입니다. 저는 빼라고 요구하지만, 문제 푸는 데 좋다고 빼지 않아요.

이런 비율이 일정하게 유지되면 그게 바로 비례가 되는 거예요. 일정하다는 말은 이후에 굉장히 중요한 역할을 합니다.

중학교 수학에서 사용하는 문자는 단순히 세모, 네모가 문자로 바뀐 게 아닙니다. 왜 그러냐면, 너무나 다양하기 때문이에요. x, y가 단

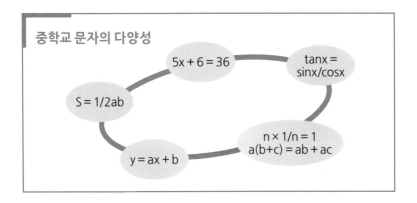

중학교 문자의 다양성

$5x + 6 = 36$

$tanx = sinx/cosx$

$S = 1/2ab$

$n \times 1/n = 1$
$a(b+c) = ab + ac$

$y = ax + b$

순하게 미지수만 나타내는 게 아니에요. 아래는 중1 처음에 나오는 식입니다.

[1] $5x+6=36$

방정식이라는 거죠. 여기에서는 x값 구하는 게 관심사예요.

[2] $n \times \dfrac{1}{n} = 1$
 $a(b+c)=ab+ac$

문자가 들어 있는 식인데, 어떤 수에다 역수를 곱하면 1이라는 거죠. 다음은 분배 법칙을 설명하는 겁니다. n이 얼마고 a, b가 얼마인지를 구하는 게 아니에요. [1]에서는 x값을 구하는 거지만, [2]에서는 관심이 달라집니다. 여기에서 "선생님, n이 얼마예요?" 묻는 아이가 있어요. 왜냐하면 문자만 보면 답을 구해야 하니까. (웃음)

[3] $y=ax+b$

그다음 y가 나와요. 이건 함수예요. x와 y가 막 변해요. [1]에서는 x가 안 변합니다. x가 얼마입니까? 6이죠. [3]에서는 "x가 6이에요, 7이에요?" 하고 아이들이 물어요. "x가 6이어도 되고 7이어도 되지." "그런 게 어딨어요? 답이 뭐예요?" 계속 묻습니다. 그러면 저는 "여기는 답 없어. 함수야" 하고 답해주죠.

[4] $S = \dfrac{1}{2}ah$

이건 삼각형의 넓이를 구하는 공식이에요. 공식이라 다른 것하고 다릅니다. [2]도 수의 계산 법칙을 일반화한 식이지만, [4]는 삼각형의 넓이를 구하는 공식입니다.

[5] $\tan x = \dfrac{\sin x}{\cos x}$

이것도 공식으로, 탄젠트가 코사인분의 사인이라는 걸 나타내는, 고등학교 때 나오는 공식이죠.

공식들 각각에서 x가 하는 역할이 다 달라요. 그렇기 때문에 아이들은 처음 이런 공식을 접할 때 x를 우습게 여기다가 나중에 난리가 나죠. 문자만 보면 겁이 나는 거예요.

중학교에서 고등학교로

중학교에서 고등학교로 올라가면 학습 내용이 급증합니다. 특히 이과가 그렇죠. 이과는 책이 여섯 권이에요. 그런데 그것을 4학기로 압축 지도합니다. 그다음에 EBS 연계 교재 다섯 권 해야죠. 그리고 수능 기출 문제를 유형별로 풀어봐야 합니다. 이게 이과 고등학생이 해야 할 최소한의 학습이에요. 거기다가 대학의 수리논술 시험도 준비해야 합니다.

수리논술이 부담이 엄청 큰 것은, 또 다른 공부를 해야 하기 때문입니다. 본고사죠. 수능과 전혀 관계없는 공부예요. 교과서와 EBS 교재들은 다 수능용인데, 수리논술은 아니에요. 그래서 이 시험이 학생들에게 부담이 되지 않도록 교육과정을 수능이 지켜달라고 요구한 게 '선행학습규제법'인데, 작년까지는 수리논술 시험이 그 법의 영향을 안 받았지만, 올해부터 법이 시행됐어요. 그래서 지난 두 달간 교사 74명이 다 검토해보았는데, 작년에 비해서 나아지지 않았어요. 서울대 심층면접 역시 어렵고요. 학생들에게 부담이 된다는 겁니다.

　그래서 이런 걸 다 하려니 고등학교에 올라가면 너무 힘들어서 선행을 하지 않으면 안 된다는 얘기가 나오는 겁니다.

　학습 내용이 크게 늘어나는 것에 대비하는 데는 선행학습이 일반적입니다. 6개월 정도의 선행학습은 허용하자는 분위기지만 저는 반대입니다.

　아이가 선행학습을 얼마나 해야 하는가? 중학교 때 고등학교 과목 일부 또는 전부를 미리 공부하고 고등학교에서는 내내 복습만 할 것인가? 고1 1학기 정도만 미리 할 것인가, 고1 1년 정도 할 것인가? 이런 고민에 저는 한마디로 '하지 마라'고 얘기합니다. 안 해도 됩니다.

　'개념을 연결하는 학습을 하라'. 그리고 '사고력 향상으로 대비하라', 이게 더 쉬운 답이라는 거예요. 억지로 공부하려 들지 말고, 개념을 학습하고 사고력을 키우는 데 매진하라는 겁니다.

　저는 고등학교에서 필요한 것이 초등과 중등의 문제풀이 기술이 아니라고 생각합니다. 필요 없습니다. 진짜로, 개념이 필요합니다. 고등학교 문제는 또 달라요. 당연히 문제 푸는 전략 또한 다릅니다. 그래서 초등·중등의 개념, 문제 해결 전략과 수학적 사고, 이 두 가지를 갖춰야 합니다.

문제 해결 전략(실천 전략)

- 일반화와 특수화(단순화)
- 모형(모델) 만들기(일반화, 만병통치)
- 차원적 사고(3차원 ➡ 2차원)
- 다양한 접근 사이의 차이점(최적화)
- 관찰을 통한 패턴 발견(귀납과 유추, 규칙 찾기)
- 변형과 형상화(다른 모델로, 그림 그리기, 표 만들기, 식 세우기)
- 거꾸로 풀기(분석적 사고)
- 반성(검산)
- 몸으로 생각하면서 감정이입

우선 문제 해결 전략은 위와 같이 정리했습니다. 제가 따로 설명을 드리지 않아도 이해하시겠죠? 이것을 아이에게 보여주고 문제 풀 때 항상 이런 걸 생각해보라고 하세요. 너는 문제 풀 때 일반화시켰니, 특수화시켰니? 다양한 접근법으로 했니? 3차원을 2차원으로 고쳐봤니? 거꾸로 풀어봤니? 반성해봤니? 하고 문제 풀 때마다, 되돌아볼 때마다 확인하는 겁니다. 그러다 보면 저절로 '아, 3차원은 2차원으로 고쳐야 하는구나', '아, 문제를 풀고 나면 검산해봐야 하는구나', '아, 거꾸로 푸는 것도 방법이구나' 하고 깨닫는 것이지 거꾸로 푸는 것을 어떻게 훈련합니까.

다음 '수학적 사고'는 조금 교육이 필요한데, 우리나라 교과서가 이 것을 교육과정에 전혀 담지 못하고 있습니다.

수학적 사고(아이디어)

- 자릿값(진법)
- 주기(패턴)
- 합과 곱(산술, 기하평균)
- 등주等周 문제(효율성, 경제성), 둘레와 넓이
- 등적等積 변형(2개가 동시에 변하는 것 처리 불가)
- 비율과 기울기 — 일정하다
- 대칭성
- 독립과 종속

다른 나라의 경우엔 이런 문제점을 파악해서 '수학적 사고'를 교육 과정에 포함시켰다고 제가 첫 시간에 말씀드렸습니다. 제가 우리나라 교육과정에 맞는 수학적 사고를 여덟 가지 정도 추렸는데, 말이 여덟 개지 더 많을 수도 있습니다. 예를 들어볼게요.

합과 곱(산술, 기하평균)

- 길이가 20cm인 철사로 만들 수 있는 사각형의 넓이

수학적 사고의 세 번째에 있는 '합과 곱'이라는 것은 아까 얘기한 합의 법칙, 곱의 법칙과는 좀 다릅니다. 그건 법칙이고, 이건 그냥 합과 곱인데, 고1에 나오는 산술·기하평균이라는 게 이 두 가지를 전제로 합니다. 상식적으로는 이렇게 초등학교에서도 할 수 있는데, 길이가 20센티미터인 철사로 직사각형을 만들었어요. 이 사각형 넓이가 제각각이겠죠? 막 구부려서 머릿속으로 만들어보세요. 0에서부터 25까지 나와요. 제일 큰 게 25예요. 제일 큰 게 25라는 것을 느끼는 것이 이 문제의 목적이에요. 네 변의 길이의 합은 20이죠? 넓이는 두 개를 곱하는 거예요. 합과 곱이에요. 합은 길이이고, 곱은 넓이예요. 이런 유형의 문제가 무척 많습니다. 이럴 때 합이 일정하면, 곱한 결과는 두 개가 같을 때 가장 큰 거예요. 저게 만약 오오[5×5]면? 25. 사륙[4×6]이면? 24죠. 삼칠[3×7]이면? 21. 이팔[2×8]이면, 16. 일구[1×9]는… 갈수록 어때요? 넓이가 작아지죠? 오오 정사각형 때 제일 큰 거예요. 이런 사고를 할 수 있어야 해요. 넓이뿐만 아니라 다른 걸 구하는 문제도 많습니다.

　어떤 가게에서 세일하면서 물건값을 올렸다 내렸다 합니다. 몇 퍼센트겠죠. 그럴 때도 똑같은 아이디어를 가지고 있어야 해요. 올렸다 내렸다 하는 대로 춤추면 문제 파악이 안 돼요.

삼각형의 길이도 늘였다 줄였다 합니다. 예를 들어 삼각형의 긴 변을 10% 줄이고 짧은 변을 10% 늘여서 예각삼각형을 만들었다면 넓이는 어떻게 변할까요? 넓이는 구할 수 있어요. 그게 중요한 게 아니고, 늘이고 줄이는 게 똑같이 10%면 변한 게 없어요. 합이 일정한 겁니다. 그런데 넓이는 곱이란 말이에요. 곱에 변화가 생겨요. 그 변화를 이해하는 것이 중요합니다.

실수의 대소 관계 수식

• 다음 세 실수의 대소 관계는?

$$A = \sqrt{4999} + \sqrt{5001}$$
$$B = \sqrt{4998} + \sqrt{5002}$$
$$C = \sqrt{4997} + \sqrt{5003}$$

중3쯤 되면 이런 큰 수는 제곱을 해서 비교하면 돼요. 제곱한다는 건 곱한다는 건데, 곱할 수 있겠어요? 그런데 앞에서 익힌 곱셈 감각으로 따져보면 어느 게 제일 크겠어요? A가 제일 커요. 왜냐하면 합이 항상 일정하고(10,000) 4999와 5001의 차이가 작기 때문에 그렇습니다. 아까 사각형 넓이 문제와 똑같아요. 넓이가 오오일 때 제일 컸죠? 사륙, 삼칠, 이팔로 갈수록 점점 작아졌어요. A, B, C를 각각 제곱해서 더하면 다 똑같이 10,000입니다. 4999×5001, 4998×5002, 4997×5003 등 둘의 곱은 차이가 작을수록 큰 거예요. 둘다 5000, 즉 5000×5000일 때 제일 크죠. 이런 게 합과 곱에 대한 수학적 사고입니다.

등주 문제(효율성, 경제성)

둘레가 똑같다는 등주等周  문제의 핵심은 효율성, 경제성 입니다. 꿀벌이 육각형으로 집을 짓죠. 왜 육각형으로 집을 지을까요? 다큐멘터리를 보면 나무껍질을 갉아 자기 침을 섞어서 갖다 붙여 집을 짓는데, 얼마나 힘든지 몰라요. 며칠 동안 짓습니다. 꿀벌은 어떤 심정이겠어요? 기왕이면 같은 재료로 넓게 짓고 싶겠죠. 재료는 등주等周죠. 둘레는 똑같은데 사각형이나 삼각형으로 지으면 넓이가 좁아져요. 그래서 육각형으로 짓는 거죠. 그럼 칠각형, 팔각형이면 더 좋지 않을까요? 어떻게 되겠어요? 저렇게 딱 맞물리는 집을 지을 수가 없어요. 딱 맞물리는 걸로 최대는 육각형밖에 안 됩니다. 팔각형, 구각형으로는 결코 저런 집을 지을 수가 없어요. 효율성과 경제성에 관련된 문제죠.

보도블록을 보세요. 어떻게 생겼습니까? 흔하게 보는 건 다 사각형이죠? 물론 육각형도 있고 삼각형도 있습니다. 이것도 등주 문제입니다. 음료수 캔 모양 어떻게 생겼어요? 둥그렇죠. 음료수 캔은 둥글수록 좋아요. 문제는, 벌집을 둥글게 지었다가는 어떻게 되겠어요? 구멍이 뻥뻥 뚫리니까 둥글게 못 짓는 거죠. 음료수는 철판 값이 아까워서 둥글게 만드는 겁니다. 이 각이 커질수록 재료비가 안 드는 거예요. 그래서 음료수 캔은 다 원으로 만들 수밖에 없어요. 풍선도 공 모양으로 커지죠. 그래야 바람을 많이 담을 수 있는 겁니다. 그렇지 않으면 터져버려요. 풍선이 불어나는 형태도 최대한 재료를 덜 쓰려는 겁니다.

둘레와 넓이 문제

제가 새벽이나 점심 때 항상 가서 걷는 전쟁기념관 바깥쪽으로 빨간색 산책로가 있습니다. 그런데 저는 그렇게 돌지 않고 전시관 가운데로 들어가요. 그다음에 오른쪽으로 빠집니다. 그리고 뒤로 갔다가 왼쪽으로 갔다가 다시 가운데로 와서 복도를 돌아서 밑으로 나오는 검정색 코스를 걷습니다. 어느 쪽이 더 많이 걷게 될까요? 똑같죠. 둘

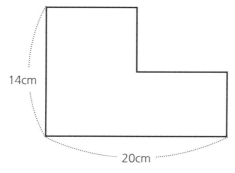

레는 똑같습니다. 제가 걸은 코스가 각은 많지만 둘레는 똑같습니다. 하지만 넓이는 다르죠?

초등학교 5학년에 이 문제가 나옵니다(다각형 이미지). '둘레가 얼마인가요?' 물었어요. 제가 갔던 학급에 학생이 서른 명 정도 있었는데, 이 문제를 푼 학생이 두 명이에요. 5학년이 이걸 못 풀어요. 학생이 물어요. "선생님, (표시가 없는) 이 길이가 얼마예요?" 그거 알려줘야 해요? (웃음) 넓이하고 둘레 개념이 없는 거예요. 둘레는 어떻게 가든 다 똑같습니다. 우리 아이들이 항상 수치를 보고 계산하는 습관이 있어서, 둘레를 못 구해요.

등적 변형(둘 중 하나만 변하면 쉽다!)

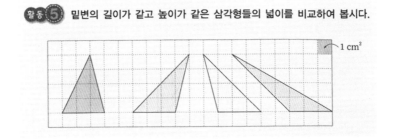

활동 5 밑변의 길이가 같고 높이가 같은 삼각형들의 넓이를 비교하여 봅시다.

등적 변형은 5학년 책에 나옵니다. '밑변의 길이가 같고 높이가 같은 삼각형들의 넓이를 비교하여 봅시다.' 밑변은 모두 세 칸, 높이는 모두 네 칸씩이죠? 그러면 넓이가 어떻겠어요? 다 똑같죠. 이렇게 삼각형 넓이를 낼 때는 밑변하고 높이를 가지고 구하는 거니까, 밑변의 길이와 높이의 길이를 비교하는 거예요. 만약 밑변이 똑같을 때, 높이가 세 칸짜리 있고 다섯 칸짜리 있으면 높이의 비가 넓이의 비가 되는 거예요. 밑변과 높이 두 가지가 변할 수 있는데 그중 안 변하는 게 있다면, 변하는 것만 가지고 구하는 거예요. 차원이 달라지는 거죠.

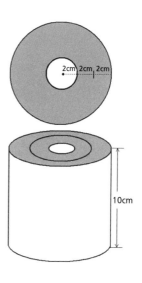

두루마리 휴지가 있어요. 가운데는 비었죠. 반지름이 6센티미터인데, 안쪽 2센티미터가 비었고 나머지를 반으로 나누면 2센티미터입니다. 그럼 바깥 부분의 휴지와 가운데 부분 휴지가 몇 대 몇일까요? 이런 문제를 내면 어떤 학생은 넓이만 구해서 부피를 비교합니다. 그런데 보통 학생들은 꼭 부피까지 재요. 똑같은 부분은 빨리 무시하고 비교되는 부분만 재면 된다, 이런 사고를 해야 합니다. 그게 등적 변형이라는 겁니다.

아까 문제 해결 전략에서 '차원적 사고'를 하라는 내용이 있었죠. 학생들이 어려워하는 게 공간도형, 삼차원입니다. 삼차원을 삼차원으로는 못 풀어요. 한 차원 줄여야 해요. 삼차원을 이차원으로 바꿔놓으면 입체도형이 아니고 평면도형(이차원도형)이 되죠. 그런데 학생들이 그런 사고를 못해요.

비율

비율입니다. 214쪽의 그림을 보세요. 이런 문제 많이 보셨죠? 표시된 작은 칸은 왜 생겼을까요? 위아래 삼각형이 같은 삼각형이 아니라 비율이 달라요. 중학교에서는 이걸 일차함수라고 해요. 고등학교에

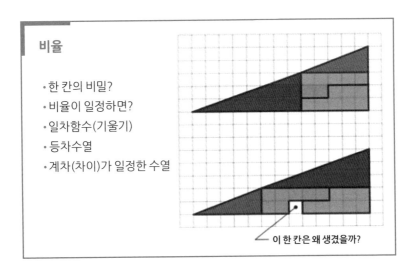

올라가면 이걸 등차수열이라고 해요. 학생들은 일차함수와 등차수열을 별개로 생각해요. 고등학생들한테 등차수열이 뭐냐고 물으면 일차함수라고 말하는 녀석이 거의 없어요. 또, 수열 중에서 어려운 게 계차(계차라는 말도 없애고 '차이'라고 해야 하는데), 즉 차이가 일정한 수열이에요. 차이가 등차수열로 변하거든요. 차이의 비율, 차이의 변화가 일정한 수열도 있죠. 이건 다른 수열이지만 어쨌든 '일정하다'는 말이 계속 나오죠?

'일정한 비율'을 유지하면 다 일차원적으로 움직이는 겁니다. 이런 것이 도형에서부터 단순한 비율, 함수와 수열에 다 들어 있는 거예요.

독립과 종속

• 확률에서 독립과 종속
• 일반 관계에서 독립과 종속

214

- 항등식과 방정식(k의 값에 관계없이)
- 행렬의 독립과 종속(A=kE)
- 부등식과 범위

  $f(x)=ax+b$일 때, $2<f(1)<4$, $0<f(2)<3$이면 $\square<f(3)<\square$이다.

  $1\leq x\leq 3$, $x+y=5$를 만족하는 임의의 실수 x, y에 대하여

  $\square\leq x^2+y^2\leq\square$이다.

가장 어려운 개념이 독립과 종속입니다. 교과서에서 전혀 명시적으로 다루지 않아요. 확률에서 독립과 종속은 명시적으로 다룹니다. 일반 관계에서의 독립과 종속은 너무나 어려운 개념입니다. 학생들이 많이 틀립니다.

항등식과 방정식은 중1에 나오고 고1에도 나오는데, 'k의 값에 관계없이'라는 말은 '독립'이라는 말이에요. 그런데도 이 둘 사이에 흐르는 '독립'과 '종속'이라는 개념이 단순한 것 같지만 굉장히 어려워요. 행렬이 지금은 교육과정에서 빠졌지만, 앞으로 들어올 수도 있습니다. 행렬에 독립과 종속이 있는데, 어떤 행렬이 단위행렬의 실수배라고 하면 k가 개입되죠. 그러면 관계가 생기는 거예요. '종속관계'입니다. 이게 아니면 '독립관계'가 되는 거예요. 이 두 관계를 풀어내는 방식이 전혀 다릅니다. 상당히 어렵지만 고등학생도 알아야 한다고 생각하는 내용입니다.

제가 여러 곳에서 강의해보면 이 문제를 완벽하게 해결하는 학생이 거의 없습니다. 비슷한 것 같지만, 하늘과 땅 차이예요. 독립은 두 개가 전혀 관계없는 것이고, 종속은 서로 영향을 주는 것인데 그 관계를 따지는 게 만만치 않습니다. 그런 관계를 민감하게 느낄 수 있어야 학

생들이 고등학교 수학을 제대로 해결할 수 있다는 정도만 아시면 될 것 같습니다.

올바른 수학 교육을 위하여

현재 우리 교육과정은 지식만으로 짜여 있습니다. 사고를 키우는 게 포함돼야 해요. 2015년 9월에 확정된 2015 교육과정 개정안에 그 부분을 포함해달라고 강력히 요구했지만 미비합니다. 그래서 우리 단체가 대안 교과서를 개발할 계획을 세우고 있습니다.

학교에서는 학생들이 먼저 수학 개념을 발견하기를 오래 참고 기다려주는 교수법, 선생님이 먼저 앞서가지 않고 학생들이 먼저 하도록 참아주는 것, 뒤따라가는 것, 이런 교수법이 전파되기를 희망합니다.

마지막은 실패한 학생들이 다시 도전할 수 있는, 위계성 없는 교육과정이 개발되기를 바랍니다. 제가 첫 강의 때 탑을 쌓는 게 아니고 연립주택이나 책꽂이처럼 아무 데나 빼서 보면 바로바로 수학을 할 수 있는, 그런 교육과정을 만들어야겠다고 했잖습니까? 현재 전 세계 어느 나라에도 없습니다. 최근 제가 몇몇 선생님들과 의기투합해서 만들자는 데까지는 합의했는데, 만들 수 있을지는 저도 미지수입니다. 관심을 가지고 지켜봐주십시오.

5장
수학 학원이 필요 없는 수학

임홍덕 수학 강사

시사IN 이명익

'수학하는 법'과 '진짜 수학'을 가르쳐야

전철을 타고 오면서 생각했습니다. 오늘 내가 하려는 것이 과연 수학에 대한 강의인가? 저는 수학 강사보다 수법 강사로 불리고 싶습니다. 왜냐하면 우리가 쓰는 수학이라는 이름으로 경험되는 것들이 진짜 수학과는 많은 차이가 있기 때문입니다.

수법이란 수학하는 법의 줄임말입니다. 우리는 초·중·고 12년 동안 수학을 공부하고도, 정작 '수학하는 법'과 '진짜 수학'에 대해 진지하게 배운 적이 없습니다. 우리가 배운 것은 정답 맞히기에만 관심 있는 입시 수학이라는 허수아비뿐이고 이것은 태생적으로 사교육을 부추깁니다.

저는 사람들이 진짜 수학이 무엇인지만 알면 사교육은 저절로 사라질 거라 생각합니다.

그러면 진짜 수학은 무엇일까요?

지금부터 진짜 수학이 무엇이고 그것이 어떻게 사교육을 해결할 수 있는지 함께 고민하는 시간을 갖도록 하겠습니다.

우선 아래 경찰대에서 출제되었던 문제를 한번 풀어보세요.

문제 ....

범죄가 발생한 지점을 중심으로 하여 정사각형 모양이 되도록 네 꼭짓점 A, B, C, D를 설정한 후, 다음과 같은 방법으로 수사망을 좁혀서 범인을 검거하려고 한다.

(가) 정사각형 ABCD의 대각선의 교점이 범죄가
    발생한 지점이다.

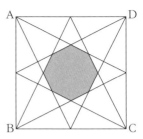

(나) 각 꼭짓점에서 그 꼭짓점과 이웃하지 않는
    두 변의 중점을 각각 선분으로 연결한다.

(다) 각 꼭짓점과 변의 중점을 연결한 선분에 의해
    둘러싸인 영역을 새로운 수사망으로 한다.

정사각형 ABCD의 한 변의 길이가 2km일 때, 새로운 수사망의 넓이는?

이 문제에 필요한 공식은 초등학교 때 배우는 삼각형의 넓이 공식뿐입니다. 그러나 $\frac{1}{2}\times$(밑변)$\times$(높이)를 안다고 해서 모두 이 문제를 푸는 것은 아니죠. $\frac{1}{2}\times$(밑변)$\times$(높이)를 이 문제와 연결하는 힘이 있으면 풀 수 있지만 그 힘이 부족하면 이 문제를 풀 수 없습니다.

진짜 수학은 누구나 관계없이 이 연결하는 힘을 증가시키는 것이고, 입시 수학은 누가 연결을 잘하는지 테스트하고 선별하여 필터링하는 것입니다. 그 이유는 강의를 진행하면서 상세히 설명하겠습니다.

위의 문제를 생각해보시고 위의 문제에 대한 다음 3가지 해설을 봐주세요.

스마트폰을 이용해 QR코드를 찍으면
다음 문제의 풀이 해설 강의를 동영상으
로 볼 수 있습니다.

우선 다음 〈풀이 3〉과 〈풀이 1〉이라는 두 가지 해설을 비교해보세요. 둘 중 과연 어떤 풀이가 더 마음에 드는지 한번 판단해보세요.

풀이 3

오른쪽 그림과 같은 방법으로 그려진 정팔각형의 넓이는 주어진 정사각형의 넓이의 $\frac{1}{6}$배이다. 주어진 정사각형 ABCD의 한 변의 길이가 2이므로 정사각형의 넓이는 4이고, 따라서 정팔각형의 넓이는 $\frac{1}{6} \times 4 = \frac{2}{3}$가 된다.

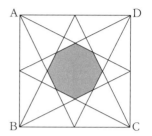

풀이 1

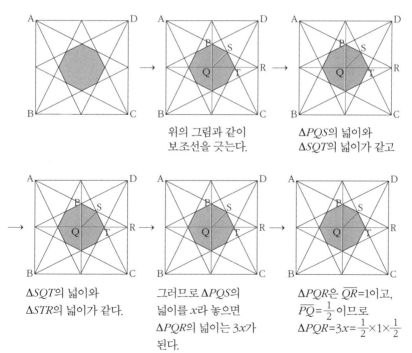

위의 그림과 같이 보조선을 긋는다.

ΔPQS의 넓이와 ΔSQT의 넓이가 같고

ΔSQT의 넓이와 ΔSTR의 넓이가 같다.

그러므로 ΔPQS의 넓이를 x라 놓으면 ΔPQR의 넓이는 $3x$가 된다.

ΔPQR은 $\overline{QR}=1$이고, $\overline{PQ}=\frac{1}{2}$이므로 $\Delta PQR=3x=\frac{1}{2}\times1\times\frac{1}{2}$

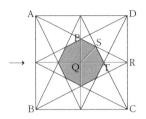

$$3x = \frac{1}{4} \rightarrow x = \frac{1}{12}$$
그러므로 구하고자 하는넓이는 $8x = \frac{8}{12} = \frac{2}{3}$

〈풀이 3〉과 〈풀이 1〉 둘 다 정답은 모두 $\frac{2}{3}$가 나왔습니다. 둘 중 어떤 것이 더 수학적인 이해일까요?

정답 위주, 점수 위주로 생각하면 〈풀이 3〉이 훨씬 더 매력적일 수 있습니다. 하지만 대부분의 사람들은 〈풀이 3〉보다는 〈풀이 1〉이 수학적인 이해라는 것을 본능적으로 느낍니다. 왜냐하면 원래 이해란 자신이 이미 알고 있는 것과 연결하는 과정이 반드시 필요하기 때문입니다. 자기가 아는 것을 이용해 일련의 연결 과정을 통해 모르는 걸 알아내는 것, 이것이 수학적 이해라는 것을 꼭 알아두십시오. 수학적 이해란 '삼각형 넓이를 알아? 그럼 그걸 가지고 이렇게 해보면 이것도 알수 있어'라는 식으로 진행되는 것이지 느닷없이 〈풀이 3〉처럼 모르는 공식을 알려주고는 정답을 내는 것이 아닙니다. 그러나 삼각형의 넓이를 이용한 〈풀이 1〉이 수학적 이해이지만 이것은 풀이 과정이 길고 어렵습니다.

그래서 입시 수학에서는 〈풀이 3〉이 선호됩니다. 왜 그런지는 차차 설명하겠지만 입시 수학의 가장 큰 문제점은 수학 역사상 가장 중요한 문제들을 대부분 〈풀이 3〉의 형태로만 처리해버린다는 것입니다. 저는 이것만 바로잡으면 사교육이 해결될뿐더러 보다 많은 사람들이 지금보다 훨씬 더 재미있고 유익한 수학을 경험할 수 있으리라고 생각합니다.

그렇다고 〈풀이 3〉이 나쁜 것이라고 오해해선 안 됩니다. 〈풀이 3〉이야말로 수학의 금자탑을 쌓을 수 있는 강력한 도구입니다. 다만 그것이 정말 금자탑이 되기 위해서는 〈풀이 2〉에 대한 이해가 반드시 있어야 합니다. 만약 지금부터 설명할 〈풀이 2〉를 이해한다면 〈풀이 3〉 역시 수학적 이해로 마법처럼 바뀝니다. 그리고 수학 공식이 무엇인지, 수학 공식을 외워야 하는지 말아야 하는지, 수학은 암기가 필요한지 아닌지에 대해서 스스로 생각할 수 있을 것입니다.

〈풀이 2〉는 〈풀이 1〉과 똑같은 과정으로 풉니다. 다만 문제를 정사각형의 한 변의 길이를 2에서 a로 바꿉니다. 이렇게 숫자 대신 문자를 쓰는 것을 대수代數, algebra라고 부르는데 아주 중요하고 어려운 여러 문제를 한 번에 모두 쉽게 만드는 강력한 힘을 갖고 있습니다.

풀이 2 ··

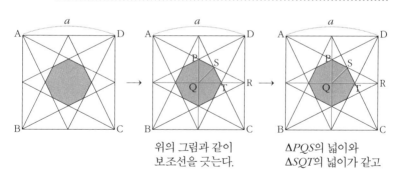

위의 그림과 같이
보조선을 긋는다.

ΔPQS의 넓이와
ΔSQT의 넓이가 같고

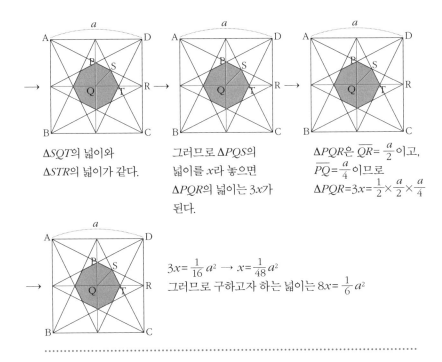

ΔSQT의 넓이와
ΔSTR의 넓이가 같다.

그러므로 ΔPQS의
넓이를 x라 놓으면
ΔPQR의 넓이는 $3x$가
된다.

ΔPQR은 $\overline{QR}=\dfrac{a}{2}$이고,
$\overline{PQ}=\dfrac{a}{4}$이므로
$\Delta PQR=3x=\dfrac{1}{2}\times\dfrac{a}{2}\times\dfrac{a}{4}$

$3x=\dfrac{1}{16}a^2 \rightarrow x=\dfrac{1}{48}a^2$
그러므로 구하고자 하는 넓이는 $8x=\dfrac{1}{6}a^2$

〈풀이 3〉에서 정사각형의 한 변의 길이를 a라 놓으면 정답은 $\dfrac{1}{6}a^2$이 나옵니다. 이것을 해석하면 a^2이 정사각형의 넓이이므로 $\dfrac{1}{6}a^2$을 정사각형의 넓이의 $\dfrac{1}{6}$배라고 해석할 수 있습니다.

이제 〈풀이 2〉를 이해한 사람에게 〈풀이 3〉은 수학적 이해라 할 수 있습니다.

하지만 〈풀이 2〉를 모르는 상태에서 〈풀이 3〉은 정답은 나오지만 수학적 이해를 했다고 할 수 없습니다. 〈풀이 1〉, 〈풀이 2〉, 〈풀이 3〉의 형태를 잘 기억해주세요. 이것이 진짜 수학 공부의 핵심입니다.

정답 맞히기가 최우선인 입시 수학의 가장 큰 문제점은 수학 역사상 가장 중요한 수학 문제들을 대부분 〈풀이 1〉이나 〈풀이 2〉 없

이 〈풀이 3〉의 형태로 처리해버린다는 점입니다.

정답만 찾는 문제풀이식 수학 교육이 입시 수학의 문제점

방금 푼 '경찰대 문제'는 삼각형의 넓이를 이용해서 풀 수 있는 아주 좋은 문제지만 수학 역사상 가장 중요한 문제는 아닙니다. 그렇다면 '경찰대 문제'보다 백 배 천 배 좋은 삼각형의 넓이에 관한 수학 역사상 가장 중요한 문제는 무엇일까요?

대치동의 유명한 강사가 가르치는 비밀 프린트 같은 것일까요? 아니면 연간 10억 원씩 문제개발비를 투자한다는 인터넷 일타 강사의 강의에만 있는 문제일까요?

아닙니다. 수학 역사상 가장 중요한 문제는 우리 모두가 교과서나 참고서에서 쉽게 접할 수 있는 문제입니다. 다만 입시 수학은 그 문제를 제대로 이용하는 법을 가르쳐주지도 않고 그 놀라운 유익함을 경험하지도 못하게 만듭니다.

수학 역사상 가장 중요한 문제의 예를 우선 하나 들어보죠.

226쪽의 문제를 '경찰대 문제'와 마찬가지로 반드시 '삼각형의 넓이' 공식만을 이용해 풀어보세요.

오른쪽 그림과 같은 직각 삼각형에서 빗변 x의 길
이를 구하여라.

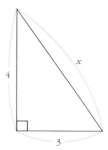

스마트폰을 이용해 QR코드를 찍으면
다음 문제의 풀이 해설 강의를 동영상으
로 볼 수 있습니다.

　수학은 우리가 생각하는 입시 수학처럼 정답에 관심을 갖고 출발
한 학문이 아닙니다. 만약 수학 역사상 가장 위대한 위의 문제에 정답
을 구한다는 생각만으로 접근하면 아무것도 아닌 문제로 전락해버립
니다. 반드시 지금 이 시간만큼은 정답 위주로 이 문제에 접근하지 말
고 '삼각형의 넓이와 연결해서' 접근해보시고 경찰대 문제와 마찬가지
로 3가지 풀이법을 확인해보시기 바랍니다.

풀이 3 ....

오른쪽 그림과 같은 방법으로 그려진 직각삼각형에서
빗변 길이의 제곱은 나머지 두 변 길이의 제곱의 합과
같으므로 $x^2=3^2+4^2 \rightarrow x^2=25 \rightarrow x=5$

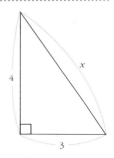

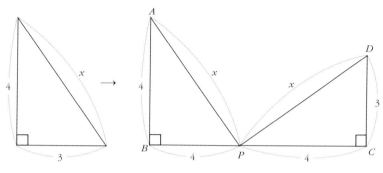

삼각형을 시계 반대 방향으로 $90°$ 회전하여 붙인다.

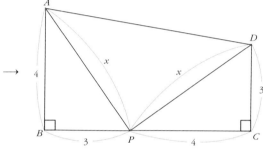

사다리꼴 $ABCD$의 넓이는
$\Delta ABP(=6)$, $\Delta APD\left(=\dfrac{1}{2}x^2\right)$,
$\Delta PDC(=6)$의 넓이 합과 같다.
$\therefore ABCD$의 넓이$= 12+\dfrac{1}{2}x^2$ - ㉠

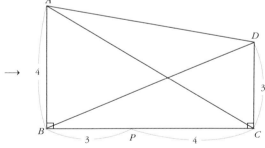

한편 사다리꼴 $ABCD$의 넓이는
$\Delta ABD(=14)$, $\Delta BCD\left(=\dfrac{21}{2}\right)$의
넓이 합과 같다.
$\therefore ABCD$의 넓이$= 14+\dfrac{21}{2}=\dfrac{49}{2}$ - ㉡

→ ㉠$=$㉡이므로 $12+\dfrac{1}{2}x^2=\dfrac{49}{2}$

→ 양변에 2를 곱하면 $24+x^2=49 \rightarrow x^2=25 \rightarrow x=5$

....

정답 중심, 점수 위주의 입시 수학에서 〈풀이 3〉의 유혹을 거부하기란 힘듭니다. 그러나 〈풀이 1〉과 〈풀이 2〉를 모르는 상태에서 〈풀이 3〉은 연결의 힘을 키울 수 있는 역사상 가장 중요한 문제의 유익함을 전혀 얻을 수 없게 만들어요.

　경찰대 문제와 마찬가지로 〈풀이 2〉를 이해한다면 〈풀이 3〉은 수학적 이해이지만 그렇지 않은 상태에서의 〈풀이 3〉은 전혀 수학적 이해라고 할 수 없습니다.

　〈풀이 2〉는 경찰대 문제와 마찬가지로 주어진 두 변의 길이 3과 4 대신 문자 a와 b를 넣어 〈풀이 1〉과 똑같은 방법으로 계산해보면 됩니다.

풀이 2 ....

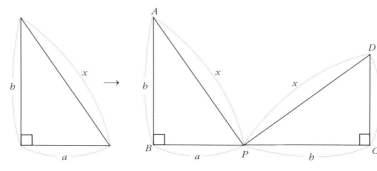

삼각형을 시계 반대 방향으로 $90°$ 회전하여 붙인다.

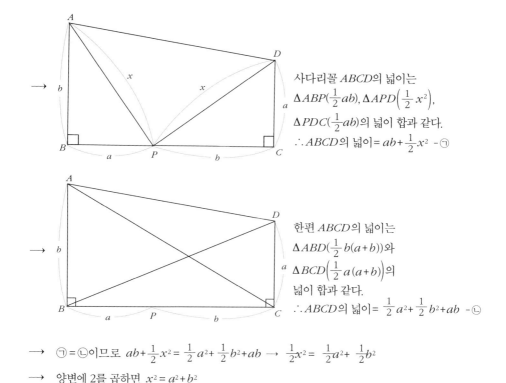

사다리꼴 $ABCD$의 넓이는
$\triangle ABP(\frac{1}{2}ab), \triangle APD\left(\frac{1}{2}x^2\right),$
$\triangle PDC(\frac{1}{2}ab)$의 넓이 합과 같다.
$\therefore ABCD$의 넓이$= ab + \frac{1}{2}x^2$ -㉠

한편 $ABCD$의 넓이는
$\triangle ABD(\frac{1}{2}b(a+b))$와
$\triangle BCD\left(\frac{1}{2}a(a+b)\right)$의
넓이 합과 같다.
$\therefore ABCD$의 넓이$= \frac{1}{2}a^2 + \frac{1}{2}b^2 + ab$ -㉡

→ ㉠$=$㉡이므로 $ab + \frac{1}{2}x^2 = \frac{1}{2}a^2 + \frac{1}{2}b^2 + ab$ → $\frac{1}{2}x^2 = \frac{1}{2}a^2 + \frac{1}{2}b^2$

→ 양변에 2를 곱하면 $x^2 = a^2 + b^2$

〈풀이 2〉를 이해했다면 공식 $x^2 = a^2 + b^2$를 이용해서 이제 〈풀이 3〉
으로 빠르게 답을 구할 수 있습니다.

지금까지 두 문제를 3가지 방법으로 풀어봤습니다.

결론부터 말씀드리면 '경찰대 문제'는 〈풀이 2〉와 〈풀이 3〉은 할 필
요 없고 〈풀이 1〉만 할 줄 알면 됩니다. 왜냐하면 '경찰대 문제'는 수학
역사상 중요한 문제가 아니기 때문입니다. 하지만 '불멸의 문제'는 〈풀
이 1〉, 〈풀이 2〉, 〈풀이 3〉 모두 할 수 있어야 합니다. 왜냐하면 이 문제
야말로 수학 역사상 가장 중요한 문제이고 이런 과정을 거쳐 '개념'이

라는 칭호를 받은 문제이기 때문입니다.

정답 위주의 입시 수학은 수학 역사상 가장 중요하고 놀라운 문제를 대부분 제대로 풀지 않게 하면서 그보다 훨씬 질 낮은 예상문제, 적중문제 풀이에만 매달리게 합니다. 시험에 나올 유사한 문제를 미리 풀어 높은 점수를 받겠다는 발상은 수학을 배우는 학생에게 진짜 수학과는 정반대의 경험만 하게 만드는 것입니다. 그리고 학생들은 끝도 없이 쏟아져 나오는 상대적으로 질 낮은 수학 문제 속에서만 수학을 경험하게 됩니다.

그러면 우리는 어떻게 수학 역사상 가장 중요하고 놀라운 문제를 찾아낼 수 있을까요? 방법은 간단합니다. '이것이 백 년 전, 천 년 전에도 존재한 문제인가? 백 년 후 천 년 후에도 존재할 문제일까?'를 생각하시면 됩니다.

'경찰대 문제'는 백 년 전이나 천 년 전에는 없던 문제이고, 백 년 후엔 사라질 문제입니다. 하지만 '불멸의 문제'는 백 년 전 천 년 전에도 있던 문제이고 백 년 후 천 년 후에도 존재할 문제입니다.

수학 개념	수학 문제
고전 명작	유행, 최신 경향
통합적	단편적
107개	무한개
과정 연결 중심	정답 중심

더 간단하게 구분하는 방법은 수학 역사상 가장 중요하고 놀라운 문제들은 모두 개념이라는 칭호를 달고 있습니다. 사실상 개념은 문제

풀이의 도구가 아니라 그 자체가 역사상 가장 위대하고 놀라운 문제라는 것입니다.

입시 수학은 피타고라스 정리가 $x^2 = a^2 + b^2$ 이라는 것에만 관심을 두게 만듭니다. 진짜 수학은 피타고라스 정리가 삼각형의 넓이와 연결되는 것에 관심이 있습니다.

입시 수학은 삼각형의 넓이가 $\frac{1}{2} \times$ (밑변) $\times$ (높이)라는 것에만 관심을 둡니다. 진짜 수학은 삼각형의 넓이가 평행사변형의 넓이와 연결되는 것에 관심이 있습니다.

정답 중심 사고방식으로는
수학의 핵심인 개념 연결하기 이해 못해

입시 수학은 단편적인 개념을 이용해 예상문제, 적중문제를 푸는 것에만 관심이 있습니다. 진짜 수학은 하나의 개념을 이용해 다른 개념을 만들어내고 이것이 연속적으로 연결되는 경험을 하는 데 관심이 있습니다.

입시 수학은 연결하는 힘을 테스트하여 학생을 선발하는 데만 초점이 맞춰져 있습니다. 진짜 수학은 누구나 가진 그 연결하는 힘을 자극하고 키우는 데 초점이 맞춰져 있습니다.

진짜 수학은 바로 개념이라는 칭호가 붙은 것들을 문제풀이의 도구로만 쓰지 말고 유클리드가 그렇게 했듯 계속 연결해서 공부해보자는 것입니다.

그런데 지금의 교육과정에서 개념을 연결해 공부하려면 꽤 큰 용기가 필요합니다. 수학 개념을 제대로 공부하지 못하게 하는 아주 결정적 구조상의 문제가 있어요. 어떤 구조상의 문제인지 지금 공부한 중3 과정의 피타고라스 정리를 예로 들어보죠.

우리가 피타고라스 정리를 이해하려 할 때 절대 이용하지 말아야 할 단 하나의 공식이 있습니다. 무엇일까요? 바로 피타고라스 정리입니다.

피타고라스 정리로 피타고라스 정리를 설명하면 연결이 아닌 동어반복일 뿐입니다. 앞에서 우리는 삼각형의 넓이로 피타고라스 정리를 연결하여 설명했습니다. 그런데 학생들이 피타고라스 정리를 배우는 중3 2학기 중간고사 시험에 나오는 모든 문제는 피타고라스 정리를 이용하는 문제들입니다. 즉 시험을 보면 체감적으로 〈풀이 1〉과 〈풀이 2〉는 필요 없어 보이고 〈풀이 3〉만 필요해 보입니다.

앞의 예에서 보듯 피타고라스 정리는 삼각형의 넓이에 의해 풀리는 문제입니다. 그러나 피타고라스 단원의 시험문제는 삼각형의 넓이를 이용한 문제가 아닌 피타고라스 정리를 이용해 푸는 문제들만 출제됩니다.

이것이 바로 개념을 제대로 공부하지 못하는 구조적인 문제입니다.

눈이 눈을 볼 수 없듯
삼각형의 넓이로 삼각형의 넓이를 설명할 수 없다.

거울로 눈을 보듯

평행사변형의 넓이로 삼각형의 넓이를 설명할 수 있다.

우리 사는 지구에서 우리 사는 지구의 모양을 볼 수 없듯
피타고라스 정리로 피타고라스 정리를 설명할 수 없다.

달에 비친 지구의 그림자로 우리 사는 곳의 모양을 보듯
삼각형의 넓이로 피타고라스 정리를 설명할 수 있다.

수학은 항상 이것을 이것이 아닌 것으로 설명하려 한다.
이것이 수학이라는 게임에 적용되는 단 하나의 규칙Rule이다.

구조적 문제점 외에 개념을 연결하여 제대로 공부하기 힘든 이유는
또 하나 있습니다. 예나 지금이나 수학에 대한 치명적 오해 때문인데
바로 수학이 '정답' 구하는 게 목표인 학문이라는 생각입니다.

그러나 '정답 구하기' 위주로는 좀처럼 이해되지 않는 내용들이 수
학 개념에는 많이 포함되어 있습니다. 수학의 바이블이라 불리는 〈유
클리드 기하학 원론〉의 내용을 예로 들어볼게요.

삼각형의 '두 변의 길이의 합'과
나머지 한 변의 길이를 비교하면
어떤 게 더 짧을까요? 우리 모두
는 두변의 길이의 합보다 나머지
한 변의 길이가 더 짧다는 정답을
알고 있습니다. 그런데 〈유클리드

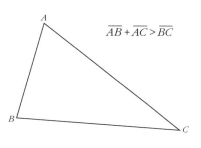

$$\overline{AB} + \overline{AC} > \overline{BC}$$

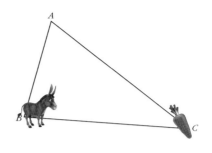

기하학 원론〉에선 이것을 '이등변 삼각형의 성질'과 '삼각형의 각이 크면 대응각도 더 크다'라는 성질을 이용해서 증명합니다. '정답' 중심의 사고방식으로 생각하면 절대 이해되지 않는 시도입니다.

실제로 쇼펜하우어 같은 철학자도 수학을 오해하여 〈유클리드 기하학 원론〉을 비웃었습니다. "위 그림과 같이 B 지점에 당나귀가 있고 C 지점에 당근이 있다고 하자. 그렇다면 당나귀는 과연 B-A-C로 돌아갈까? B-C로 바로 갈까? 당나귀는 아주 쉽게 B에서 직접 C로 이동해 당근을 먹을 것이다. 그러므로 수학자들은 당나귀도 쉽게 아는 것을 어렵게 증명하려 하는 멍청이들이다."

쇼펜하우어의 이야기는 수학이 정답을 목표로 설정됐다는 오해에서 비롯된 것입니다. 수학의 기본 정신은 '정답'이 아닌 '연결'입니다. 생각해보세요.

아래와 같이 3가지 지식이 있습니다.

① 삼각형의 두 변의 길이의 합은 나머지 한 변의 길이보다 길다.

② 삼각형의 각이 크면 대응변의 길이도 길다.

③ 삼각형의 두 변의 길이가 같으면 대응하는 두 각도 같다.

A와 B 모두 위의 3가지 지식을 알고 있습니다. 그런데 A는 3가지 지

스마트폰을 이용해 QR코드를 찍으면 다음 문제의 풀이 해설 강의를 동영상으로 볼 수 있습니다.

식을 서로 관계없는 것으로 낱개로 알고 있고, B는 3가지 지식을 알고 있을뿐더러 3가지 지식을 서로 연결할 수 있습니다. 어느 쪽이 창의력, 이해력, 소통 능력, 문제해결력, 유연성 등이 더 뛰어난 사람이겠어요?

수학적 지식이 아닌 다른 지식을 예로 들어보죠.

A와 B 모두 월, 화, 수, 목, 금, 토, 일도 알고 있고, 태양계의 행성도 알고 있습니다. 그런데 B는 월요일이 달과 관련 있고, 화요일은 화성, 수요일은 수성, 목요일은 목성, 금요일은 금성, 토요일은 토성, 일요일은 태양, 이런 식으로 육안으로 보이는 태양계의 행성들과 요일이 서로 연결되어 있는 것까지 알고 있습니다. 누가 더 풍부한 사고를 할 수 있는 사람일까요?

입시 수학은 대부분의 시간을 입시 관계자가 만든 수학 문제들을 푸는 데 시간을 보내게 만듭니다. 수많은 출판사와 학원 프랜차이즈 등에서는 계속해서 수학 문제들을 만들어내고 소비하게 만듭니다. 그 과정에서 정작 역사상 가장 중요하고 놀라운 문제인 수학 개념들은 제대로 가르치지 않습니다.

개념을 연결해서 수학 문제 풀어보기

과연 몇 문제나 풀어야 수학을 잘하게 될까요?

프랜차이즈를 하는 수학 학원은 50만 문제의 수학 문제 데이터베이스를 자랑합니다. 1년에 수학적으로는 가치 없는 수많은 수학 문제들이 새로 생산되고 소비됩니다. 아이들 입장에선 과연 어떤 문제를 얼마나 풀어야 할지 감을 잡을 수 없습니다.

이런 식의 공부는 항상 공평하지 않은 느낌, 수학을 잘못 공부하여 불이익을 받을 수 있다는 두려움을 갖게 하고 그런 두려움이 모여 거대한 사교육 시장을 만들고 유지시킵니다. 적중문제, 예상문제 중심의 입시 수학 체계에선 무언가 특별한 수학 문제들, 특별한 수학 선생을 찾을 수밖에 없고 사교육은 결코 줄어들지 않을 것입니다. 감당하기 힘든 사교육비도 문제지만 이런 식의 입시 수학이 수학을 더욱더 본질에서 멀어지게 만드는 것이 저는 더 가슴 아픕니다.

진짜 수학 공부는 이런 게 아닙니다.

진짜 수학 공부는 적중예상문제를 정답 구하기 위주로 공부하는 것이 아니라 개념들을 계속해서 연결하면서 공부하는 것입니다. 이것은 제가 새롭게 주창하는 수학 공부 방법이 아닙니다. 이미 2천5백 년 전 〈유클리드 기하학 원론〉에서 쓴 방법이며 아인슈타인, 뉴턴, 프톨레마이오스 2세, 레오나르도 다빈치, 토머스 홉스, 버트런드 러셀, 비트겐슈타인, 스피노자 등이 공부해 이미 효과를 본 공부법입니다.

이런 식의 공부를 좀 더 경험해보겠습니다. 정답 위주로 풀지 말고 '꼭 연결해서 풀어야 할 개념'과 연결하여 다음 문제들을 위와 같은 방법으로 해결해보시기 바랍니다(자세한 풀이 과정은 QR코드를 참고하세요).

스마트폰을 이용해 QR코드를 찍으면 다음 문제의 해설 강의를 동영상으로 볼 수 있습니다.

중 1

중 2

고 1

꼭 연결하여 풀어야 할 개념

(1) 평행한 두 직선과 한 직선이 만날 때 엇각이 같다.

**(풀이 1) 〈과정을 연결해 설명하는 능력〉- 조건 파악 능력, 창의력, 문제
해결력, 소통 능력, 배려심**

오른쪽 그림에서 각 x를 구하여라.

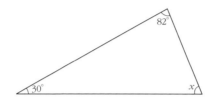

**(풀이 2) 〈과정을 생략하는 법을 만드는 능력〉- 시스템 구축, 일반화, 과
정 단축, 인내심, 메타인지**

삼각형의 세 각의 합이 항상 $180°$임을 보여라.

(풀이 3) 〈과정을 생략하는 법을 이용하는 법〉- 관점 이동, 유연성, 효율성

오른쪽 그림에서 각 x를 구하여라.

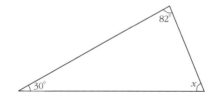

………………………………………………………………………………………

중1 문제 ……………………………………………………………………………

꼭 연결하여 풀어야 할 개념

(1) 삼각형의 넓이

(2) $a : b = c : d$이면 $ad = bc$

(풀이 1) 〈과정을 연결해 설명하는 능력〉- 조건 파악 능력, 창의력, 문제 해결력, 소통 능력, 배려심

오른쪽 삼각형에서 $\overline{DE}$와 $\overline{BC}$가 평행할 때 $\overline{EC}$의 길이를 구하여라.

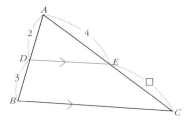

(풀이 2) 〈과정을 생략하는 법을 만드는 능력〉- 시스템 구축, 일반화, 과정 단축, 인내심, 메타인지

(2) 오른쪽 삼각형에서 $\overline{DE}$와 $\overline{BC}$가 평행하고 $\overline{AD}:\overline{DB}=m:n$일 때 $\overline{AE}:\overline{EC}$의 비도 $m:n$임을 보여라.

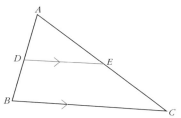

(풀이 3) 〈과정을 생략하는 법을 이용하는 법〉- 관점 이동, 유연성, 효율성

오른쪽 삼각형에서 $\overline{DE}$와 $\overline{BC}$가 평행할 때 $\overline{EC}$의 길이를 구하여라.

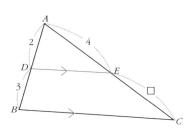

꼭 연결하여 풀어야 할 개념

(1) 피타고라스 정리 (2) 기울기의 정의

(3) AA 닮음 (4) 동위각

(풀이 1) 〈과정을 연결해 설명하는 능력〉 - 조건 파악 능력, 창의력, 문제 해결력, 소통 능력, 배려심

직선 $3x-4y+8=0$과 점 $(2, 1)$ 사이의 거리를 구하여라.

(풀이 2) 〈과정을 생략하는 법을 만드는 능력〉 - 시스템 구축, 일반화, 과정 단축, 인내심, 메타인지

직선 $ax+by+c=0$와 점 (p, q) 사이의 거리를 구하여라.

(풀이 3) 〈과정을 생략하는 법을 이용하는 법〉 - 관점 이동, 유연성, 효율성

직선 $3x-4y+8=0$와 점 $(2, 1)$ 사이의 거리를 구하여라.

....

학년별로 개념을 연결해 공부해보면 왜 입시 위주의 수학 공부가 학년이 올라갈수록 수학을 어렵게 만드는지도 알 수 있습니다.

고1 과정의 '직선과 한 점 사이의 거리' 안에는 아래 학년에서 배운 개념들이 스토리도 서로 연결되어 새로운 개념의 스토리가 탄생하는 걸 볼 수 있습니다.

점과 직선 사이의 거리(고1)

AA닮음(중2) 피타고라스 정리(중3)

기울기(중1) 삼각형의 넓이(초4)

혹시 영화 〈아름다운 인생〉을 보신 적 있나요? 마지막 장면을 보면 어린 아들 조슈아는 숨어 있고, 아버지 귀도는 눈을 찡긋하며 아들 앞을 독일군과 함께 우스꽝스러운 걸음걸이로 걸어갑니다. 이윽고 총성이 울리죠. 스토리를 연결해서 처음부터 본 사람은 이 장면에서 눈물을 흘리고 맙니다.

그러나 이런 위대한 장면도 이 장면만 부분적으로 편집해서 본다면 아무런 감동도 느낄 수 없을 겁니다. '단편적인 개념 정리 → 문제풀이' 식의 입시 수학은 마치 위대하고 감동적인 소설이나 영화를 갈기갈기 찢어서 단편적으로 공부하고 입시 관계자들이 만든 문제만 풀게 하는 것과 같은 것입니다. 학년이 올라갈수록 감동의 깊이가 깊어지기는커녕 점점 알 수 없는 이야기들만 등장하고 결국 수많은 '수포자'들을 만들어냅니다.

수학하는 법을 가르치자

이야기를 처음으로 되돌려서 피타고라스 정리를 다시 한 번 생각해봅시다.

아까는 삼각형의 넓이 공식과 연결해 x값을 구했습니다. 그런데 이번엔 '같은 것에서 같은 것을 빼도 같다'라는 수학의 공리axiom만을

QR코드를 찍으면 공리만으로 위의 문제를 푸는 해설 강의를 동영상으로 볼 수 있습니다.

가지고 문제를 풀어보죠.

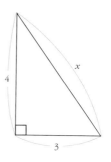

수학의 공리란 제정신이면 누구나 알고 있는 지식으로서 증명 없이 받아들이는 최초의 수학적 지식을 말합니다. 전 세계인을 대상으로 여론 조사를 해보면 삼각형의 넓이보다 '같은 것에서 같은 것을 빼도 같다'라는 지식에 대해 동의하고 알고 있는 사람이 훨씬 더 많을 것입니다. 이렇게 수학은 어떤 특별한 계시나 지식이 아닌 인간이라면 가장 보편적으로 받아들일 수 있는 지식에서 출발한 학문입니다. 제정신이라면 누구나 '같은 것에서 같은 것을 빼도 같다'라는 지식 정도는 알고 있습니다. 그러나 어떤 사람은 그 보편적인 지식을 자세히 보고 오래 보아 거기서 피타고라스 정리를 발견합니다.

사람들 대부분은 자기가 이미 아는 것, 자기가 이미 가지고 있는 것을 하찮게 보고 새로운 것을 알려고 하고 새로운 것을 가지려고만 하고 입시 수학은 그런 사람들의 욕망에 부흥해 수학을 왜곡시킵니다.

'같은 것에서 같은 것을 빼도 같다'.

수학하는 법이란 한마디로 내가 이미 아는 것, 내가 이미 가지고 있는 것을 자세히 보고 오래 보아 거기서 새로운 것을 발견하고 자기 것으로 만드는 방법입니다.

수학은 정말이지 자세히 보고 오래 보는 법을 익히는 학문입니다.

그런데 이런 힘을 키우려면 우선 정답 위주로만 생각하지 말고 수학적 이해가 무엇인지 알고 습관화해야 합니다. 우리는 흔히 익숙함을 수학적 이해로 오해합니다.

$$\frac{b}{a}+\frac{c}{a}=\frac{b+c}{a}, \ \frac{b}{a}\times\frac{c}{a}=\frac{bd}{ac}, \ (\sqrt{a}\,)^2=a \cdots$$

피타고라스 정리를 삼각형의 넓이와 연결하여 설명했듯이 수학적 이해가 되려면 반드시 이것을 이것이 아닌 지식과 연결하여 설명할 수 있어야 합니다.

그렇다고 제가 모든 수학적 지식을 수학적으로 이해하자는 건 아니에요. 그건 바라지도 않습니다. 그냥 수학 공부할 때만큼은 이것이 수학적 이해인지 아닌지 구분할 수 있게만 하자는 겁니다.

예를 들어보죠. 한때 19단 열풍이 불었던 적이 있습니다. 예를 들어 19×13을 계산할 때 19에 3을 더해 10을 곱합니다(220). 이제 일의 자리 9와 3을 곱한 27을 220에 더하는 방식입니다(220+27=247). 이것은 기존의 계산 방법보다 조작 횟수를 줄여 쉽게 계산되는 장점이 있지만 사용 범위가 19단에만 통한다는 단점이 있습니다.

다시 한 번 예를 들어보죠.

12×13은 어떤 방식으로 하면 될까요? 12와 3을 더한 후 10을 곱합니다(150). 그리고 일의 자리 2와 3을 곱한 6을 더하면 156이란 답이 나옵니다.

어떤 선생님이나 19단 관련 책에 이렇게 설명해놓고 19단을 연습시킬 수 있습니다.

괜찮습니다. 제가 주장하는 건 이렇게만 설명했다면 수학적 이해를

QR코드를 찍으면 19단의 빠른 계산과 다른 수학 지식을 연결하여 설명한 강의를 볼 수 있습니다.

바탕으로 한 것은 아니라는 걸 이 책을 쓰신 분이나 배우는 분 모두 알고는 있어야 한다는 것입니다.

다시 한 번 강조하지만 저는 모든 수학적 지식을 수학적으로 이해하자는 것이 아닙니다. 자신이 설명하는 수학 지식 또는 자신이 배운 수학 지식이 수학적 이해를 바탕으로 되어 있는지 아닌지 정도만 메타인지 하자는 것입니다.

구분하는 방법은 간단합니다. 알고 있는 수학적 지식을 다른 수학적 지식과 연결해 설명할 수 있으면 수학적 이해를 한 것이고 그렇지 않으면 수학적 이해가 아닙니다.

이런 신중하고 정교한 수학적 태도는 개인에게는 인생을 훨씬 더 풍요롭게 만들 것이고, 많은 사람이 이런 태도를 갖는다면 세상은 좀 더 안전하고 좋은 곳이 될 거라고 확신합니다.

우리의 직관은 맞기도 하지만 때론 틀리기도 합니다. 달과 태양 모두 직관적으로는 우리 주위를 도는 것처럼 보입니다. 그러나 달은 맞지만 태양은 우리 주위를 도는 것이 아니죠. 연결의 힘이 있을수록 서로 관련 없어 보이는 것들 사이의 연결성을 발견할 수 있어요.

여기 '세상'이라는 단어와 '알'이라는 단어가 있습니다. 이것은 관련이 없어 보입니다. 그러나 문학적 연결의 힘이 있는 사람은 이것을 연결시키죠.

"새는 알에서 태어난다. 알은 곧 세상이다. 태어나려는 자는 한 세상을 파괴해야만 한다."

헤르만 헤세의 소설 〈데미안〉에 나오는 문장입니다. 이런 표현은 세상이라는 단어와 알이라는 단어에 대한 이해를 더욱 풍부하게 해줌니다.

연결의 힘이 있는 사람은 멜로디라는 청각적 요소를 음표라는 시각적 요소로 표현할 수도 있고, 떨어지는 사과를 $F = G \times \frac{mM}{d}$와 연결할 수도 있습니다.

연결은 우리가 사는 세상 도처에서 일어납니다.

수학적 이해, 수학적 연결이 중요한 이유는 수학은 연결을 정교하고 신중하게 해주기 때문입니다.

제가 요즘 역사서를 읽고 있어요. 그런데 100년 전만 해도 우리나라에 콜레라가 창궐하면 10만 명씩 죽었대요. 현령이 명령을 내립니다. 북쪽, 만주 쪽으로 개울을 파라. 콜레라가 오다가 빠져죽도록. 그런 짓을 했어요. 일종의, 연결을 잘못 쓴 케이스입니다. 중세 때 흑사병은 마녀하고 연결했죠. 수많은 무고한 여인들이 희생당했습니다. 제2차 세계대전 때 히틀러는 독일 국민의 불행을 유대인과 연결했어요. 결과는 끔찍했죠.

역사를 살펴보면 잘못된 연결은 굉장한 위험을 초래할 수 있습니다. 그래서 수학 공부가 필요한 거죠. 수학은 기본적으로 권위에 의지하지 않기 때문에 좀 더 안전한 결론을 내릴 수 있습니다. 수학은 기존의 관습, 권위 등을 철저하게 의심하고 탐구하는 태도에서 만들어진 것입니다. 그러나 아니러니하게도 이렇게 발견된 지식들은 또다시 관습이 되고 더 큰 권위를 갖게 됐습니다. 그러므로 제가 주장하는 건 수학적 지식만을 가르치지 말고 그것들이 발견된 수학적 태도, 수학하는 법을 가르치자는 것입니다. 이것은 수학 개념을 연속적으로 연결하는 방법으로 자연스럽게 얻을 수 있습니다.

끝으로 이런 식의 수학 공부가 주는 또 하나의 장점이 있습니다. 바로 수학 디베이트입니다.

제가 학생들과 디베이트를 하면서 느낀 것은, '아, 가르치면 안 되겠다'입니다. 옆에서 보면 개입하고 싶어지는데 참아야 해요. 이상하게 산으로 갈 때도 있지만 참고 내버려두면 결국 제 길로 갑니다. 이 방법의 장점은 첫째 재미있어요. 지루하지 않아요. 아이들끼리 서로 자극을 주니까 옆에 있으면 머리가 팽팽 돌아가는 소리가 들릴 정도예요. 서로 생각하게 만듭니다. 게임의 룰은 하나예요. 어떤 것이 있으면, 그것을 그것이 아닌 것으로 설명하는 거예요. 그 룰을 알려주면, 오히려 저학년이 더 잘 이해하는 것 같아요. 여러 학년을 대상으로 해봤는데, 저학년이 오히려 금세 적응해서 활발하게 하는 걸 봤어요.

그런 환경이 되면 아이들 앉혀놓고 가르칠 일이 없어요. 강의할 게 없어요. 스스로 생각하고, 친구들과 함께 하고, 초반에 제가 수법 강사라고 불리고 싶다고 말씀드렸잖아요. 이런 식이라면 수법이라는 과목이 하나 생겼으면 좋겠다고 생각합니다. 수학하는 법을 알면 아이들은 가만히 앉아서 선생님이 가르쳐주는 대로 들으려고 하지 않습니다. 아이들끼리 하나라도 더 생각해보려고 하면서 서로서로 지식을 전달해요.

수학 디베이트에서는 이런 일이 일어납니다.

질의응답 Q&A

질문 개념이 107개라고 하셨는데, 고등학교까진가요? 한 주제당 학습량이 어느 정도 됩니까?

임홍덕 107개는 초등학교 4학년부터 고1까지의 주요 개념을 연결해서 나온 개념의 숫자입니다. 107개는 제가 임의로 잡은 것이라 잡는 방식에 따라 달라질 수 있습니다.

개념이란 건 이렇게 생각하시면 돼요. 개념은 하나하나가 어려워요. 대신 몇 개 안 됩니다. 107개라면, 하루에 한 개를 끝낸다면 3개월도 채 안 걸리는 거죠. 굉장히 여유 있게 할 수 있죠. 평균적으로 6개월쯤 걸려요. 더 자세하게 말씀드리면, 학생마다 기간이 다 다릅니다. 그러나 개념에 한해서는 충분히 기다려줄 수 있어요. 앞의 것을 이해 못했는데 뒤로 넘어갈 필요가 없어요. 다 이해하고 넘어가도 충분하다고 생각해요. 그게 학생들한테 도움이 될 거라고 생각합니다.

우리나라 수학 교육과정에서 개념의 진도는 둘로 나뉘죠. A형과 B형, 그러니까 문과·이과로 나뉩니다. 이과생들이 훨씬 많이 배우는데, 미국 수학 교육과정을 보니까 두 개가 아니라 네 개더라고요. 가장 많이 배우는 학생들은 우리나라 대학교 과정까지 배우는 거 같고, 뒤처지는 학생들은 우리나라 고1 과정에서 끝내는 거 같고요. 수학 교육과정이 이렇게 네 개로 분류되는데, 제 생각은 개인별로 진도를 나가는 게 좋다고 생각합니다. '칸아카데미'라고 혹시 아세요? 빌 게이츠와 그 아이들도 공부했다고 하죠. 인터넷으로 다 구축해놔서 개인별로 진도를 나갈 수 있거든요. 옛날에는 안 됐지만 지금의 인터넷 환경이라면 개인별 진도가 얼마든지 가능해요.

저도 강남구청에서 강의를 해봤는데, EBS 강의, 이해가 안 돼요. 시간당 돈 많이 주거든요. 그걸 매년 새로 찍어요. 최신 경향 문제라며 계속 새로 찍어대는데, 저는 그걸 그만두고 그 예산으로 백 년, 2백 년 갈 개념 체계를 만들어놓으면 좋겠어요.

학생들이 개념을 모르는 이유는 둘 중 하나예요. 그 문제를 푸는 데 필요한 메타지식을 모르거나, 연결하지 못하거나. 방향을 제대로 잡지 못하면 대부분의 학생들은 학년이 올라갈수록 둘 다에서 문제가 생깁니다. 매년 새로 만들어지고 소비되는 문제 개발 대신 백년, 천 년 갈 수 있는 개념 연결 시스템을 국가 또는 사회단체가 나서서 구축했으면 하는 게 제 바람입니다.

질문 부모가 아이와 같이 이야기할 수 있는 수학의 개념은 어떤 게 있을까요? 아이가 사교육을 받지 않고 그냥 학교에 다니고 있는데, 수학 개념이나 수학 용어가 익숙지 않아서, 부모가 무엇을 해야 좋을지 모르겠어요. 함수의 함 자는 무슨 함 자니? 이런 걸 물어봐야 하는 것인지… 부모가 문제풀이 말고 해줄 수 있는 게 뭐가 있을지 궁금합니다. 선생님이 계속 얘기하시는 개념도 아이하고 어떻게 풀어야 할지 잘 가닥이 잡히지 않아요.

임홍덕 저도 지금 하신 말씀에 동의합니다. 더군다나 아이의 역량이나 부모님의 역량이 개인에 따라 아주 다른 것도 사실이죠. 하지만 제가 서두에 수학은 제정신이면 모두 아는 것에서 출발한다고 했잖아요. 수학적 이해란 이것을 이것이 아닌 지식과 연결하여 설명할 수 있는 것이라고 했습니다. 이런 태도를 가지고 아이와 함께 공부하시면 부모님도 좋은 공부가 될 겁니다.

요즘은 인터넷이 발달되어 질문할 수 있는 공간이 많아요. 수학적 이해가 무엇인지 기억하시고 개념들을 하루 하나씩이라도 연결해 나가면 됩니다. 정답 맞히기만 하지 마시고 일종의 연결놀이로 아이가 수학을 인식하게 하면 좋습니다.

질문 개념을 푸는 풀이 과정에서 '꼭 연결하여 풀어야 할 개념'이 주어지는데 주어진 개념 말고 다른 개념으로 풀 수도 있잖아요. 반드시 "이 개념만을 연결해 풀어라" 하는 건 창의력을 억제하는 것 아닌가요?

임홍덕 아주 좋은 질문 하셨습니다. 몇 가지 측면에서 이 질문을 생각해 볼 수 있을 것 같습니다. 최근에 읽은 책 중 〈틀 안에서 생각하기〉라는 책이 있습니다. 그 책의 요지는 아무런 제약조건 없이 자유롭게 생각하는 것보다 어떤 제약조건이 주어졌을 때 오히려 창의적인 생각들을 할 수 있다는 것이었습니다.

공을 가지고 그냥 노는 것보다 축구라든가 농구같이 어떤 제약조건이 주어지면 오히려 창의적인 플레이들이 나올 수 있죠.

연결해야 할 개념을 주는 방식의 또 다른 장점은 바로 조건 파악 능력입니다. 우리가 세상을 살면서 주어진 조건들은 시간과 공간에 따라 그때그때 변합니다. 성공한 사람들은 주어진 조건들 아래에서 맥가이버처럼 최선의 선택을 하고, 패배자들은 항상 주어진 조건과 여건을 탓합니다.

아프리카에 처음 기차가 생겼을 때 철도에서 기차와 충돌해 가장 많이 죽은 동물이 코뿔소라고 해요. 왜냐하면 기차가 있기 전에는 상대가 누가 되었든 충돌해서 밀려본 적이 없기 때문입니다.

우리의 인생은 시시때때로 조건이 바뀌는데 그것이 바뀌었을 때 유연하게 대처할 수 있는 힘을 수학 공부를 통해 키울 수 있습니다.

최수일 선생님 질문 임홍덕 선생님과 만난 지 5년이나 됐는데, 강의는 오늘 처음 들었습니다. 제가 질문 하나 할게요. 아까 맨 첫 문제에서부터 계속 드는 생각이, 팔각형 문제를 보면 삼각형을 쪼갰어요. 선을 그어서. 삼각형의 넓이만 이용하기는 했지만 실제로는 선을 쪼개는 방법 또는 기술, 이런 게 필요하단 말이죠. 일본 사람이 쓴 〈수학적 생각과 태도〉라는 책을 보면 아이들은 개념을 다 알아도 수학 문제를 못 푼다, 기술이 필요하다, 수학에 대한 생각이 필요하다, 그 생각이 뭐냐면 쪼갠다는 생각이나 아이디어라는 거죠. 그런 부분이 오늘 강의에서 조금 궁금했거든요. 아이들이 삼각형의 넓이는 분명히 알지만, 쪼갠다는 아이디어는 어떻게 얻어야 하는지, 그것 좀 설명해주세요.

임홍덕 저는 이렇게 생각합니다. 제가 취미로 복싱을 배웠습니다. 원투 치고 훅, 잽, 이렇게 연습하거든요. 그런데 처음에는 연습한 자세가 실전에서 잘 안 나와요. 그러나 기본 동작을 반복하면 스파링할 때 나도 모르게 나옵니다. 마찬가지로 쪼갠다는 아이디어가 상위 1%에 속하는 학생들한테는 금방 떠오를 수 있겠지만, 나머지 학생들은 처음부터 금방 떠오르진 않겠죠. 그게 문제풀이를 통해서 떠올릴 수도 있지만, 저는 개념을 계속 머릿속에서 훈련하면 된다고 생각합니다. 그 풀이를 머릿속으로 자꾸 반복해보는 거예요. 저는 개념 연결이 일반

문제 풀이보다 훨씬 더 의미 있고 좋은 수학적 움직임이라고 생각합니다.

한 번 해본 복싱 동작이 자기 것이 아니듯 한 번 풀어본 개념 연결 역시 자기 것이 아니에요. 그러나 그 동작을 자꾸 반복 훈련하면 그 동작이 자기 것이 될 수 있지 않을까 생각합니다.

6장
'수포자'의 친구 안쌤의 수학 ABC

안상진 사교육걱정없는세상 정책대안연구소 부소장

시사IN 윤무영

강의를 시작하며

대부분의 학생에게 수학은 고등학교에서 배우는 과정이 끝입니다. 수학 관련 전공을 하지 않으면 대학에서 따로 수학을 공부하는 경우는 거의 없기 때문입니다. 이런 의미에서 저는 고3 교사를 몇 년간 하며 학생들 수학 공부의 끝을 많이 봤고, 그 심각성을 뼈저리게 느꼈습니다. 많은 학생들이 십수 년간 수학 공부에 매진하고 사교육도 많이 받았지만, 결국 수학을 포기하고 수학을 싫어하는 경우가 비일비재했기 때문입니다. 그래서 제가 학교를 퇴직하고 교육시민운동을 시작할 때 두 가지 목표를 세웠습니다. 첫째는, 대입전형을 개선하는 것이고, 둘째는, 수학 관련 정책을 개선하는 것이었습니다. 그래서 오늘 수학 강의가 개인적으로 매우 뜻깊습니다.

오늘 강의 주제는 고교 수학이지만 수학은 학교급에 상관없이 동일한 원리가 적용되기 때문에, 오늘 강의 내용은 중학생, 초등학생에게도 적용 가능합니다. 강의 순서는 첫째, 고교 수학을 대입과 연관 지어 정리해보겠습니다. 즉 대입에서 고교 수학이 차지하는 위치가 어떤지, 그리고 얼마나 중요한지 말씀드릴 것입니다. 둘째, 고교 3년 동안 수학과 관련하여 네 번의 중요한 시기가 있습니다. 그 시기를 알려드리고 어떻게 그 시기를 보내야 할지 조언해드리겠습니다. 셋째, 초·중·고 모든 학생에게 적용 가능한 수학 학습법을 알려드리겠습니다. 마지막 넷째는, 수학을 특히 어려워하는 학생들을 유형별로 분류하여 해결책을 제시하고자 합니다.

이번 강의를 준비하면서 학부모와 학생의 입장에서 고민했고, 좀 더 실질적으로 입시와 공부법을 다루고자 했습니다. 마치 학부모님이 상담을 오셔서 "우리 아이가 수학을 너무 어려워하고 성적이 안 나오는데, 어떻게 해야 합니까?" 할 때 마주보고 답해드리듯이 강의를 준비했습니다.

대입 관련 고교 수학의 중요성

수능 수학 시험 범위

학생들이 고등학교에 와서 1학년 1학기에는 수학I, 2학기에는 수학II를 배웁니다. 제가 편의상 아래와 같이 표를 그렸는데요. 이 표는 한 가지 예를 보여드린 것이고 이 순서를 꼭 안 지켜도 됩니다. 순서가 바뀔 수도 있고 과목이 섞일 수도 있습니다. 색칠한 부분은 수능 시험 범위입니다.

학기	과목	
1학년 1학기	수학 I	수학 I
1학년 2학기	수학 II	수학 II
학기	문과 과목	이과 과목
2학년 1학기	미적분 I	미적분 I
2학년 2학기	확률과 통계	미적분 II
3학년 1학기	수능 대비	확률과 통계
3학년 2학기	수능 대비	기하와 벡터

왼쪽이 문과입니다. 문과는 몇 과목이죠? '수학Ⅰ' '수학Ⅱ' '미적분Ⅰ'에 '확률과 통계'까지 4과목을 배우면 끝납니다. 3학년 때는 수능을 대비합니다. 보통 이때는 EBS 연계 교재가 중요해서 〈수능특강〉, 〈수능완성〉을 공부해야 합니다. EBS-수능 70% 연계 정책이 시행된 후 EBS 연계 교재는 필수 교육 과정이 되었습니다.

문제는 이과입니다. 이과는 '수학Ⅰ' '수학Ⅱ' '미적분Ⅰ' '미적분Ⅱ' '확률과 통계' '기하와 벡터'를 배웁니다. 여섯 학기 동안 여섯 과목을 배우는 것입니다. 문제는 수능 날짜입니다. 수능은 3학년 2학기의 중간 시기에 시행됩니다. 즉 3학년 2학기가 9월부터 다음 해 2월까지라면, 수능이 중간쯤인 11월에 시행되는 것입니다. 이렇게 되면 3학년 2학기에는 배정된 과목을 다 배울 수 없게 됩니다. 게다가 이과 수능 시험 범위는 '미적분Ⅱ' '확률과 통계' '기하와 벡터' 세 과목이지만 실제로는 6과목 모두입니다. 시험 범위 3과목을 하려면 앞의 3과목이 필수이기 때문입니다. 여기에 문과와 동일하게 〈수능특강〉, 〈수능완성〉까지 하려면 정상적으로는 다 마칠 수가 없습니다.

초등학교 학부모들한테도 이런 정보가 들어갑니다. '우리나라 고등학교 이과는 정상적으로는 다 못 배운다더라.' 학부모들이 이런 정보를 접하면 불안에 떨 수밖에 없습니다. 정상적으로 학교에서 못한다고 하니 사교육을 시켜서라도 보내야 한다는 마음이 드는 것이죠.

실제 이과 수학 진도

상황이 이렇다 보니 우리나라 이과 학생들은 모두 3년 교육과정을 2년에 마치는 수학 영재 취급을 받고 있습니다. 256쪽 〈표 1〉의 '수학

<표 1> 우리나라 이과 학생들은 모두 3년 과정을 2년에 마치는 수학 영재

	고1	고2	고3
수학 교육과정	수학 I·II	미적분 I·II	확률과 통계 기하와 벡터
현실 (학교는 급행)	수학 I·II	미적분 I·II 확률과 통계 기하와 벡터	EBS 연계 교재 5권

교육과정'이 정상적인 진도입니다. 그런데 실제로 이렇게 하는 학교는 없습니다. 이렇게 했다가는 학생들이 수능을 대비할 수 없기 때문입니다. 그래서 〈표 1〉의 '현실'처럼 급행을 합니다.

그래서 저는 중3에서 고1 올라가는 겨울방학 시기와 고1에서 고2 이과 올라가는 겨울방학 때는 선행학습을 좀 하라고 조언합니다. 앞서 말씀드린 것처럼 고등학교 수학이 비정상적으로 운영되는 구조적인 문제 때문입니다. 다만 그렇다고 해서 초등학교, 중학교 때 수학 선행학습을 하는 것까지 찬성하는 것은 아닙니다. 초등학교, 중학교 때는 선행학습 없이 현재 학년의 수학을 복습 중심으로 공부해 자기 주도적 학습 능력을 키우는 것이 훨씬 중요하기 때문입니다.

이렇듯 고등학교 이과 수학이 파행적으로 운영되고 교과에서 많은 비중을 차지하니 수학을 못하면 정말 괴롭습니다. 이과에서 수학이 중요한 것이 당연하다고 생각하실 수도 있지만 오히려 대학에 가면 이과라고 해서 모두 수학이 중요한 것은 아닙니다. 저는 대학에서 생명과학을 먼저 전공했고 나중에 수학교육도 전공했습니다. 생명과학을 공부할 때 수학은 1학년 때 이과 모든 학생이 배우는 미적분학을 배운 뒤로는 한 번도 배우지 않고 졸업했습니다. 이렇듯 자연계 대학에는 수학이 필요한 과가 있고 필요하지 않은 과가 있습니다. 수학이 필요한 과도 자세히 살펴보면 수학을 제한적으로 배웁니다. 그러나 우리나라 고등학교 이과에서 공부하려면 희망 전공 불문 수학이 절대적입니다. 사실 이과뿐만 아니라 문과도 서울 주요 중상위권 대학에 지원하려면 전공 불문 수학이 가장 중요한 과목이라 할 수 있습니다.

상황이 이렇다 보니 고등학교 1학년 때 수학 성적이 좋지 않은데 이과를 가고 싶어 하는 학생이 있으면 이과에 가라고 얘기할 수 없습니다. 이과 진학 후에 학생이 많이 고생하기 때문입니다. 학생을 위해 앞으로 닥칠 어려움을 다 얘기해줍니다. 그리고 "감당할 수 있겠니?"라고 묻고, "그래도 갈게요"라고 하면 말리지 않습니다. 이렇게 의지가 굳은 학생들, 또 수학을 잘한다는 학생들이 모인 이과지만 시간이 지나면 이과 수학을 포기하는 학생들도 상당히 많습니다.

이과 수학의 학습량

이과가 과목도 많지만, 과목 안에서 배워야 할 내용은 더 많습니다. 258쪽의 〈표 2〉는 이과 학생들이 배우는 6과목의 〈쎈수학〉의 유형과 문제 수를 정리한 것입니다. 〈쎈수학〉은 아마 지금 고등학생들이 가장 많이 보는 문제집일 것입니다. 그리고 대표적인 유형별 문제집이기도 합니다. 유형별 문제집은 배워야 할 내용을 유형별로 분류해서 관련 문제를 모은 것입니다.

정리해보니 이과 6과목의 〈쎈수학〉 유형만 1천233가지나 됩니다. 그리고 유형에 따른 문제 수가 무려 7천576개입니다. 물론 이 문제를 모두 풀어야 하는 것은 아니지만, 이과 수학 내용이 얼마나 많은지 상징적으로 보여주고 있습니다. 이중 난도가 높은 과목이 '미적분Ⅱ'하고 '기하와 벡터'입니다. 특히 '기하와 벡터'가 너무 어렵습니다. 앞서 1강과 4강을 강의하신 최수일 선생님 얘기로는 '기하와 벡터'를 제대로 이해하고 가르치는 교사가 전체의 10~20%밖에 안 된다고 합니다. 그만큼 어렵습니다.

〈표 2〉〈쎈수학〉 이과 과목 유형과 문제 수

수학 과목	유형	문제 수
수학Ⅰ	235	1,461
수학Ⅱ	243	1.477
미적분Ⅰ	227	1.320
미적분Ⅱ	235	1,458
확률과 통계	129	845
기하와 벡터	164	1,015
합계	1,233	7,576

이과 학생들도 이과 수학을 포기한다

이과 학생들도 이과 수학을 포기합니다. 259쪽 〈표 3〉은 2014년 11월에 수능을 본 수험생의 영역별 응시 인원입니다. 여기에서 이과 학생이면서 이과 수학을 포기한 비율을 간접적으로 볼 수 있습니다. 수학 응시 인원을 보면 문과 수학이 44만 30명으로 응시생의 68.7%고, 이과 수학은 16만 2천993명으로 25.4%밖에 안 됩니다. 두 비율을 합쳐도 100.0%가 안 되는 것은 수학을 아예 안 보는 학생도 있기 때문

<표 3> 2015학년도 수능 영역별 응시 인원

국어		수학		영어	탐구		
A형	B형	A형(문과)	B형(이과)		사회	과학	직업탐구
306,193	333,472	440,030	162,993	633,958	365,999	245,762	12,580
47.8%	52.1%	68.7%	25.4%	99.0%	57.1%	38.4%	2.0%

입니다.

그런데 수치가 이상합니다. 문과가 많다고는 하지만 너무 많습니다. 이것은 문과생이 많은 것이 아니라 이과 학생이 이과 수학을 포기하고 문과 수학으로 시험 봤기 때문입니다. 탐구 과목을 비교해봅시다. 사회탐구를 선택한 학생이 57.1%, 과학탐구를 선택한 학생이 38.4%입니다. 과학탐구를 선택한 학생들이 대부분 이과 학생입니다. 그러면 과학탐구를 선택한 학생 24만 5천762명에서 이과 수학을 선택한 학생 16만 2천993명을 뺀 나머지 8만 2천769명은 어떻게 된 걸까요? 바로 이 학생들이 이과 수학을 포기한 이과 학생들로 추정됩니다. 24만 5천762명 중 8만 2천769명, 거의 33.7%에 달합니다. 이과 수학이 이렇게 어렵습니다.

이과 학생들이 이과 수학을 포기하는 이유는 크게 두 가지입니다. 첫째, 이과 수학 학습량이 너무 많아 쫓아가기 힘듭니다. 둘째, 대학 중에는 자연계열에서도 정시에서 수능 문과 수학을 받아주는 경우가 있습니다. 다만 서울 주요 중상위권 대학은 아닐 가능성이 높습니다. 문과도 마찬가지입니다. 문과는 아예 정시에서 수학을 반영하지 않는 대학이 있습니다. 다만 역시 서울 주요 중상위권 대학은 아닐 가능성이 높습니다. 이과 학생들은 이과 수학을 못 쫓아가서 고통 받고, 문과 학생들은 수학을 포기할지 말지로 고민하는 것입니다.

주요 10개 대학 정시 인문계 수능 수학 반영 비율

이렇게 이과 수학이 어려우니 수학을 힘들어하는 학생들 대다수는 문과로 갑니다. 그럼 문과로 가면 수학을 못해도 괜찮을까요? 대입에서 문과로 가면 수학을 많이 활용하는 상경계열을 제외하면 수학의 비중이 낮아야 하는데 주요 대학에서는 오히려 반대입니다. 아래쪽의 〈표 4〉는 2015학년도 주요 10개 대학 정시 인문계 수능 수학 반영 비

〈표 4〉 2015학년도 주요 10개 대학 정시 인문계 수능 수학 반영 비율

대학		국어	수학	영어	탐구
경희대	인문	30	25	30	15
	사회	20	35	30	15
고려대		28.6	28.6	28.6	14.2
서강대		25	32.5	32.5	10
서울대		25	30	25	20
서울시립대		28.6	28.6	28.6	14.2
성균관대	가군	30	30	30	10
	나군	20	30	30	10
연세대		28.6	28.6	28.6	14.2
중앙대		30	30	30	10
한국외대		30	25	35	10
한양대		28.6	28.6	28.6	15.2
평균		27.03	29.33	29.74	13.90

자료 : 각 대학의 2015학년도 신입생 모집요강

율입니다.

4개 영역을 반영하기 때문에 25%가 평균이라고 보면, 30% 이상 반영하는 대학이 5개나 됩니다. 경희대 인문과 한국외대만이 수학보다 국어와 영어를 더 반영하고, 주요 10개 대학의 수학 반영 평균을 내보니 29.33%에 달합니다. 가장 반영 비율이 높은 영어가 29.74%이니 0.4% 포인트밖에 차이가 안 납니다. 언어보다는 수학이 2.3% 포인트 더 높기까지 합니다. 결론은 수학이 힘들어 인문계로 가도 주요 대학에 진학하려면 수학이 매우 중요하다는 사실입니다.

"인문계 정시에서 수학을 아예 안 보는 학교도 있지 않느냐?" 이렇게 반문하실 수도 있습니다. 그래서 2015학년도 서울 소재 대학 인문계 정시에서 수학을 선택할 수 있는 학교를 찾아보니, 신학대를 빼면 덕성여대, 서울여대, 성공회대 세 학교뿐이었습니다. 이렇게 수학 반영을 많이 합니다. 그리고 수학을 반영하는 비율이 마치 그 대학의 수준 같은 느낌까지 받습니다. 즉 '수학을 10% 반영하면 성적이 낮은 대학, 30% 반영하면 성적이 높은 대학' 같은 인상을 줄 정도로 인문계에서 조차 수학은 중시되고 있습니다.

대학은 왜 이렇게 수학을 중시할까요? 그것은 수학 잘하는 학생이 똑똑하다는 믿음 때문입니다. 사실 이런 성향은 초·중·고 교사에게서도 가끔 경험할 수 있습니다. 실제 제가 경험한 일입니다. 교실에 철수(가명)와 영희(가명)가 있습니다. 철수는 수학을 굉장히 잘하는데 다른 과목 점수가 낮습니다. A 선생님이 이렇게 말합니다. "철수야, 너 점수를 보니까 수학을 굉장히 잘하는데 다른 과목 성적이 낮네. 너는 머리는 좋은 것 같은데 왜 다른 과목 공부를 안 하니? 한번 공부해봐.

충분히 잘할 거야." 옆에 영희가 있습니다. 영희는 수학을 제외한 과목 점수는 높은데 수학 점수가 좀 낮았습니다. 영희를 보면서 같은 A 선생님이 얘기합니다. "영희야, 넌 참 성실하구나." 어떤 느낌인지 아시겠죠? 이게 수학 교과에 대한 우리의 일반적 인식입니다.

그래서 저는 대다수 교과 성적이 낮은 초등학생, 중학생이 공부 상담을 해오면 먼저 수학을 집중적으로 하라고 권합니다. 수학은 많은 학생들이 어렵게 느끼지만 기초부터 충실히 공부하면 오히려 점수 올리기가 국어나 영어에 비해 더 쉽습니다. 주의할 점은 사교육을 받는다고 해서 수학 점수가 잘 나오는 게 아니라는 것입니다. 오히려 혼자 공부하는 것이 더 중요하고 혼자 하더라도 더 잘 수 있는 과목이 수학입니다. 이렇게 노력해서 수학 성적을 올리고 나면 공부에 자신감이 생깁니다. 다른 과목도 공부하면 된다는 생각이 드는 것입니다. 그러다 보면 다른 과목 성적도 따라 올라갑니다.

수시 인문계 논술전형

수학이 힘들어 인문계로 가도 주요 대학에 진학하려면 수학이 매우 중요하다는 것은 정시뿐만 아니라 수시에서도 동일하게 적용됩니다. 이는 인문계 논술전형을 통해 확인할 수 있습니다. 263쪽의 〈표 5〉를 보면 대학별 인문계 논술 유형이 나와 있습니다. 그중 언어사회·수학 유형의 경우가 있습니다. 즉 여기에 해당하는 학교는 논술에 수학 문제가 꼭 나온다는 것입니다.

물론 고려대를 제외하면 나머지 모든 학교는 상경계열에서 수학 문제를 냅니다. 상경계열은 수학이 중요하기 때문입니다. 다만 고려대만

<표 5> 대학별 인문계 논술 유형

언어사회 통합형	건국대(인문사회I), 경기대, 경북대, 동국대, 서강대, 서울과기대, 성균관대, 숭실대(인문), 세종대, 아주대, 연세대(서울/원주), 중앙대(인문), 한양대(인문/에리카), 홍익대
언어사회·영어	경희대, 이화여대(인문I), 한국외대(서울/글로벌)
언어사회·수학	건국대(인문사회II), 고려대, 숭실대(상경), 이화여대(인문II), 중앙대(상경), 한양대(상경)
언어사회·도표,통계	가톨릭대, 광운대, 단국대, 서울시립대, 숙명여대, 인하대, 한국항공대

수년째 수학 문제를 인문계 전체에서 필수 문제로 냅니다. 그리고 문제가 매우 어렵습니다. 아마도 이 문제에서 논술의 변별력이 생길 것 같습니다. 제가 2014학년도 고려대 논술 수학 문제를 풀지 못했습니다. 중학교 3학년 분산 개념이 사용되었는데 문제의 명확한 의도가 잘 파악되지 않습니다.

이렇듯 인문계에서조차 상위권 대학에서 수학을 중시하니, 수학을 포기했던 학생들도 고등학교에 진학해 현실을 알고 나면 수학을 다시 하려고 합니다. 왜냐하면 학생들이 꿈꾸는 대학은 고2 때까지 소위 '서연고서성한이중경외시'기 때문입니다. 이 11개 대학의 모집 정원은 2015학년도 수능 응시생의 5.5%에 해당되는데, 학생들은 이 대학들에 들어가기가 얼마나 힘든지 잘 모릅니다. 이러니 학생들이 수학을 놓지 못합니다. 수학을 놓는다는 건 곧 자기가 가고 싶은 대학을 정시로 포기한다는 의미이기 때문입니다.

문제는 성적이 높지 않은 학생들이 3학년까지 그렇게 수학을 계속 붙잡고 있으면 입시 준비가 꼬여버리는 것입니다. 고등학교 때는 수학 공부를 무조건 많이 한다고 좋은 게 아닙니다. 수학이 정말 중요한 학생과 영어나 국어에 비해 덜 중요한 학생을 구분해서 상황을 알려줘야 합니다. 그리고 그에 맞게 효율적으로 입시를 준비해야 합니다. 이런 면에서 생각해보면 성적과 무관하게 부담 없이 수학 공부를 할 수 있는 때는 초등학교, 중학교, 길어야 고1까지입니다. 이때는 작정하고 수학 공부를 해도 괜찮습니다. 학생들이 공부하며 밤을 새울 수 있는 유일한 과목이 수학입니다. 그리고 한 문제를 일주일 동안 고민할 수 있는 과목도 수학이 유일합니다.

여기에 또 하나의 큰 변수가 있습니다. 2018학년도부터 수능 영어가 절대평가 방식으로 전환된다는 사실입니다. 영어가 절대평가가 되면 당연히 수학의 중요성이 더 올라갈 것입니다. 지금 대학입시에서는 영어 점수가 부족하면 4년제 대학에 가기가 어렵습니다. 영어를 반영하지 않는 4년제 대학은 거의 없기 때문입니다. 그래서 영어는 문과나 이과 학생 모두 공통적으로 해야 합니다. 문제는 이렇게 4년제 대학의 필수였던 영어가 절대평가로 바뀌면 대학이 영어를 계속 지금처럼 반영하겠느냐는 겁니다. 대학이 원하는 만큼의 변별력을 갖추지 못할 수 있기 때문입니다. 만약 영어의 변별력이 떨어진다면 수학이 그 역할을 대신할 수 있습니다. 수학의 중요성이 더욱 커지는 것입니다.

고등학교 시기별 수학 관련 특징

전반적 흐름

고등학교에 진학하면 공부할 내용이 많아집니다. 특히 대입에서 학생부 중심 전형 비율이 계속 늘어남에 따라, 고등학교 내신의 중요성이 매우 커졌습니다. 이렇게 내신이 중요하기 때문에 수학을 맘껏 공부할 수가 없습니다. 다른 과목들도 꾸준히 공부해야 합니다. 따라서 이런 부담이 없는 중학교까지 수학을 마음껏 고민하는 습관을 길러야 합니다.

고등학교에 들어가게 되면 수학이 큰 영향력을 끼치는 네 번의 시기가 있습니다. 첫 번째, 중3에서 고1 올라가는 겨울방학을 중3 과정이라기보다는 고1 과정이라고 봅니다. 이때는 고교 수학을 대비해야 합니다. 두 번째, 1학년 때는 문·이과를 선택해야 합니다. 이때 대부분 수학이 가장 중요한 결정 조건이 됩니다. 세 번째, 1학년에서 2학년 이과로 진학할 때는 이과 수학을 특별히 대비해야 합니다. 마지막 네 번째로 2학년 기말고사를 마치고 3학년 올라갈 때가 문·이과 모두 매우 중요합니다. 이때는 수학의 입시 준비 비중을 결정해야 합니다. 입시 준비의 우선순위를 잡아야 하는 것입니다. 수학에서는 이 네 시기

고등학교 시기별 수학 관련 특징

I. 중3에서 고1 올라가는 겨울방학	II. 1학년	III. 1학년에서 2학년 올라가는 겨울방학	IV. 2학년 기말고사를 마치고
고교 수학 대비	문·이과 선택	이과 수학 대비	수학의 비중 결정 : 우선순위

가 중요합니다. 하나하나 시기별로 말씀을 드려보겠습니다.

중학교 3학년 겨울방학 수학 공부법

먼저 일반적인 방학 수학 공부법부터 말씀드리겠습니다. 초등학교부터 중학교 3학년 여름방학까지 모두 해당됩니다. 방학 때는 철저하게 전 학기에 배운 수학 내용을 심화 복습하는 게 우선입니다. 이 과정을 절대로 생략하면 안 됩니다. '방학=선행학습'이라고 생각하시면 큰일 납니다. 모래성을 쌓는 거예요. 심화 복습 방법은 제일 중요한 게 개념 정리고 다음으로는 문제집 한 권을 반복 학습해서 오답 노트까지 정리하는 것입니다. 뒤에서 자세히 방법을 알려드리겠습니다. 이렇게 전 학기 복습을 하고 나면, 다음 학기 내용을 예습해야 하는데, 사실 이것은 안 해도 됩니다. 하지만 요즘은 하도 학생과 학부모가 불안해하니 하라고 하는 것입니다.

그러면 왜 중학교 3학년 여름방학까지라고 했을까요? 그건 고등학교 입학을 앞둔 중학교 3학년 겨울방학에는 공부 방법을 달리 해야 하기 때문입니다. 3학년 2학기 복습은 예전 방식대로 하는데, 종전 방학과는 다르게 고등학교 1학년 예습이 필요합니다. 그것은 고등학교 1학년에서 다루는 수학이 중학교 때하고는 비교할 수 없을 만큼 양도 많고 어렵기 때문입니다. 아니 어차피 선행학습을 할 것이면 더 어렸을 때, 즉 중학교 2학년이나 1학년 때부터 하면 더 좋지 않겠느냐고 하실지 모르겠지만 그렇지 않습니다. 그 전에는 선행학습이 아니라 자신이 배운 내용을 탄탄하게 다지는 것이 무엇보다 중요합니다. 선행학습을 어설프게 해봐야 도움이 되지 않고 오히려 효과만 반감됩니다. 자꾸 반복하고 훑으면 수학을 잘하지 않겠느냐고 생각하는 분들이 많은데 수학은 한 번을 보더라도 깊이 있게 제대로 공부하는 것이 중요합니다. 스스로의 힘이 아니라 학원 같은 데서 아무리 알려줘도 정작 학습자 자신에게 남는 것은 거의 없습니다. 그래서 중3 여름방학까지는 철저히 복습 중심으로 공부하라는 것입니다.

그러면 중학교 3학년 겨울방학에 하면 시간이 너무 모자라는 것 아니냐는 분들도 있는데 시간은 충분합니다. 중3 학생들은 고등학교 입시 때문에 기말고사를 거의 11월 중순에 봅니다. 그러면 이렇게 혼자 수학을 공부할 수 있는 기간이 11월 말부터 2월 말까지 거의 3개월이나 생깁니다. 가르쳐준 방법대로 한다면 학생은 이미 방학 때마다 심화 복습 훈련이 몸에 배어 있을 것이기 때문에 3학년 2학기 심화 복습은 금방 끝날 것입니다. 그리고 남은 기간에 고등학교 1학년 수학을 스스로의 힘으로 준비할 수 있습니다. 이렇게 집중적으로 공부하는 것이 어설프게 초등학교부터 고등학교 1학년 수학을 몇 년씩 반복 선행학습하는 것보다 훨씬 효과적이고 잘할 수 있습니다.

스스로 고1 수학을 공부할 때는 진도를 욕심낼 필요가 없습니다. 특히 문과의 경우 수학I 과목은 중3 1학기 과목과 상당히 비슷합니다. 중학교 3학년 과정을 제대로 복습한 학생은 이미 고등학교 과정을 선행학습한 셈입니다. 이게 진짜 선행학습입니다. 학원에서 진도 끝내줘봐야 학생 머릿속에 거의 남지 않습니다. 그런데 스스로 공부해온 학생들은 고1 수학을 혼자 공부해도 속도가 상당히 빠릅니다. 그동안 들인 올바른 수학 공부 습관 덕분에 이미 수학 체력이 튼튼해져서 어떤 내용을 공부해도 잘 소화하는 것입니다.

고등학교 입학생들을 보면 수학을 어설프게 공부한 학생들이 너무 많습니다. 특히 네 번, 다섯 번 선행학습했다는 학생들이 제일 걱정됩니다. 학생들이 어떻게 공부하고 왔는지 빤하잖아요. 학원에서 어떻게 돌려줬는지. 이른바 '돌린다', 또는 '훑어준다'고 하잖아요. 뭘 훑습니까? 훑으면 아무것도 남는 게 없는데, 다섯 번 훑어봤자 빤합니다. 그래서 시험에서 정말 핵심적인 개념들을 원리 중심으로 물어봅니다. 그러면 점수가 매우 낮습니다. 선행학습을 그렇게 많이 한 학생들인데 말이죠.

"얘들아, 내가 너희들 망치려고 어렵게 출제한 게 아니라 지금까지의 잘못된 습관들을 깨닫게 해주려는 거야. 지금부터 다시 시작하면 돼. 사교육 중심으로 공부했던 거 이제는 자기 주도적으로 한번 해보자. 너희는 수학을 못하는 것이 아니라 지금까지 공부해온 방식에 문제가 있었던 거야. 지금부터 잘해보자." 먹힐까요, 안 먹힐까요? 사실 잘 안 먹힙니다. 막연한 거예요. 초등학교, 중학교까지 가르쳐주면 외우고, 문제 뽑아줘서 다 풀면 성적이 나왔는데 갑자기 스스로 하자니 막막한 겁니다. 오히려 사교육을 더 늘립니다. 그러나 사교육 의존 방식으로는 고등학교 수학을 잘하기 어렵습니다. 특히 2학년 때는 더 떨어집니다. 왜냐하면 이제는 혼자 힘으로 해야 하기 때문입니다.

반면에 고등학교 입학생 중에는 그동안 수학을 요령 없이 열심히 한 학생들도 있습니다. 혼자 깊이 있게 공부한 학생들입니다. 그 학생들은 개념을 이해하려고 노력하고 문제의 의미를 생각해보고 고민하는 데 익숙합니다. 시험을 위해 시험에 나올 것만 공부한 것이 아니라 훨씬 넓고 깊게 공부한 겁니다. 대부분 배우는 시간보다 스스로 공부하는 시간이 훨씬 많은 학생들입니다. 이 학생들이 중학교 때는 별로 빛이 안 날 수도 있어요. 그런데 그렇게 쌓인 수학적 힘이 고등학교 때 발휘됩니다. 그 모습을 보면 주변 학생들도 놀라지만 본인이 더 놀랍니다. 시험만 잘 보겠다고 점수만 올리면 된다고 공부한 것이 아니거든요. 그런데 정말 중요할 때 그 힘이 성적으로 나오는 것입니다.

1학년 2학기 문·이과 선택

고등학교 1학년 2학기 때 가장 핵심은 문·이과 선택입니다. 저는 학생이 뚜렷이 자기 진로를 결정하지 못했고, 수학을 싫어하지 않는다면 많은 경우 이과를 추천합니다.

이과를 추천하는 첫 번째 이유는 경쟁률입니다. 대학 입학 정원은 문과와 이과가 비슷합니다. 그런데 지원자는 문과가 훨씬 많습니다. 게다가 문과는 소위 '서연고서성한중경외시건동홍숙'과 같은 학교 서열화가 아직도 심합니다. 그러나 이과는 서열화가 일정 부분 깨졌습니다. 전국적으로 의예, 치의예, 한의예 등 의학계열 과들은 지방이라도 서울 명문대보다 선호도가 높고, 이공계 특성화 대학, 즉 카이스트, 포항공대, 유니스트, 지스트, 디지스트 등도 지방에 있지만 경쟁력이 높습니다.

이과를 추천하는 두 번째 이유는 과의 특성을 살리기가 상대적으로 좋다는 것입니다. 이과의 공대나 자연과학 계열은 졸업 후에도 관련 직업을 갖기 좋습니다. 그러나 문과의 경우는 상경계열, 사회복지, 언론정보 등 소수 인기 학과를 제외하면 사회에 나가 전공을 살리기 쉽지 않습니다. 그렇다 보니 문과는 대학에 가서 한 가지 전공에 복수 전공, 이중 전공, 부전공 등을 통해 2가지, 혹은 3가지까지 전공하고 졸업하는 경우가 비일비재합니다.

문제는 수학입니다. 앞서 말했듯이 자연계 대학에 진학하면 수학을 공부하지 않는 경우가 의외로 많지만, 고등학교 이과에서는 수학이 절대적인 영향력을 끼칩니다. 한마디로 말씀드려 수학 못하고 이과 가면 정말 고생한다는 것입니다.

1학년에서 이과 2학년으로 올라가는 겨울방학

앞서 보여드린 대로 이과 학생들은 3년 과정을 2년 동안 배워야 합니다. 그렇다 보니 2학년 올라가면 진도가 빨라지고 내용은 어려워집니다. 한 과목도 어려운데 두 과목을 동시에 나가는 경우도 많습니다. 두 과목을 동시에 나가는 경우 한 과목은 메인으로 5시간 배치하고 1과목은 6단위로 늘려서 1, 2학기 3시간씩 배우는 서브로 배치합니다. 이런 구조 때문에 이과 진학을 희망하는 경우 1학년 겨울방학 때 2학년에서 5시간씩 배울 메인 과목을 미리 공부하면 도움이 됩니다. 이는 일주일에 8시간 이상씩 어려운 이과 수학을 배워야 하는 구조적인 문제 때문입니다.

2학년 기말고사를 마치고

2학년 기말고사를 마친 때가 입시를 준비하는 가장 중요한 시기입니다. 이때는 대입전형 중에서 자신에게 맞는 전형을 결정하고 그에 따른 주력 과목을 선택해서 방학 때 집중해야 합니다. 그때까지야 국영수 위주로 공부했겠지만, 이제 학생부 성적과 모의고사 성적이 거의 결정되었고 비교과 활동 등도 어느 정도 나온 상태에서 하고 싶은 거 하다가는 큰일 나는 것입니다.

대입전형은 크게 세 가지로 분류할 수 있습니다. 학생부 중심 전형, 논술 중심 전형, 수능 중심 전형입니다. 이중에서 자기 주력 전형을 결정하고, 그 주력 전형에서 가장 중요한 전형 요소에 집중해야 합니다. 이것에 따라 학생들의 공부 우선순위가 달라집니다. 이 우선순위는 학생마다 다 다를 정도로 다양합니다. 따라서 학생들은 이 시기에 스스로 판단하지 말고 꼭 진학을 아시는 선생님께 상담을 받아야 합니다.

특히 문과의 경우, 수학을 공부해야 하는지 말아야 하는지, 공부한다면 어느 정도의 우선순위를 놓고 해야 하는지 결정해야 합니다. 이과는 문과 수학을 할지 이과 수학을 할지 결정해야 합니다. 학생이 학생부 중심 전형을 준비하면 내신을 포기할 수 없습니다. 그런데 문과 수학을 해야 하는 상황이라면 딜레마가 생길 수 있습니다. 이렇게 여러 가지 상황이 생길 수 있으므로 상담을 받으라는 것입니다.

또 상담을 받을 때 입시를 잘 아는 교사에게 받는 것이 중요합니다. 고등학교 교사라고 해서 입시 전형을 다 잘 아는 건 아닙니다. 입시 전형이 워낙 복잡하다 보니 3학년을 맡아보고 직접 학생을 대학에 보내보지 않으면 정확히 알 수 없습니다. 그런데 이런 입시 컨설팅을 학원에 가서 받는 경우가 있습니다. 학원은 학생부 중심 전형을 잘 알수가 없습니다. 학생부를 써보지도 못했고, 구조를 잘 모르는데다가 실제 학생을 대학에 보내보지도 못했는데 어떻게 학생부 중심 전형을 제대로 알 수 있겠습니까? 게다가 학원 컨설팅 비용이 수십만 원에서 수백만 원까지 지나치게 비쌉니다. 사교육 기관을 모두 폄훼하려는 게 아니라 학생부 중심 전형만큼은 학원에서 제대로 알 수 없다는 것입니다.

다만 교사는 상담을 하며 자신의 생각을 학생에게 강요하면 안 됩니다. 결정은 학생 스스로 내려야 합니다. 제가 3학년 담임교사를 맡고 얼마 안 되었을 무렵의 일입니다. A라는 문과 학생과 3학년 겨울방학을 앞두고 상담을 했는데, A는 '인서울'도 힘든 성적이었습니다. 그런데 A의 꿈은 중앙대였습니다. 꿈이 높다 보니 2학년 겨울방학 때도 수학 공부 계획을 과도하게 정해놓았습니다. 문제는 수학뿐만 아니라 영어 성적도 나오지 않는 것이었습니다. 영어 성적이 나오지 않으면 4년제 대학 자체를 쓰기 어려웠기 때문에 제 마음도 급해서 조금 냉정하게 얘기했습니다. "너는 영어가 안 돼. 지금 영어가 안 되면 중앙대가 문제가 아니라 4년제 대학에 갈 수 있는지 고민해야 해." "선생님, 아닙니다." 제가 이기겠습니까, 학생이 이기겠습니까? 당연히 제가 이기죠. 학생은 경험해보지 못했지만 저는 몇 년을 경험했기에 이름 가리고 선배 사례를 쭉 보여줍니다. 이 성적에서 올랐던 선배 있어? 지금 생각하면 정말 철없었습니다. 저는 그 학생을 도와준다고 생각해서 냉정하게 얘기해 학생이 현실에 맞게 공부하도록 했습니다. 결국 학생은 울면서 알겠다고 인정하고 나서, 제가 기대한 대로 공부의 우선순위를 세운 것이 아니라 공부 자체를 포기했습니다. 제가 뒤늦게 사과하고 다시 공부하도록 설득하는 데 상당히 애를 먹었습니다. 그 일 이후로는 절대 제 생각을 강요하지 않으려고 노력합니다.

학생들은 자신의 위치와 현실, 무엇이 최선인지 알아야 합니다. 그러나 현실보다 중요한 것은 학생의 마음입니다. 학생이 현실을 알고도 선택한다면 그건 학생이 책임집니다. 최선을 다한다면 결과가 어떻든지 아무도 원망하지 않습니다. 그러나 현실을 모르고 입시에 실패하면 그때는 학교와 교사를 원망합니다. 그래서 정확하게 알려줘야 합니다. 그리고 선택은 학생이 부모님과 상의해서 하도록 하는 것이 최선입니다.

지혜로운 수학 학습법

학기 중의 예습/복습 방법

수학 공부의 세 가지 강조점이 있습니다. '복습 중심, 반복 필수, 진도보다는 시간'입니다.

먼저 수학은 예습보다 복습이 훨씬 중요합니다. 앞의 강의에서도 계속 강조되었던 것입니다. 특히 양영기 선생님이 강조하신 것처럼 "1시간 배우면 배운 내용을 3시간은 복습해야 한다"는 말씀에 전적으로 동의합니다.

두 번째로 반복의 중요성입니다. 수학은 다섯 권을 한 번씩 보는 것보다 한 권을 다섯 번 보는 것이 효과적입니다. 다섯 권을 한 번씩 보면 이 책에서 틀렸던 것, 저 책에서 또 틀리고, 이 책에서 맞았던 것, 저 책에서도 맞는 식입니다. 즉 효율성이 너무나 떨어집니다.

세 번째로 진도보다는 시간입니다. 이를테면 학생들한테 공부를 시킬 때 "오늘 한 단원 끝내봐", 또는 "오늘 30문제 다 풀어봐" 이런 식으로 시키지 말고 차라리 집중할 수 있는 "1시간 동안 최선을 다해서 공부해" 하는 것이 낫다는 겁니다. 제가 수학에서 가장 중요시하는 것이 '수학적 사고력'입니다. 생각하는 힘입니다. 이 능력을 키우려면 학생에게 개념과 문제를 가지고 고민할 시간이 절대적으로 필요합니다. 그런데 진도를 정해놓으면 학생들이 조금 고민하다가도 '아, 이러면 안 돼. 할 게 얼마나 많은데 몰라도 빨리빨리 넘어가자.' 이런 식으로 공부하게 됩니다. 진도에 쫓기는 것이죠. 게다가 심할 때는 엄마가 옆에 앉아서 재촉하는 경우까지 있습니다. 학생들이 고민하는 시간을 아까워하지 마십시오. 만약 어떤 학생이 두 문제를 놓고 한 시간을 생각했다면, 부모님이 "너 한 시간 동안 뭐했니?"가 아니라 "너 수학 실력이 많이 늘었구나"라고 평가하실 수 있어야 합니다. 기억하십시오. 학생이 한 문제를 고민할 수 있는 시간의 양이 학생의 수학 실력을 보여줍니다.

이제 구체적인 복습법과 예습법으로 들어가기 전에 먼저 전제해야 할 것이 있습니다. 절대 학기 중에는 선행학습을 하지 마십시오. 대신 학기 중에 배우는 공부를 충실하게 하면 됩니다. 복습에서 가장 중요한 건 개념 복습입니다. 교과서 중심으로 한다는 것도 중요합니다. 학생들이 교과서를 싫어하는 경우가 많습니다. 이유는 크게 보면 두 가지인데 첫째로, 교과서는 정리가 안 된 상태로 말이 많다는 것과, 둘째로, 없는 유형의 문제가 많다는 것입니다. 학생들이 오해를 하는 것입니다. 먼저 교과서는 정리가 안 되었고, 참고서는 정리가 잘되었다고 보는데 오히려 참고서가 공식까지의 과정이 없거나, 설명이 간단하고, 증명조차 안 된 경우가 많습니다. 그 결과를 당연한 것처럼 보기 좋게만 정리한 것은 아무런 의미가 없습니다. 오히려 교과서에 실린 공식까지의 과정이 의미 없어 보이지만 한 줄 한 줄이 너무나 중요합니다. 그러니 교과서를 읽어야 합니다. 둘째는, 공식이나 유형이 지나치게 많은 것이 오히려 안 좋은 것입니다. 공식이나 유형은 핵심 개념을 제대로 이해하면 다 유도가 됩니다. 그것을 모두 공식화, 유형화하고 외우라고 하면 수학을 잘할 수가 없습니다. 그건 수학을 마치 암기과목처럼 공부하는 것인데, 비효율적일 뿐만 아니라 다 기억할 수도 없습니다. 교과서 중심으로 개념 복습을 충실히 하고 나서 문제집이나 익힘책을 풀어도 좋습니다.

교과서 중심으로 복습하는 것 외에 또 한 가지 핵심은 반복입니다. 반복은 최소 네 번 해야 합니다. 첫 번째, 매일 반복하는 것이 가장 중요합니다. 오늘 배운 건 무조건 오늘 복습해야 합니다. 이건 꼭 지켜야 해요. '매일'에 대한 강조는 아무리 해도 지나치지 않습니다. 강조하는 이유는 에빙하우스의 '망각곡선' 때문입니다. 내일 아침에 제 강의의 몇 퍼센트나 기억하시리라고 생각하십니까? 한순간도 안 졸고 열심히 들었으니 70%? 하지만 30% 정도 기억합니다. 강의 끝나고 문을 열고 나가실 때부터 이미 망각이 시작됩니다. 이런 상황에서 기억을 지속시키는 방법이 있습니다. 오늘 자기 전에 강의 내용을 복습하면 됩니다. 그러면 여러분이 주무시는 동안 뇌가 강의 내용 중에서 의미 있다고 판단되는 내용들을 '장기기억'으로 저장해줍니다. 두 번째 반복은 주말에 주중에 공부했던 걸 한 번 더 보는 겁니다. 특히 틀린 것, 이해 안 되었던 것 중심으로 한 번 더 봅니다. 세 번째는 중간·기말 고사 준비를 보통 3, 4주 전에 준비하죠? 3, 4주 전에 미리 공부해서 효과를 볼 수 있는 대표적인 과목이 수학입니다. 이때 시험 범위를 보면서 다시 한 번 반복합니다. 끝으로 수학 시험 전날 공부함으로써 네 번 반복이 됩니다.

여기에 조금 더 열심히 공부하고 싶은 학생을 위한 추가 팁을 드리겠습니다. 팁은 바로 쉬는 시간을 활용하는 것입니다. 수업이 끝났을 때 책을 바로 덮지 말고 '배운 내용을 한 번만 쭉 읽어보고 덮으라'는 것이 팁입니다. 2~3분 정도 걸릴 거예요. 그런데 그 2~3분이 결과적으로 큰 차이를 만들어낼 수 있습니다. 물론 쉽지 않습니다. 여학생들은 10분 동안 친구 손잡고 화장실 다녀오고 수다를 떨다가 매점에 다녀올 정도로 많은 일을 합니다. 남학생들도 10분 동안 운동장으로 달려가 농구공을 두세 번 던지고 다시 뛰어오는 초인적인 힘을 발휘할 정도로 쉬는 시간에 엄청난 애착을 보입니다. 그런 학생들에게 쉬는 시간 2~3분을 복습에 쓰라고 요구하는 건 어려운 일입니다. 그래서 이 팁은 강요하시면 안 됩니다. 열심히 하려고 노력하는 학생에게만 알려주세요.

복습은 이렇게 철저히 반복해야 하는 반면에 예습은 교과서 읽기로 충분합니다. 특히 공식 외우지 말라고 하세요. 선행학습을 하며 공식을 달달 외운 학생들은 오히려 역효과를 보입니다. 공식을 외운 학생들은 자기들이 그 내용을 다 안다고 생각합니다. 그렇다 보니 정말 중요한 공식을 유도해내는 과정을 설명할 때 멍하니 앉아 있는 경우가 많습니다. 답답하죠. 본인은 결론을 아는데 선생님이 왜 저렇게 쓸데없이 설명하고 있는지 답답해합니다. 게다가 이렇게 제대로 수업을 듣지 않는 학생들이 공식을 얘기하면 열심히 들은 학생들은 가슴이 무너집니다. 자기들이 바보 같은 거죠. 친구는 하나도 안 들어도 다 아는데 자기는 열심히 들었는데도 잘 모른다고 생각하는 겁니다. 착각입니다. 그래서 예습은 교과서에서 배울 내용을 한번 쭉 읽어오는 정도로 충분하다고 봅니다. 그리고 수업 시간에 집중해야죠.

개념 공부 방법(학기 중)

복습에서 가장 중요한 개념 공부 방법을 정리해드리겠습니다. 이 내용은 최수일 선생님의 방법입니다. 저도 전적으로 동의하기에 이 부분을 꼭 강조하고 싶습니다. 앞의 강의에서 설명되었지만 한 번 복습하신다고 생각하시고 읽으시기 바랍니다.

개념 공부 방법의 핵심은 개념을 설명하도록 하는 것입니다. 개념을 설명함으로써 얻을 수 있는 이점은 모두 세 가지입니다. 첫째는, 내용을 완전히 이해하게 됩니다. 수업을 들을 때는 다 아는 것 같지만, 막상 설명을 해보면 막히는 부분이 생깁니다. 제대로 이해를 못한 부분입니다. 따라서 설명을 통해 약점을 발견하고 보완할 수 있습니다. 둘째는, 오래 기억한다는 것입니다. 경험해보면 명확합니다. 그냥 공부만 한 내용과 누군가에게 설명해본 내용은 기억에서 많은 차이가 납니다. 설명하면 오래 기억에 남습니다. 마지막 셋째는, 수업을 듣는 태도가 달라지는 것입니다. 수업을 들으면서도 나중에 이 내용을 설명할 것을 염두에 두고 있습니다. 그러면 자연스럽게 "이걸 어떻게 설명해야 하지?" 하면서 적극적인 태도를 가지게 됩니다.

개념 설명 방법에서 세 가지를 기억하셔야 합니다. 첫째는, 설명을 듣는 대상이 누가 될 것인지입니다. 부모님어도 좋고, 또래 친구도 좋습니다. 심지어 강아지나 인형을 앞에 놓고 설명해도 됩니다. 중요한 것은 스스로 설명하는 것입니다. 다만 부모나 또래 친구의 경우 반응을 할 수 있습니다. 어떤 부분 설명이 이해가 안 된다든지 아니면 추가적인 설명을 요구할 수도 있기에 더욱 좋습니다. 둘째로 기억할 점은 설명 듣는 부모가 거꾸로 가르치려 들면 결코 안 된다는 것입니다. 학생들이 처음부터 설명을 잘하지 못하다 보니 듣는 부모는 답답할 수 있습니다. 그래서 학생의 설명을 끊고 부모 본인이 설명하실 수 있습니다. 그렇게 되면 학생은 반감을 갖게 됩니다. "아니 그렇게 잘 아시면서 왜 나에게 설명하라고 하지?" 하면서 다시는 설명을 하지 않으려고 할 것입니다. 따라서 설명을 듣는 대상은 가르치려 하지 말고, 심지어 학생의 설명이 틀려도 관여해서는 안 됩니다. 다만 설명을 듣다가 정말로 궁금해서 질문하는 것은 괜찮습니다. 셋째는, 이 방법은 개념 이해 중심이지만 문제집의 틀린 문제나 맞은 문제 등에 적용 가능합니다. 그리고 기왕이면 화이트보드 같은 것을 준비해서 학생이 마치 교사처럼 가르칠 수 있는 기회를 준다면 더욱 효과적입니다.

이런 내용에 다 동의하셔도 부모님들은 언제까지 이 노릇을 해야 하느냐고 생각하실 수도 있습니다. 그런데 이걸 몇 년씩 계속하라는 것이 아닙니다. 학생이 설명하는 데 익숙해지면 본인 스스로 할 수 있습니다. 마치 누군가에게 설명하듯이 스스로에게 설명하는 것입니다.

개념 공부 방법(방학 중)
개념 공부 방법은 학기 중에는 시간이 좀 부담스러워서 방학 때 활용하면 좋은 공부법입니다. 먼저 지난 학기에 배운 교과서의 목차를 폅니다. 목차만 보고 노트에 관련 개념을 쭉 써보는 것입니다. 최대한 쓰고 나서 교과서를 보고 빠진 내용을 학습합니다. 이때 중요한 것은 노트에 빠진 내용을 정리해서는 안 됩니다. 그리고 일주일 뒤에 이번에는 역시 아무것도 보지 않은 채로 빠진 내용을 쭉 써보는 것입니다. 그리고 교과서를 보고 점검해서 이번에도 빠진 내용을 정리하고 넘어갑니다. 이것이 방학 중에 활용할 수 있는 개념 공부법입니다.

한 가지 팁은 수학개념사전을 활용하는 것입니다. 즉 모르는 개념을 정리하는 데 예전 내용이 명확하지 않을 때가 있습니다. 예를 들어 중학교 2학년인데 초등학교 때 배운 비와 비례 개념이 잘 떠오르지 않습니다. 문제는 학생들이 대부분 교과서를 버린다는 점입니다. 이때는 초등수학 개념사전을 활용하면 정확한 개념을 이해하는 데 도움이 됩니다. 고등학생은 같은 원리로 초등 수학과 중학교 수학 개념사전을 활용하면 됩니다.

문제집 반복 학습법

먼저 문제집은 70% 정도 풀 수 있는 것이면 좋습니다. 문제집을 골랐으면 한 권을 여러 번 반복해서 풀어보는 것이 좋습니다. 반복 학습법을 몇 단계로 나누어 생각해보겠습니다.

1단계는 생각할 수 있는 만큼 생각한다, 입니다. 여러 번 말씀드렸듯이 생각하는 시간을 아까워해서는 안 됩니다. 그러면 학생들은 항상 질문합니다. "생각할 수 있는 만큼 생각하라고 하셨는데 얼마나 오래 생각하나요?" 얼마나 오래 생각하느냐는 질문에는 제가 명확하게 애기해줍니다. "네가 생각할 수 있는 만큼 생각해라." 절대 길지 않습니다. 설령 길다 해도 괜찮습니다. 그건 수학을 정말 잘하는 것입니다.

2단계는 문제를 연습장에 풀어야지 문제집에 풀지 않도록 해야 합니다. 답 체크도 안 됩니다. 문제집에는 오로지 맞고, 틀리고 표시만 해야 합니다. 문제집에다 새카맣게 푸는 학생들이 있습니다. 그것은 '나는 이 책을 두 번 보지 않을 거야'라는 의지의 표현입니다. 새카맣게 풀고 답 체크, 심지어 풀이까지 적은 문제집을 두 번 볼 수는 없습니다. 수학 문제를 잘 푸는 학생들은 보통 연습장을 반으로 접습니다. 그리고 문제 풀 때 밑으로 써 내려갑니다. 수학은 풀이가 옆으로 가지 않습니다. 밑으로 내려갑니다. 처음부터 익숙하지 않으면 억지로 할 필요는 없습니다. 그럴 때는 그냥 연습장만 쓰게 하세요. 쓰다 보면 좋아집니다.

3단계는 문제집에 맞혔는지(×), 틀렸는지(○), 모르겠는지(△)만 체크합니다. 좀 이상하죠? 맞힌 게 ×, 틀린 게 ○입니다. 일반적으로는 반대죠. 사실 제 관심은 틀린 것에 있어서 이렇게 표시한 것입니다. 이렇게 문제를 풀고 나서 옆에 체크를 하면서 계속 풀어 나갑니다.

4단계는 다 풀고 난 다음에는 틀린 것과 모르겠는 것만 반복합니다. 틀린 문제를 다시 틀리면 동그라미 위에 동그라미를 또 그립니다.(◎) 틀린 문제를 다시 풀었는데 맞은 경우는 동그라미 위에 엑스표를 칩니다. 처음에는 몰랐는데 이번에는 이해는 했지만 틀렸으면 세모 위에 동그라미를 칩니다. 이런 식으로 두 번 반복하고, 세 번째는 같은 방식으로 두 번째까지 틀린 것과 모르겠는 것을 복습하는 것입니다. 이런 식으로 세 번, 네 번 이상 반복합니다.

5단계는 이렇게 반복했는데 끝까지 틀린 문제만 골라서 오답 노트에 정리하는 것입니다. 이런 질문도 많이 합니다. "선생님, 저는 맞았다고 체크한 것도 다시 풀면 틀려요." 여기에는 두 가지 이유가 있습니다. 첫째는, 개념 공부가 제대로 안 된 겁니다. 내용을 제대로 이해한게 아니라 공식을 머릿속에 기억하고 넘어가서 공식이 기억날 때는 맞히고, 공식을 까먹으면 틀리는 것입니다. 즉 이 경우는 문제를 푸는 것이 아니라 개념 공부에 문제가 있습니다. 둘째는, 생각할 수 있는 만큼 생각하지 않고, 끝까지 고민하지 않고 대강 푸는 경우입니다. 그래서 학생은 맞았다고 하지만, 요행처럼 맞히는 경우가 있습니다. 어떻게 구분하느냐? 학생이 제대로 고민했으면 답을 보는 순간 '아, 이거였구나' 하고 감탄합니다. 하지만 제대로 고민하지 않은 학생들은 7번 문제를 풀고 8번 답을 확인해도 '그렇구나' 하고 대강 넘어갑니다.

이렇게 네 번, 다섯 번을 반복하면 학생들이 이렇게 애기합니다. "선생님, 저 명제 단원에서요. 연습문제 3번의 정답 여섯째 줄에서 항상 막혀요. 미치겠어요. 맨날 거기서 걸려요." 옆에서 듣던 친구들은 깜짝 놀랍니다. "너 천재야? 여섯째 줄에서 걸린다고? 그런 걸 어떻게 기억해?" 천재가 아니라 반복해서 풀다 보면 막히는 부분이 있는 것입니다. 그것이 바로 자신의 약점입니다.

오답 노트 정리법

마지막으로 오답 노트 정리입니다. '3링노트'를 보신 적이 있죠? 두꺼운 하드커버에 안에 고리만 3개 달려 있고 거기에 속지를 사서 넣는 구조로 되어 있습니다. 이 노트와 넣을 속지를 준비하고 먼저 단원

별로 구분해놓습니다. 그다음 문제집에서 정리할 문제를 오려서 속지 앞면에 붙이고, 뒷면에는 풀이와 개념을 정리합니다. 왜 앞면에 문제와 풀이를 함께 쓰지 않을까요? 보여서 그렇습니다. 안 보려고 해도 보입니다. 보이면 학생들은 답에다 문제를 끼워 맞춰서 생각합니다. 그래서 풀이와 개념은 반드시 뒷면에다 정리합니다. 앞면에 문제 두 개 정도 쓰면 뒷면에는 빼곡하게 정리가 됩니다. 그러면 아까워하지 말고 다른 속지를 쓰면 됩니다.

이렇게 정리한 속지는 해당 단원에 넣습니다. 예를 들어 시험에서 방정식 문제를 틀렸으면 정리해서 방정식 단원에 넣고, 함수 문제를 틀렸으면 정리해서 함수 단원에 넣으면 됩니다. 이렇게 정리하면 두껍게 많은 속지가 들어가는 단원이 있습니다. 바로 학생의 약점입니다.

조심할 것은 여학생들이 문제를 풀고 정리하는데 정리를 더 좋아하는 경우가 있습니다. "엄마, 문제집 앞 페이지하고 뒤 페이지가 틀린 문제가 겹쳤는데 어떡하지?" 이런 걸 고민합니다. 그럼 얘기해주세요. "얘야, 이게 공작 시간이 아니란다." 이런 일을 방비하려면 적어도 세 번 이상은 푸는 것입니다. 그래도 문제가 많으면 네 번, 다섯 번 충분히 반복하고 정리합니다. 이렇게 틀린 문제를 정리하고 나서 그 문제집은 버립니다. 이렇게 한 권을 제대로 풀면, 그다음 문제집을 볼 때는 확실히 푸는 속도가 빨라집니다. 학생들이 그럽니다. "선생님, 이거 지난 문제집에서 세 번 틀렸던 거예요." "선생님, 이 문제는 이 책에서 나오는 신유형 같은데요?" 이런 얘기가 가능한 것은 바로 한 권의 문제집을 제대로 소화했기 때문입니다.

이렇게 오답 노트를 정리하면 특히 고등학교 때 도움이 됩니다. 고등학교 모의고사를 보면 시험 범위가 엄청나게 넓습니다. 도저히 책을 볼 엄두가 나지 않습니다. 그래서 대다수의 학생이 기본 실력으로 모의고사를 봅니다. 그런데 만약 앞에 설명한 방법으로 오답 노트를 정리한 학생이 있다면 이 오답 노트를 가지고 아까 배운 문제집 반복 학습법을 적용해서 풀어보고 모의고사를 보면 됩니다.

  수능시험 감독을 가보면 안타까운 경우를 많이 봅니다. 어떤 수험생은 큰 배낭을 메고 원통형 가방 두 개를 양쪽에 메고 들어옵니다. 앉자마자 가방에서 책을 꺼내 책상 위에 잔뜩 쌓아놓고 공부합니다. 공부를 잘하는 수험생일까요, 못하는 수험생일까요? 안타깝지만, 공부 못하는 착한 수험생입니다. '이 책도 새 거야. 이 책도 안 풀었어. 시험장 가서라도 한번 보고 시험 봐야지.' 이런 수험생입니다. 문제는 이 수험생이 책을 보며 어떤 생각을 할까요? '난 진짜 공부 하나도 안 했구나. 절망스럽다.' 시험을 보기 전에 이미 포기 상태가 됩니다. 이러면 절대 안 됩니다. 공부를 안 했으면 차라리 뻔뻔하게 시험을 보는 게 낫습니다. 아예 공부를 안 하면 학생들은 오히려 '왠지 잘 볼 것 같아요' 라고 얘기합니다. 즉 아무것도 모르는데 '잘 볼 거 같아, 나는 찍어도 맞을 거 같아' 이 느낌이 더 좋다는 것입니다. 공부하지 말라는 뜻이 아니라, 마지막까지 안 했으면 차라리 마음 편하게 보라는 것입니다. 반면에 고수 수험생은 수능시험장에 가볍게 비닐 파일 같은 걸 들고 옵니다. 오답 노트 같은 것을 역시 반복 학습하여 끝까지 틀린 문제들을 모아놓은 것입니다. 몇 번을 틀린 거죠? 예를 들어 오답 노트 정리할 때 5번, 다시 오답 노트 반복할 때 5번이면 무려 10번을 틀린 문제예요. 이 정도면 거의 약점 중의 약점이에요. 그래서 시험 직전에 자신의 가장 치명적인 약점을 보완하고 시험 보는 것이죠.

수학을 힘들어할 때 해줄 수 있는 조언

공부를 하지 않는 경우

공부 자체를 하지 않는다면 당연히 수학을 힘들어할 수밖에 없습니다. 사실 이 경우는 수학만의 문제가 아니고, 많은 경우 부모님과 자녀 관계가 어그러져서 생깁니다. EBS에서 시청한 공부에 관한 프로그램이 생각납니다. 공부를 하지 않는 학생에게 왜 공부를 안 하는지 물어봤습니다. 그런데 대답이 놀라웠습니다. "아버지가 좋아할까 봐 공부하기 싫어요." 학생 자신이 공부 못해서 받는 스트레스가 상당할 텐데도, 그 어려움보다 자기가 공부를 잘했을 때 아버지가 '거봐 내 말대로 하니까 잘하잖아'라고 말하는 게 더 듣기 싫은 것이었습니다. 이 정도로 부모와의 관계가 어그러지면 공부가 아니라, 부모-자녀 관계 회복이 훨씬 더 중요해집니다. 그 관계가 회복되기 전에 학생은 공부를 잘할 수가 없습니다.

수학 공부의 절대량이 부족한 경우

공부 시간이 부족해서 수학을 못할 수 있습니다. '학원에 안 다니는 게 수학을 잘하는 비결이다'가 아닙니다. 일단 수학 공부의 '절대량'이 있어야 합니다. 절대량이 안 채워지면 방법이 아무리 좋아도 의미가 없습니다.

수학 공부를 열심히 하는데도 성적이 나오지 않는 경우

　수학 공부를 열심히 하는데도 성적이 나오지 않는 경우는 이유를 세 가지 정도로 볼 수 있습니다. 첫째는, 수학 공부 방법이 비효율적인 경우입니다. 이런 경우를 고등학교 가면 숱하게 봅니다. 학생들이 아침 7시부터 밤 11시, 12시까지 쉬지 않고 공부합니다. 그런데도 성적은 안 오릅니다. 오늘 강의가 바로 이들을 위한 것입니다.

　둘째는, 특정 내용이 이해가 되지 않는 경우입니다. 평소에 수학을 잘하는 학생인데 어떤 단원이 어려운 것입니다. 이 경우에 바로 사교육을 시키지 않는 것이 중요합니다. 사교육을 시키면 잘돼도 문제, 못돼도 문제입니다. 사교육의 도움을 받아 성공한 학생은 그다음부터 계속 사교육에 의지하려고 합니다. 본인 혼자 안 하려고 해요. "너 왜 혼자 안 하니?" 하고 물으면 "내가 하는 것보다 배우는 게 훨씬 더 효율적이던데? 내가 죽어라고 정리했는데 선생님이 정리해준 게 훨씬 깔끔하고 보기 좋아"라고 답합니다. 사실은 학생이 개발새발 정리해놓은 게 훨씬 가치가 있거든요. 제가 아는 학생은 '신세계가 열렸다'는 표현을 쓰더군요. 학원에 가서 정리한 걸 보는 순간 '내가 왜 이 세계를 몰랐지' 했다고 해요. 이건 아닙니다. 자기가 정리한 게 아닌데 얼마나 도움이 되겠습니까. 사교육을 받았는데도 안 되는 경우는 학생이 본인의 능력을 의심하게 됩니다. 학생이 비싼 사교육을 받았는데도 문제를 해결 못했으니 본인이 수학을 못한다고 생각하는 것입니다.

　이렇듯 특정 내용이 이해가 되지 않는 경우에는 일단 넘어가도 됩니다. 당장은 안 되는 부분이 다시 반복했을 때 되는 경우도 있고, 방학 때 복습하며 이해하는 경우도 있습니다. 심지어 그다음 해에 이해하는 경우도 있습니다. 괜찮습니다. 그렇다고 큰 문제 될 건 없습니다. 일부분이 어려운 경우는 편히 받아들이셔야 합니다.

셋째는, 특정 부분에서 학습 결손이 있는 경우입니다. 수학을 뒤늦게 시작했는데 이전 것을 차분하게 다져놓지 못한 경우입니다. 또는 복습 중심으로 공부를 하지 않으니 그동안 배운 내용에 약점이 너무 많은 것이지요. 이를 해결하기 위한 방법이 두 가지 있습니다. 하나는 학습 결손이 명확하게 어느 시점부터인지 알 수 있는 경우에는 그 시점으로 돌아가야 합니다. 다만 학기 중에는 돌아가지 마세요. 학기 중에 돌아가면 진도 나가고 있는 공부를 망치게 되고 결국 본인의 의지도 계속 떨어집니다. 일단 학기 중에는 해당 학기 공부를 하고, 방학 때 보충해야 합니다. 다른 하나는 학습 결손 시점이 명확하지 않은 경우입니다. 대부분의 학생들이 여기에 해당하지요. 구멍들이 어설프게 다 나 있는 거예요. 그런 식으로 공부를 쌓아올린 거죠. 이런 경우는 쉽지 않은데, 결국 학생이 스스로의 약점을 다 보완하는 수밖에 달리 방법이 없습니다. 마치 경부고속도로를 최단 시간에 뚫었지만 그 보수 기간이 엄청나게 길어진 것에 비교할 만합니다.

수학 공부가 싫은 경우

그냥 수학 공부가 싫은 것이 최악의 경우입니다. 수학에 질려버린 거예요. 일찍부터 사교육을 많이 받으면서 아예 싫어져버린 경우가 있어요. 이런 경우는 정말 어렵습니다. 미워하는데 잘할 수 있나요? 거의 불가능합니다.

다만 수험생이라면 재수하면서 처음부터 다시 시작할 수 있습니다.

그런데 초등학교 학생들이 벌써 수학을 포기했다고 합니다. 예전에는 이렇게 심하지 않았어요. 제가 1990년대 초반 학번인데 그때만 하더라도 '고등학교 가서 열심히 해도 돼' 하는 생각이 있었습니다. 초등학교, 중학교 때 안 된다는 걸 굳이 확인시키지 않았습니다. '너 수포자냐?' 이런 거 확인 안 했어요. 그냥 좀 안 되는 게 있었지만 '나중에라도 하면 잘할 수 있지' 했어요. 심지어 제 친구들 중에는 '고3 때 승부 봐야지 지겹게 12년 동안 어떻게 공부하냐' 하면서도 성공한 학생들이 있어요. 우리 때는 쉽게 낙인찍지 않았어요. 학습무력감을, 해도 안 된다는 느낌을 심어주지 않았는데 요즘은 저학년 때부터 너무 일찍 심어줍니다. 이것이 제일 위험한 부분입니다.

수학 공부를 아예 하지 않는 학생들은 '선생님, 수학 어디에 써 먹어요?' 하는 스타일입니다. 제가 수학이 쓸모 있다는 것을 이해시킨 학생들 중에 '오, 그렇군요. 그럼 열심히 할게요' 한 학생이 얼마나 될까요? 한 명도 없었습니다. 그 학생들은 수학이 싫은 거예요. 이게 어디에 쓰임 받고 어디에 효용이 있는지 궁금해서 물어보는 게 아니에요. 그냥 싫은 거예요. 사람 싫어하신 적 있나요? 사람이 싫어지면 그 사람이 걷는 것 말하는 것 밥 먹는 것도 꼴 보기 싫을 때가 있습니다. 마찬가지로 그냥 수학이 싫은 거예요. 그래서 해결이 쉽지 않습니다.

제 강의가 부족한 부분이 많지만, 학생들이 열심히 하려고 할 때 도움이 되었으면 좋겠습니다. 감사합니다.

질의응답 Q&A

질문 수학 공부를 시키는 이유가 뭐죠?

안상진 저는 수학 공부를 통해서 학생들이 논리적인 사고라든가, 문제를 만났을 때 풀어가는 수학적 사고를 키울 수 있다고 생각합니다. 여러 가지로 도움이 되겠지만 수학적 사고를 기르는 것이 가장 큰 이유라고 말씀드리고 싶습니다.

질문 수학적 사고를 기르는 데 미적분Ⅰ·미적분Ⅱ·확률통계·기하 등 이 모든 과목을 다 해야 하나요? 욕심 아닌가요?

안상진 네, 저도 욕심이라고 생각합니다. 왜냐하면 그것들을 배우느라 정말 학생들이 배웠으면 하는 내용들을 공부하지 못하거든요.

질문 많은 과목을 가르칠 경우 학생들이 다 소화할 능력이 없는 것 같아요. 그러니까 '수포자'가 생기기까지 하는데도 수학이 점점 어려워지고 내용이 많아졌어요. 학생들을 압사시키려는 어른들의 욕심이 아닌가 생각이 듭니다.

안상진 상당 부분 동의합니다. 제가 퇴직하기 전에 수학 프로젝트 수업을 너무 하고 싶었어요. 팀을 짜서 학생들이 수학을 가지고 주제를 조사해 발표하는 등의 수업을 했어요. 사실 과연 잘될까 하는 의구심을 가지고 시작했는데 학생들이 정말 잘하는 거예요. 깜짝 놀랐습니다. 학생들이 제가 가르쳤던 것보다 훨씬 더 많은 수학 내용을 공부하고 필요한 내용을 설명하는 걸 보면서 저는 감동과 희열을 느꼈어요.

물론 최수일 선생님은 그것들을 다 해주지 않아도 학생들에게 핵심을 잡아주면 학생들 스스로 응용해서 할 수 있다고 말씀하세요. 저는 아직 거기까지는 쉽지 않아서 필요한 부분은 다 해줘야 한다는 강박관념이 있나 봐요. 그걸 해주다 보면 수학을 위한 수학이 되는 거예요. 정말 학생들이 수학을 통해 배웠으면 하는 것은 가르치지 못하는 거죠. 학생들이 미적분II에서 초월함수의 미분·적분을 왜 공부해야 하죠? 그런 수학을 위한 수학을 공부하고, 그것으로 평가받는 게 정말 싫어요.

질문 4학년, 5학년 딸 둘을 키우는 엄마예요. 아이들이 종로의 초등학교에 다니는데 거기는 학생 수도 적고 엄마들도 극성인 사람이 없어서 학교 교육만 해요. 그런데 곧 경기도 일산으로 이사 갈 계획이에요. 일산에는 사교육이 심하다고 해서 걱정이에요.

안상진 그러게요. 흔들리시면 안 되는데… 학생보다 어머님이 영향을 받을 수 있다고 봐요. 어머님이 흔들리시면 안 돼요. 그런 쪽의 정보를 궁금해하고 귀 기울이는 순간 또 그런 분들이 다 모여요. 그러다 보면 상승 효과 때문에 사교육에 대한 욕심이 더 많아집니다. 일단은 그런 데보다는 우리 지역 모임에 나오셔서 같이 해나가세요. 최수일 선생님이 운영하시는 밴드에도 참여하시고요. 이렇게 서로가 힘을 얻고 성공의 경험을 나누다 보면 마음이 안정됩니다.

학생에게 꼭 얘기하세요. '지금 잘하고 못하고 때문에 엄마가 흔들리고 그러지 않는다.' 학생들은 성적이 안 나왔을 때 눈치부터 봐요. 본인은 지금 잘하고 못하고에 대한 개념이 별로 없거든요. 그런데 엄마가 슬퍼하고 안절부절못하고 큰일 난 것처럼 하면 학생도 큰일 났다고 생각해요. 착한 아이들은 '엄마 나 뭐라도 할까?' 이럴 정도예요. 그러니까 괜찮다고 얘기하세요. 좋은 공부 습관 갖고 있으면 지금 어려운 문제 못 푸는 것도 괜찮다고 얘기하세요. 어머님도 불안해하지 마시고 그 불안을 학생에게도 주지 않는 게 좋아요.

같은 질문자 큰애는 똑똑하거든요. 욕심이 생기잖아요. 우리 애도 특목고, 이런 데 지원해봐야 하지 않을까. 물론 그때 가면 꿈도 못 꾸고 일반고에 갈 수도 있지만. 잘하니까 기대도 되고 '한번 또…' 그런 생각이 들기도 해요. 그럴 땐 어떻게 해야 하나요?

안상진 저는 말리겠어요. 고교 입시 체제에 관한 내용은 오늘 강의한 만큼 또 강의를 해드려야 해요. 충분히 말씀드릴 기회가 필요해요. 저는 일반고에 가도 충분히 잘할 수 있다고 봐요. 제 조카도 일반고에 갔는데, 지금 아주 만족하면서 잘 지내고 있습니다. 특목고 착시현상이 있어요. 일반고가 훨씬 유리한 면이 있어요. 모든 일반고가 똑같지는 않으니 조금 구분을 하셔야 할 필요는 있지요. 아마 영재 교육 부분에서 유혹을 느끼실 거예요.

제가 봤을 때 지금 영재 교육은 좀 과도한 측면이 있어요. 영재 교육을 시켜야 하지 않을까 하는 마음이 들 수도 있는데요, 시키지 않는 게 좋습니다. 영재 교육을 말리는 이유는 우리에게는 아직 영재를 제대로 판별할 도구도 없고, 영재라는 아이들을 제대로 교육할 교육과정도 없고, 영재 교육을 시켜도 제대로 받았는지 확인할 평가 도구도 없어요. 아무것도 없어서 대부분의 경우 사교육을 통해 영재를 만들고 있습니다. 또 소수의 만들어진 영재를 제외하면 많은 아이들이 그것을 추구하다 오히려 좋은 공부 습관을 망치게 됩니다.

그냥 그 학기 것을 하면 돼요. 우리나라 수학 교육과정이 만만치 않기 때문에 자기 학기 것만 잘하는 것도 쉬운 일이 아닙니다. 저는 학생이 도전 의식을 느낄 수 있도록 조금 더 어려운 문제를 푸는 것까지는 괜찮지만, 일반적으로 영재 교육이나 특목고 진학은 권하지 않는 입장입니다.